Elise Julien

Der Erste Weltkrieg

Kontroversen um die Geschichte

Herausgegeben von
Arnd Bauerkämper, Peter Steinbach und Edgar Wolfrum

Elise Julien

Der Erste Weltkrieg

WBG
Wissen *verbindet*

Die Deutsche Nationalbibliothek verzeichnet diese Publikation
in der Deutschen Nationalbibliografie;
detaillierte bibliografische Daten sind im Internet über
http://dnb.d-nb.de abrufbar.

Die Herausgabe dieses Werkes wurde durch
die Vereinsmitglieder der WBG ermöglicht.
Redaktion: Christina Kruschwitz, Berlin
Satz: Lichtsatz Michael Glaese GmbH, Hemsbach
Einbandgestaltung: schreiberVIS, Bickenbach
Gedruckt auf säurefreiem und alterungsbeständigem Papier
Printed in Germany

Besuchen Sie uns im Internet: www.wbg-wissenverbindet.de

ISBN 978-3-534-25644-0

Elektronisch sind folgende Ausgaben erhältlich:
eBook (PDF): 978-3-534-73446-7
eBook (epub): 978-3-534-73447-4

Inhalt

I. Einleitung . . . 1
1. Der Erste Weltkrieg heute . . . 1
2. Zur Geschichtsschreibung . . . 5

II. Überblick . . . 8
1. Der Kriegsausbruch, Ursachen und Erscheinungsformen . . . 8
2. Der Kriegsverlauf, an der Front und in der Heimat . . . 10
3. Das Kriegsende, Modalitäten und Folgen . . . 13

III. Forschungsprobleme . . . 16
1. Die Kriegsschuldfrage . . . 16
a) Die Kriegsschuldfrage: Verteidigung nationaler Interessen während des Krieges und im Zuge der Friedensverhandlungen . . . 16
b) Historiker zwischen wissenschaftlicher Objektivität und politischem Kompromiss: Revisionisten und Antirevisionisten 20
c) Kollektive Verantwortlichkeit? Der Weg zur Konsensbildung ab den dreißiger Jahren . . . 23
d) Die Ursprünge des Krieges und die Frage nach der Kontinuität der deutschen Geschichte: die Herausforderungen der Fischer-Kontroverse . . . 25
e) Beruhigung und inhaltliche Diversifizierung der Debatte . . . 28
2. Wie die Gesellschaften in den Krieg zogen . . . 33
a) Die Vorstellung vom Krieg vor dem Krieg . . . 33
b) Der unterschiedliche Kriegseintritt der Länder . . . 35
c) Begeisterung oder Resignation? Von den Klischees zur Verwirrung der Gefühle . . . 39
d) *Union sacrée* und Burgfrieden: ein politischer Konsens? . . . 42
3. Durchhalten an der Front . . . 46
a) Die zögerliche Integration der Frontkämpfer in die Geschichtsschreibung . . . 47
b) Töten, sterben und überleben: die Frage der Gewalt . . . 50
c) An der Front durchhalten: die Frage nach der Zustimmung . . . 53
d) Eine epistemologische Debatte: die Nutzung des Zeitzeugnisses . . . 58
4. Durchhalten in der Heimat . . . 60
a) Der Trend zur Totalisierung des Krieges: Die Heimat vor der Zerreißprobe . . . 60
b) Gesellschaft im Krieg: Klassenstruktur und Arbeiterbewegung 62
c) Wirtschaft im Krieg: Materialverwaltung und politische Konsequenzen . . . 67
d) Kultur im Krieg: Ausdruck des Konsenses oder Mobilisierung des Geistes? . . . 70

5. Welcher Frieden für die Nachkriegszeit? 75
a) Das Scheitern eines während des Krieges verhandelten Friedens 76
b) Die Kritik an den Friedenskonferenzen 79
c) Die Infragestellung der Verträge: vom Inhalt zur Umsetzung 82
d) Rückblicke der Historiker auf die Friedensverträge 88
6. Der Totenkult zwischen Trauer und Politisierung 90
a) Ein Massensterben in unbekannten Dimensionen 91
b) Kriegserfahrungen zwischen privater Trauer und öffentlichen Ehrungen 92
c) Der politische Totenkult in der Diskussion 96
d) Die Berücksichtigung der intimen Trauer 101
7. Der Erster Weltkrieg im 20. Jahrhundert 104
a) Den Zeitenumbruch überwinden: zwischen Modernismus und Tradition 104
b) Vom einen Krieg zum nächsten: ein neuer Dreißigjähriger Krieg? 108
c) Am Ende eines tragischen Jahrhunderts: auf der Suche nach einer Erklärungsmatrix? 112
d) Der Erste Weltkrieg und die Radikalisierung der Gewalt . . 114

IV. Schluss 121
1. Die Bedeutung der nationalen Interpretationsrahmen für die Analyse eines internationalen Ereignisses 121
2. Neue Ansätze, neue Forschungsgebiete 125
3. Die Zukunft der Kontroversen über die Geschichte des Weltkriegs 127

Literatur 129

Personenregister 150

Vorwort der Reihenherausgeber

Kontroversen begleiten nicht nur die wissenschaftliche Arbeit, sondern sind deren Grundlage. Dies gilt auch für die Geschichtswissenschaft. Weil wissenschaftliche Auseinandersetzungen nicht leicht zu durchschauen und noch schwerer zu bearbeiten sind, ist es notwendig diese aufzubereiten.

Die Reihe „Kontroversen um die Geschichte" ist als Studienliteratur konzipiert. Sie präsentiert die Auseinandersetzungen zu Kernthemen des Geschichtsstudiums; ihr Ziel ist es, Studierenden die Vorbereitung auf Lehrveranstaltungen und Examenskandidaten ihre Prüfungsvorbereitung zu erleichtern. Entsprechend kennzeichnet sie ein didaktischer und prüfungspraktischer Darstellungsstil.

Über diesen unmittelbaren Nutzen hinaus nimmt die Reihe die Pluralisierung der Historiographie auf, ohne dem Trend zur Zersplitterung nachzugeben. Gerade in der modernen Gesellschaft mit ihrer fast nicht mehr überschaubaren Informationsvielfalt wächst das Bedürfnis nach einer schnellen Orientierung in komplizierten Sachverhalten. Ergebnisse der historischen Forschung werden in dieser neuen Reihe problemorientiert vermittelt. Die einzelnen Bände der „Kontroversen um die Geschichte" zielen dabei nicht auf eine erschöpfende Darstellung historischer Prozesse, Strukturen und Ereignisse, sondern auf eine ausgewogene Diskussion wichtiger Forschungsprobleme, die nicht nur die Geschichtsschreibung geprägt, sondern auch die jeweilige zeitgenössische öffentliche Diskussion beeinflusst haben. Insofern umschließt der Begriff „Kontroversen" zwei Dimensionen, die aber zusammengehören.

Die Spannbreite der „Kontroversen um die Geschichte" reicht vom 16. Jahrhundert bis zur Zeitgeschichte. Einige der Bände sind jeweils einzelnen Themengebieten wie der Verfassungsgeschichte gewidmet, die im historischen Längsschnitt behandelt werden und überwiegend über den deutschen Sprach-, Kultur- oder Staatsraum hinaus eine vergleichende Perspektive zu anderen Regionen und Staaten Europas eröffnen. Andere Bände behandeln einzelne Epochen oder Zeitabschnitte europäischer und deutscher Geschichte wie etwa den Absolutismus oder die Weimarer Republik. Gelegentliche Überschneidungen sind somit nicht nur unvermeidbar, sondern auch durchaus sinnvoll.

Der Aufbau der Bände folgt einem einheitlichen Prinzip. Die Einleitung entfaltet den Gesamtrahmen der behandelten Epoche oder des dargestellten Querschnittbereichs. Daran schließt sich ein Überblick an: Er begründet die Auswahl der behandelten Deutungskontroversen und ordnet diese in den Gesamtrahmen ein. Der Hauptteil der Bände umfasst die wichtigsten Forschungsprobleme zum Thema. Dabei werden nicht vorrangig alle Entwicklungen und Stadien der Forschung nachgezeichnet, vielmehr Schlüsselfragen und zentrale Deutungskontroversen der Geschichtswissenschaft übersichtlich und problemorientiert präsentiert. Der Darstellung dieser Schlüsselfragen folgt zum Schluss eine kritische Bilanz des Forschungsstandes, in der auch offene Probleme der Geschichtsschreibung dargelegt werden. Historische Forschung ist ein nie beendeter Prozess, dessen Befunde immer einer kritisch-distanzierenden Bewertung bedürfen. Auch dies soll in dem abschließenden Kapitel der Bände jeweils deutlich werden. Eine Bibliographie der wichtigsten Werke steigert den Gehalt der Bände; das Register weist zentrale Personen- und Sachbezüge nach und dient einer schnellen Orientierung.

Unser Wunsch ist es, dass die Reihe „Kontroversen um die Geschichte" einen festen Platz in den Bücherregalen von Studierenden der Geschichtswissenschaft, aber auch benachbarter Disziplinen einnimmt, die sich auf Lehrveranstaltungen oder Prüfungen vorbereiten. Darüber hinaus sind die Bände der Reihe an Leserinnen und Leser gerichtet, die Befunde der Geschichtsschreibung sachkundig vermitteln möchten oder ganz generell an historisch-politischen Diskussionen interessiert sind.

Arnd Bauerkämper
Peter Steinbach
Edgar Wolfrum

I. Einleitung

Im August 1914 begann ein Krieg, dessen Länge und Grausamkeit jede Vorstellungskraft überstieg. Im Nachhinein wird er der „Erste Weltkrieg" genannt (von den Franzosen und Briten noch bis zur Gegenwart *Grande Guerre* bzw. *Great War*). Dieser Krieg ist die logische Konsequenz des rapiden Wandels im 19. Jahrhundert. Diese Dynamik reichte vom Anwachsen des allgegenwärtigen Nationalismus, dessen imperiale Ambitionen mit territorialen Ansprüchen und Expansionsbestrebungen verbunden waren, über wirtschaftliche Rivalitäten bis zu komplexen militärischen und diplomatischen Allianzen. Der Krieg bewirkte einen Umbruch für Europa und einen großen Teil der Welt – nicht zuletzt, indem er breite Massen mobilisierte, insbesondere die mehr als sechzig Millionen Soldaten, von denen knapp zehn Millionen im Kampf fielen. Darüber hinaus prägte der Erste Weltkrieg das 20. Jahrhundert durch den Zusammenbruch des Deutschen Reiches ebenso wie durch den Kollaps der multi-ethnischen Imperien von Österreich-Ungarn, Russland und des Osmanischen Reiches, durch die Verschiebung nationaler Grenzen, das Aufkommen neuer politischer Regime in Europa, der Einflussverlust des Alten Kontinents in der Welt und besonders durch die Geburt einer neuartigen internationalen Institution mit dem Ziel, zukünftige Kriege zu verhindern: dem Völkerbund.

1. Der Erste Weltkrieg heute

So wichtig dieser Krieg für das 20. Jahrhundert auch war, wird er in seinen Auswirkungen zu Beginn des 21. Jahrhunderts als abgeschlossen betrachtet. Der 100. Jahrestag des Kriegsbeginns steht bevor, während die letzten Veteranen der jeweiligen Länder inzwischen verstorben sind.[1] Im Laufe des 20. Jahrhunderts schoben sich zahlreiche Ereignisse zwischen den Ersten Weltkrieg und unsere Gegenwart, angefangen mit dem Zweiten Weltkrieg, der den vorherigen aufgrund seiner Ausbreitung, des Grades der Mobilisierung der kriegsteilnehmenden Gesellschaften, der Zerstörungskraft der Waffen und der Anzahl der Opfer sogar noch übertraf. Später, zu Beginn der neunziger Jahre, verschwand mit dem Zusammenbruch der Sowjetunion eine der größten Folgeerscheinungen des Ersten Weltkriegs auf politischer, ideologischer und geopolitischer Ebene. Zudem scheint in den letzten Jahren

---

1 Unter ihnen sind: Erich Kästner, letzter Veteran der deutschen Armee, starb am 1. Januar 2008; Lazare Ponticelli, letzter Veteran der französischen Armee, starb am 12. März 2008; Franz Künstler, letzter Veteran der österreichisch-ungarischen Armee, starb am 27. Mai 2008; Delfino Borroni, letzter Veteran der italienischen Armee, starb am 26. Oktober 2008; John Babcock, letzter Veteran der kanadischen Armee, starb am 18. Februar 2010; Frank Buckles, letzter Veteran der amerikanischen Armee, starb am 27. Februar 2011; Claude Choules, letzter Veteran der britischen Armee, starb am 5. Mai 2011. Siehe: http://dersdesders.free.fr/presentation.html.

die europäische Integration schrittweise zu einem Ende der Nationalstaaten zu führen, zumindest im Vergleich zum 19. und dem Anfang des 20. Jahrhunderts. Die Erinnerungen an den Ersten Weltkrieg müssten daher eigentlich allmählich verblassen, während im geschichtlichen Rückblick die Analyse des Konfliktes durch den Abstand erleichtert werden sollte.

Präsenz des Krieges

Allerdings scheint aufgrund eines kuriosen geschichtlichen Winkelzuges das genaue Gegenteil der Fall zu sein. Der Erste Weltkrieg widersteht seinem zeitlichen Verfall und ist in der gegenwärtigen westlichen Gesellschaft erstaunlich präsent. So exhumierte die australische Regierung noch im Jahr 1993 die Leiche eines unbekannten Soldaten im Beisein einer Delegation von über 90-jährigen Veteranen auf einem Soldatenfriedhof in Frankreich und überführte den Leichnam des Gefallenen ins Australian War Memorial in Canberra, in dem er beigesetzt wurde. Auch die Feierlichkeiten anlässlich des 11. November in Paris und in London erinnern in jedem Jahr daran, wie sehr das Kriegsende in beiden Staaten in Erinnerung bleibt und welche Emotionen dieses Datum noch immer in der Bevölkerung hervorruft. Auf den angelsächsischen Soldatenfriedhöfen der Westfront trifft man zudem noch heute Enkel oder Urenkel, die Pilgerreisen zur Grabstätte ihrer gefallenen Vorfahren unternehmen. Schließlich verdeutlicht das Ausmaß der Gedenkveranstaltungen zum 90. Jahrestag des Kriegsbeginns und Kriegsendes (2004 bzw. 2008), das an den bevorstehenden 100. Jahrestagen (2014 bzw. 2018) mit einem noch größeren Interesse und imposanten Veranstaltungen gerechnet werden kann.

Sicherlich sind diese Gedenkveranstaltungen ein eindeutiges Zeichen für die Präsenz des Ersten Weltkriegs in der Öffentlichkeit, zumindest in den westlichen Gesellschaften. Denn in Osteuropa gilt dieser Krieg gemeinhin als der „vergessene Krieg“ (104, 49). In diesen oft ethnisch gemischten Räumen hatten sogenannte Ko-Nationale auf beiden Seiten der Front gekämpft; dies machte es schwierig, die gefallenen Soldaten als Helden bzw. Opfer für die eigene Nation in Anspruch zu nehmen. Des Weiteren wurden dort in Gestalt von Staatsgründungskriegen, Grenz- und Bürgerkriegen die militärischen Auseinandersetzungen nach 1918 mit großer Erbitterung fortgesetzt, sodass im nationalen Gedächtnis der betroffenen Völker diese Kämpfe tiefere Spuren hinterließen als der Weltkrieg.

Im Westen jedoch geht das Interesse für diesen Konflikt über bloße Erinnerungsveranstaltungen hinaus. Es findet sich auch in vielen anderen Bereichen, insbesondere in verschiedensten kulturellen Werken wie Romanen, Comics, Filmen, Theateraufführungen, aber auch in plastischen Kunstwerken oder Pop- und Rock-Musik, die vom Schlamm der Schützengräben, den Sturmangriffen und Meutereien erzählen. Ebenfalls finden heutzutage unzählige Vereinsaktivitäten in der Umgebung der ehemaligen Frontlinie statt. Nicht zu vergessen sind auch die vielen Hobby-Historiker, deren Interesse an einzelnen militärischen Einheiten bis zur Gestaltung von eigenen Internetseiten oder der Eröffnung eines Privatmuseums reicht, oder die Ahnenforscher, deren Recherchen zu den Kriegserfahrungen ihrer Vorfahren sich oft in der Veröffentlichung der Notiz- oder Tagebücher dieser Kriegsteilnehmer niederschlagen. Solche Tätigkeiten nähren wiederum den Zustrom von Touristen zu den historischen Schlachtfeldern, deren Interessen öffentliche Institutionen durch die Schaffung von „Gedenkwegen“ (*chemins de mémoire*) oder Rundgängen aufzunehmen versuchen. Alle diese Aktivitäten zeigen die gesellschaftliche und kulturelle Bandbreite auf, in der sich die Nachfahren der Beteiligten passend zu ihren persönlichen Beweggründen an den Ersten Weltkrieg erinnern können (95).

Dem steht die Geschichtsschreibung zu diesem Thema in nichts nach. Sie findet in einer Vielzahl von unterschiedlichen Formen statt: durch die Gründung von Forschungsgruppen und -zentren, die Eröffnung neuer Museen über den Krieg sowie durch Ausstellungen in Archiven, Heimat-, Geschichts- oder Kunstmuseen. Darüber hinaus nimmt diese Geschichtsschreibung die Form von Publikationsinitiativen, die nicht nur aus dem akademischen Bereich stammen, sondern auch aus der sogenannten öffentlichen Geschichte (*public history*) (36), deren Dynamik an dieser Stelle hervorgehoben werden soll.

Schließlich drückt sich die Allgegenwart des Ersten Weltkriegs auf vielfältige, nicht nur geschichtliche Weise aus. Vielmehr bündeln sich rückblickende, politische, geschichtliche, literarische und künstlerische Aspekte, die sich widersprechen oder sogar gegenseitig verstärken und somit zu einer spektakulären Rückkehr des Krieges in das allgemeine Bewusstsein führen. Trotz des zeitlichen Abstandes ist der Krieg damit gegenwärtig alles andere als ein vergangenes Thema.

Eine relativ neue Erscheinung

Diese Präsenz des Ersten Weltkriegs ist umso erwähnenswerter, als sie in der Vergangenheit nicht immer so deutlich war. In der Zeit zwischen den beiden Kriegen kam es zwar zu einem wahrhaftigen Erinnerungskult, der oft mit der Verehrung der Kriegsgefallenen einherging, denn die Soldaten durften nicht ohne Grund gestorben sein. Entweder sollten die Gefallenen dabei gerächt werden oder es sollte im Gegenteil der kommenden Generation durch das Gedenken der Opfer ein erneuter Krieg erspart und der Frieden gefördert werden. Jedoch scheiterten diese Bemühungen mit dem Ausbruch des Zweiten Weltkriegs. In den fünfziger Jahren, im Schatten der zweiten Katastrophe, die ein noch schlimmeres Ausmaß hatte, wurde der Erste Weltkrieg dann aus dem öffentlichen Bewusstsein verdrängt. Nunmehr waren die Helden der Epoche die Kämpfer des Widerstandes gegen den Nationalsozialismus, gegen die Faschisten und Kollaborateure. Während der sechziger und siebziger Jahre blieb das öffentliche Interesse größtenteils weiterhin auf den Zweiten Weltkrieg gerichtet, auch wenn nunmehr verstärkt die Opfer des nationalsozialistischen Genozids in den Vordergrund rückten. In diesen Jahren nahm auch die Kritik an den patriotisch-affirmativen Erinnerungsnarrativen zu. Während die Kriegsveteranen des Ersten Weltkriegs alterten, wurden die Gedenkstätten zu Orten des Spotts und des Aufbruchs. Auch Veröffentlichungen über diesen Konflikt trafen nur auf eine schwache Resonanz. Erst in den achtziger und mehr noch den neunziger Jahren kehrte in den westlichen Gesellschaften das öffentliche Interesse am Ersten Weltkrieg zurück.

Gründe einer solchen Präsenz

Es stellt sich die Frage nach den Gründen für diese Rückkehr, denn eventuell erweisen sich die bislang als gegeben betrachteten Faktoren für die Abwendung vom Ersten Weltkrieg als illusorisch. Ende des 20. Jahrhunderts nämlich schien Europa wieder in aggressive, nationalistische Auswüchse in denjenigen Gebieten zu verfallen, von denen sich der sowjetische Kommunismus zurückgezogen hatte. So gewann „Sarajevo", wo das Attentat auf den österreichischen Thronfolger Franz Ferdinand 1914 den Ersten Weltkrieg ausgelöst hatte, 1992 eine tragische Aktualität: Der Kriegsausbruch im ehemaligen Jugoslawien rief Erinnerungen an die Balkankonflikte von 1912–1913 hervor sowie an die europäische Krise im Juli 1914, die zum ersten weltumspannenden Krieg geführt hatte. Die radikale Gewalt, durch die der Konflikt in Jugoslawien gekennzeichnet war, ließ daraufhin den Eindruck der Rückkehr eines Krieges aufkommen.

Die Rückkehr der Erinnerung an den Ersten Weltkrieg hat sich wohl auch aus dem Ende von Emanzipationsutopien ergeben. Um 1990 haben der Fall der kommunistischen Regime, die aufgrund wirtschaftlicher Probleme zunehmend desillusionierte sozialdemokratische Politik in den westlichen Wohlfahrtsstaaten und auch die abnehmende gewerkschaftliche, gesellschaftliche und politische Einflussnahme einen Rückgang zukunftsorientierter Narrative bewirkt. Dieses Richtungsdefizit hat sicherlich den Blick in die Geschichte verstärkt, um anhand der gemeinsamen Erinnerung den Aufbau einer neuen Gesellschaft zu erleichtern. Teile dieser gemeinschaftlichen Geschichte fanden dabei größere Resonanz als andere. So stellte der Erste Weltkrieg aus vielfältigen Gründen eine wirkungsvolle Ressource dar: Weil er alle sozialen Klassen betraf, weil er das gesamte Volk gegen einen gemeinsamen Feind vereinte, weil er eine gemeinsame Erfahrung der kriegführenden Völker war, weil er zweifellos ein Drama darstellte und nunmehr zurückblickend Ansätze anbot, sich als Opfer oder auch als Held zu betrachten. Der Erste Weltkrieg kontrastiert dabei mit dem Zweiten Weltkrieg, der im Gegenteil tiefe Spaltungen innerhalb der Völker hervorrief und seit den neunziger Jahren viel selbstkritischer erinnert wird.

Schließlich stieß das soziale Interesse an der Vergangenheit besonders im Bereich des Ersten Weltkrieges mit persönlichen Anliegen zusammen. Da der Konflikt unzählige Familien in den einst kriegführenden Gesellschaften getroffen hat, kann jeder Einzelne seine eigene Familiengeschichte in einem übergreifenden historischen Kontext betrachten und so die individuellen Schicksale in einem größeren Rahmen sehen. Dabei kann es sich sowohl um die großen, symbolträchtigen Schlachten als auch um den Alltag in den Schützengräben handeln. Umgekehrt betrifft die „große Geschichte" dieses Krieges aufgrund des familiären Kontextes immer auch die Nachkommen der Akteure des letzten Jahrhunderts. Da sich die Präsenz des Ersten Weltkriegs besonders aus seinen Opfern erklärt, ist das Gedenken des Krieges somit gegenwärtig vielleicht wohl der Ausdruck eines kollektiven und individuellen Trauerns, das noch immer „unvollendet" ist (2).

Zusammenfassend lässt sich demnach ein bemerkenswertes Paradox feststellen: Auf der einen Seite gewinnen wir wegen des zunehmenden zeitlichen Abstands und der Fülle der historischen Forschungen eine immer größere Distanz zum Ersten Weltkrieg. Auf der anderen Seite jedoch scheint sich der Krieg angesichts gegenwärtiger Ereignisse und aus einem sozialen Bedürfnis heraus uns anzunähern, ohne dass sich diese beiden Vorgänge gegenseitig aufheben.

2. Zur Geschichtsschreibung

In diesem Zusammenhang sollte die Darstellung des Ersten Weltkrieges nicht den Historikern vorbehalten sein. Seit nun bald einem Jahrhundert sind selbst diese nie von politischen Agenden und sozialen Forderungen vollkommen getrennt geblieben. Nichtsdestotrotz sind die Geschichtswissenschaftler unentbehrlich, denn letztlich können sie den Konflikt greifbar machen. Schon die bloße Masse der geschichtswissenschaftlichen Veröffentlichungen zeigt ihr beharrliches Bemühen, diese Herausforderung anzunehmen. Sie ist aber zugleich auch ein Zeichen für die Schwierigkeit dieser Aufgabe. Schon die seit dem Beginn des 20. Jahrhunderts angesammelten Schriften zu diesem Thema haben immense Ausmaße angenommen, doch heute sind allein die in jedem Jahr neu erscheinenden Veröffentlichungen nicht mehr für einen einzelnen Forscher zu bewältigen.

Thematische Felder und historiographische Konstellationen

Dennoch können angesichts dieses unermesslichen Ausmaßes an Publikationen Tendenzen und maßgebliche Veränderungen über die quantitativen Fluktuationen hinaus festgestellt werden. So fällt es leicht, die thematischen Felder der Kriegsforschung zu benennen, die jeweils militärische, diplomatische, politische, wirtschaftliche, gesellschaftliche oder kulturelle Dimensionen und Aspekte betonen. Darüber hinaus ist es möglich, nach Antoine Prost und Jay Winter aus den geschichtswissenschaftlichen Untersuchungen zum Ersten Weltkrieg drei unterschiedliche, sich zeitlich ablösende Konstellationen der Historiographie herauszuarbeiten (99).

Die erste Konstellation entspricht dem „militärischen und diplomatischen“ Ansatz, der ab dem Ausbruch des Krieges sowohl von politischen und militärischen Führungsakteuren als auch von Essayisten und professionellen Historikern erarbeitet worden ist. Dieses Konzept ist durch historiographische Themen gekennzeichnet, die im Zusammenhang mit der Politik stehen, besonders mit der Frage der Kriegsschuld. Bei diesem Ansatz wird die Geschichte des Krieges unter einem nationalen Gesichtspunkt untersucht. Kritische Methoden werden angewandt, um eine eigene legitime Argumentation zu erzielen. Daher klammert sich dieser Ansatz an die am besten nachprüfbaren Ereignisse, um den Krieg letztlich „von oben“ zu untersuchen und dabei der Gesellschaft und den Soldaten wenig Platz einzuräumen.

Die zweite Konstellation ist durch eine „soziale“ Herangehensweise gekennzeichnet und entwickelte sich nach dem Ende des Zweiten Weltkriegs. Unter dem diffusen Einfluss des Marxismus und angesichts eines steigenden Interesses des Publikums an der Geschichtsforschung verbreiterte sich die Sichtweise der Historiker. So wechselte der Fokus von den Generalstäben zum alltäglichen Leben der Soldaten, von den Diplomaten zu den Zivilisten und auch zu den Arbeitern. Dieses Kriegsbild ist demnach nachhaltig von wirtschaftlichen und sozialen Fragestellungen beeinflusst.

Ausgehend von dieser zweiten Herangehensweise und aufgrund des fortschreitenden Wandels der Interessengebiete hat sich eine dritte Konstellation der Geschichtsschreibung herausgebildet, die sich deutlicher auf „kulturelle und soziale“ Themen und Probleme konzentriert. Dieser Übergang verlief unkompliziert, da die Kulturgeschichte seit langer Zeit nicht nur Teil der Sozialgeschichte war, sondern sich sogar in der Politikgeschichte fand. Im Rahmen der Kulturgeschichte geht die historische Kriegsforschung „von unten“ aus, indem sie sich auf individuelle Einzelfälle fokussiert, um Erfahrungen zu beschreiben und auf unterschiedliche Weise darzustellen. Darüber hinaus untersucht dieser Ansatz die persönlichen und intimen Erfahrungen des Krieges, die durch Gewalt und Trauer entstandenen Verhaltensweisen, aber auch Mentalitäten, Repräsentationssysteme oder Faktoren der Mobilisierung und Demobilisierung der Bevölkerung. Diese kulturgeschichtliche Beschäftigung mit Konflikten ist auch heute noch aktuell.

Doch auch wenn diese drei Konstellationen aufeinanderfolgen, hebt die jeweils jüngste die ältere nicht auf, denn jede Herangehensweise behält ihre Berechtigung. Es handelt sich vielmehr um einen thematischen Ausdehnungsprozess, bei dem die Forschungsthemen immer vielfältiger geworden sind und dabei immer breitere Untersuchungsfelder erfasst haben. Diese inhaltliche Erweiterung ist von einem chronologischen Ausdehnungsprozess begleitet worden, bei dem sich die Forschung auf den Zeitraum vor dem Beginn des Krieges ebenso fokussiert (vorhergehende Konflikte, Militärstrategien, Kriegsvorstellungen) wie auf die Periode nach seinem Ende (unterschiedliche Formen der Demobilisierung, Kriegsausgang, Trauer und generell die tiefen Spuren des Krieges in den Nachkriegsjahren).

Die Erweiterung des Spektrums der behandelten Probleme sowie die chronologische Ausdehnung haben einen tiefgehenden Erneuerungsprozess in der Kriegsforschung hervorgerufen, der sich seit etwa dreißig Jahren vollzieht. Er hat dazu geführt, dass Historiker sich auch selbstkritisch fragen, auf welche Art und Weise Geschichtsforschung in diesem Themengebiet betrieben wird. Als beispielhafte Symptome dieser kollektiven Reflexion können die diversen Enzyklopädien genannt werden, die in den Jahren nach der Jahrtausendwende erschienen und sich dem Ersten Weltkrieg widmen. Jedes dieser Werke beansprucht für sich, eine Synthese des bisherigen Forschungsstandes, eine Bilanz der gegenwärtigen Veränderungen sowie ein Panorama weiterhin ungeklärter Fragen zu bieten (54, 6, 58). Auf einer anderen Ebene bemühen sich auch Aufsätze, die Bilanz der langfristigen historiographischen Trends und der jüngsten Entwicklungen der Forschung zu ziehen (u.a. 11, 71, 65).

Ein Jahrhundert von Kontroversen

Hierbei wird deutlich, dass es der Forschung nach fast einem Jahrhundert nicht an Kontroversen fehlt. Solche Kontroversen folgen übrigens dem Ablauf der untersuchten Geschehnisse: Was sind die Gründe für den Konflikt? Wie kann der Kriegseintritt im Jahr 1914 erklärt werden? Woher rührten die Länge des Krieges und die Intensität der Gewalt? Warum haben einige Frontkämpfer den Befehlen gehorcht, während andere desertierten? Weshalb blieben die Friedensbeschlüsse so unsicher? Wie ist der Kult um die Kriegsgefallenen zu interpretieren?

Einige dieser Fragen lassen sich deutlicher durch eine bestimmte Teildisziplin der Geschichtswissenschaft – wie Militärgeschichte, Politikgeschichte, Wirtschaftsgeschichte oder Sozialgeschichte – beantworten als andere. Doch die Kontroversen spiegeln oft auch die Gegensätze zwischen unterschiedlichen historischen Forschungsweisen wider, wie die jeweilige Eignung des politischen oder kulturellen Ansatzes zur Erklärung eines Ereignisses oder Prozesses. Daher bleibt die Geschichte des Krieges offen für zukünftige Entwicklungen in der Forschung und ruft weiterhin leidenschaftliche Debatten hervor.

Die folgende Darstellung konzentriert sich auf die Geschichte des Krieges, auf seinen Verlauf und seine unmittelbaren Konsequenzen, auch wenn die letzte Frage des Buches die Perspektive auf das gesamte Jahrhundert ausdehnt. Hierbei wird der Krieg in seinen unterschiedlichen Dimensionen betrachtet, wobei auf Politik, Diplomatie, Militär, aber auch auf soziale, wirtschaftliche und kulturelle Aspekte eingegangen wird. Am Anfang eines Krieges und erst recht eines internationalen Konfliktes steht zwangsläufig mehr als ein einzelner Beteiligter. Es wäre daher absurd, sich im Folgenden auf eine einzige nationale Geschichtsschreibung zu beschränken. Daher ist das Buch weder auf deutsche Quellen begrenzt noch auf französische (aufgrund der Staatsangehörigkeit der Autorin), englische, amerikanische (auch wenn die verwendete Bibliographie weitestgehend angelsächsisch ist) oder sonstige Quellen. Der hier genutzte breite Ansatz ist aufgrund des internationalen historiographischen Dialoges sinnvoll, auch wenn dies nicht ausschließt, dass manche Fragen in einigen Ländern oder Milieus in bestimmten Zeiträumen besonders intensiv gestellt und bearbeitet worden sind. Letztlich ist es die transnationale Herangehensweise, die es erlaubt, solche Abweichungen zu erfassen.

II. Überblick

Im Folgenden werden nur die Leitlinien des Kriegsverlaufs erläutert. Das Ziel dieses Überblicks beschränkt sich darauf, den allgemeinen Rahmen des Themas zu umreißen, die sieben Forschungsprobleme zu erläutern, die in den späteren Kapiteln vorgestellt werden, sowie ihre Bedeutung für das historische Verständnis des Ersten Weltkriegs hervorzuheben. Für eine vollständigere Darstellung bietet Wolfgang Kruses Band *Der Erste Weltkrieg* bei der WBG (74) einen hervorragenden Einstieg in die prägenden Ereignisse des Weltkriegs und in ihre Einordnung in den Kontext.

1. Der Kriegsausbruch, Ursachen und Erscheinungsformen

Zwischen Allianz und Kontingenz

1914 hatte sich das europäische Machtgleichgewicht bereits seit dem Ende des 19. Jahrhunderts empfindlich geändert. In Westeuropa rivalisierten Großbritannien, Frankreich und Deutschland in wirtschaftlichen, kolonialen und militärischen Fragen. Die von Wilhelm II. eingeleitete Weltpolitik drückte sich im Flottenwettrüsten mit Großbritannien und in wiederholten Reibungen mit Frankreich in Marokko aus. Im Südosten Europas schwächte der aufstrebende Nationalismus die multiethnischen Reiche (Österreich-Ungarn und das Osmanische Reich) und verschärfte die schwelenden Territorialkonflikte. Zudem hatten die Balkankriege von 1912 und 1913 Serbien gestärkt, das von Russland unterstützt wurde und nach Ansicht der Regierung Österreich-Ungarns die Loyalität der slawischen Völker bedrohte. Diese Rivalitäten und Spannungen erklären die progressive Entstehung von antagonistischen Bündnissen. Das Bündnis zwischen Deutschland und Österreich-Ungarn wurde 1879 unterzeichnet und 1891 mit dem Beitritt Italiens komplettiert. Das Gegenbündnis zwischen Frankreich und Russland wurde 1892 unterzeichnet und 1904 durch Großbritannien im Rahmen der *Entente cordiale* ergänzt, trotz der kolonialen Rivalität zwischen Großbritannien und Frankreich. Obwohl diese Bündnisse auf Abschreckung zielten, erhöhten sie das strukturelle Risiko eines Konflikts. Zudem verstärkte das Wettrüsten in jeder Hinsicht die Wahrnehmung, einer wachsenden Bedrohung gegenüberzustehen.

In diesem Kontext ermordete Gavrilo Princip, ein junger bosnischer Nationalist serbischer Herkunft, mit der Unterstützung einer panserbischen Geheimvereinigung den Erzherzog Franz Ferdinand und seine Ehefrau am 28. Juni 1914 in Sarajevo. Dieser Angriff auf den Thronfolger wurde von den österreichischen Führungskräften als Gelegenheit verstanden, der serbischen Bedrohung mit einer Strafmaßnahme zu begegnen. Österreich-Ungarn stellte Serbien am 23. Juli mit der Unterstützung Deutschlands ein inakzeptables Ultimatum. Die serbische Ablehnung der letzten Forderung des Ultimatums führte zur Mobilmachung der österreichischen Armee, gefolgt von der Kriegserklärung Österreich-Ungarns gegen Serbien am

28. Juli. Damit wurde die Abwärtsspirale in Gang gesetzt, mehr noch aufgrund der Bündnisse als durch den Enthusiasmus der Diplomatien. Am 30. Juli machte Russland mobil, um Serbien zu unterstützen; dies brachte Deutschland dazu, Russland am 1. August den Krieg zu erklären, am 2. August in Belgien einzudringen und schließlich Frankreich am 3. August den Krieg zu erklären. Trotz der Vermittlungsbemühungen Lloyd Georges und angesichts des als nicht hinnehmbar empfundenen Einmarsches in ein neutrales Land erklärte Großbritannien am 4. August Deutschland den Krieg. Die mangelnde Effizienz diplomatischer Kommunikationskanäle hat sicherlich nicht zur Beruhigung dieser auffallend schnell eskalierenden Situation beigetragen. Kaiser Wilhelm II. befand sich Ende Juli auf Kreuzfahrt: Der Zeitpunkt seiner Kenntnisnahme der Ereignisse am 28. Juli war für eine Intervention zu spät; daher überließ er schlussendlich seinem österreichischen Verbündeten die Handhabung der Situation, mit dem Hintergedanken, einen kurzen und beschränkten Krieg zu führen. Der französische Präsident der Republik Raymond Poincaré und der Ministerpräsident René Viviani waren vom 20. zum 23. Juli zum offiziellen Staatsbesuch in Sankt Petersburg. Ihren Rückweg bewältigten sie vom 23. bis zum 29. Juli, also während die europäische Geheimdiplomatie auf Hochtouren lief.

Mehr noch als nach der Krise und der mechanischen Verkettung der Ereignisse, die zur Generalisierung des Konflikts führten, stellt sich die Frage nach der Verantwortung für den Krieg. Das Ausmaß der Fehleinschätzungen und politischen Berechnungen weist auf unterschwellige Ursachen hin, die auf gegensätzlichen nationalen Interessen basieren. Diese Fragestellungen sind Bestandteil einer diplomatischen und historischen Kontroverse, die zur Zeit des Krieges aufkam und Historiker über Jahrzehnte beschäftigte und noch beschäftigen (Forschungsproblem 1).

Kriegseintritt der Gesellschaften

Mit dem Kriegseintritt trat die Reaktion der europäischen nationalen Gesellschaften in den Vordergrund. Die Sicht auf den Krieg differierte 1914 innerhalb der Gesellschaften. Die letzten großen Konflikte waren weit entfernt (Burenkrieg 1899–1902, Russisch-Japanischer Krieg 1904–1905 sowie die Balkankriege von 1912 und 1913, die für westeuropäische Länder abgelegen schienen), wobei die Kolonialeroberungen für die Bevölkerung in den Mutterländern greifbarer machten, was Kriege bedeuteten. In Kulturgütern und Medien jedoch waren Kriege sehr präsent. Zudem war der Krieg ein wichtiges Element der nationalen Politik, was sich kurz vor dem Krieg sowohl an der Erhöhung des Mobilisierungspotenzials (Erhöhung der Dauer des Militärdienstes, außer in Großbritannien) zeigte, als auch an seiner prospektiven Finanzierung (Fiskalreformen). Der Krieg erschien daher als ein mögliches Mittel zur Lösung von Spannungen und Rivalitäten zwischen Staaten, ganz gleich, ob es ihn zu bekämpfen oder zu beschleunigen galt. Diesbezüglich waren die öffentlichen Meinungen zweigeteilt: Ein bedeutender Teil der jeweiligen Bevölkerung erstrebte den Erhalt des Friedens. Es konnte sich dabei um eine kalkulierte, objektive Option handeln (beispielsweise um die für die Integration der wirtschaftlichen und finanziellen Milieus), um eine moralische Position (die pazifistischen Ideen verbreiteten sich seit der Mitte des 19. Jahrhunderts) oder auch um eine ideologische Überzeugung (unter anderem bei den Sozialisten, die den Krieg ablehnten und den Internationalismus priesen). Dem entgegengesetzt waren Gruppierungen, die den Krieg akzeptieren oder beschleunigen wollten. Der Krieg war somit die logische Konsequenz des aggressiven Nationalismus, der sich seit dem Ende des 19. Jahrhunderts entwickelt hatte, beispielsweise in der Form des völkischen Nationalismus in Deutschland.

Die Beschleunigung der diplomatischen Krise Ende Juli 1914 provozierte gegensätzliche Empfindungen. Diese reichten von relativer Indifferenz (unter anderem in ländlichen Gegenden, in denen die Ernte vorrangig war) über ernste Besorgnis (wie es die Menschenaufläufe etwa vor Kiosken und Anschlägen für das Lesen von Zeitungen und Depeschen bezeugten) bis zur nationalistischen Erregung (die in einigen Großstädten entfesselt wurde und nun regelrecht ausbrach). Trotz dieser vielfältigen Reaktionen auf das Geschehen war die Mobilmachung Anfang August effizient: Die Männer, die in den Krieg zogen, waren meistens von der Rechtmäßigkeit ihres Einsatzes für ihr Land überzeugt; sie waren umso mehr entschlossen, als sie von einem kurzen Krieg ausgingen. Diese Gewinnung der Bevölkerung sowie der Burgfrieden, der sich in allen am Krieg beteiligten Ländern etablierte, sind überraschend. Die daraus hervortretende Kontroverse unter Historikern zielt folglich auf die Beurteilung der Gemütszustände der Bevölkerung sowie ihren Umgang mit dem Kriegsbeginn ab. Dabei werden das „Augusterlebnis" (wie es während und nach dem Konflikt beschrieben wurde) oder der „Geist von 1914" (als Produkt eines einstimmigen und spontanen Enthusiasmus) neu bewertet. Der Erfolg der Mobilmachung wird gegensätzlich interpretiert: Er kann als Ergebnis eines tiefverwurzelten Nationalgefühls, als Konsequenz der staatlichen Autorität oder auch als Folge eines Habitus der Gehorsamkeit verstanden werden – der von den Interaktionen des Sommers 1914 verstärkt wurde und es dem Einzelnen erschwerte, sich der kollektiven Bewährungsprobe zu entziehen (Forschungsproblem 2).

2. Der Kriegsverlauf, an der Front und in der Heimat

1914 sagten die Prognosen aufgrund der eingesetzten Mittel – die Ausdruck der modernen Kriegsführung waren – einen kurzen Krieg voraus. Überall gründete die militärische Strategie auf dem einfachen Prinzip der Offensive, die in der entscheidenden Schlacht zügig den Sieg bringen sollte. Die offensiven Planungen scheiterten jedoch schnell: An der Westfront wurde die französische Armee im Elsass und in Lothringen zum Rückzug gezwungen, während die deutschen Streitkräfte in der Schlacht an der Marne aufgehalten wurden. An der Ostfront wurde die russische Armee Ende August in der Nähe von Tannenberg zurückgehalten, und die österreich-ungarischen Streitkräfte mussten sich in Galizien zurückziehen.

Von dem Bewegungskrieg zum Stellungskrieg

Die ersten Wochen des Konflikts verursachten dennoch enorme militärische Verluste. Die Invasionswellen hatten massive materielle Zerstörungen und Übergriffe auf die Zivilbevölkerung zur Folge, sowohl während der deutschen Invasion in Frankreich und Belgien als auch während des russischen Einmarsches in Ostpreußen. Solche Ereignisse verstärkten die Notwendigkeit, den Krieg zu exportieren, um solche Zerstörungen und Gräueltaten auf dem Heimatterritorium zu verhindern. Dieses Vorhaben wurde während des gesamten Kriegsverlaufs aufrechterhalten und durch die Einrichtung von Besatzungs- bzw. besetzten Gebieten umgesetzt, deren Aufteilung für die Mittelmächte vorteilhaft war.

Die Westfront stabilisierte sich nach den ersten Monaten zwischen den erschöpften Armeen zum Herbstende 1914. Um die Stellungen besser halten zu können und dem gegnerischen Vordringen Einhalt zu gebieten, vergrub sich jede Armee in Schützengräben. Was ursprünglich als Provisorium gedacht war, mutierte zu einem dauerhaften und modernen Befestigungssystem zur Verstärkung der Verteidigung. Der Krieg wandelte sich damit zum Stellungskrieg, der den Konflikt enorm verlängerte.

Vorrang der Offensive

Die Führungsstäbe blieben jedoch vom Vorrang der Offensive überzeugt. Dies äußerte sich in den von Joffre initiierten großen Operationen vom Jahresende 1914 bis Ende 1915 (Artois, Champagne, Argonne). Demgegenüber sicherte die deutsche Feuerkraft die defensiven Möglichkeiten der Reichswehr. Da die Westfront blockiert war, konzentrierte sich die deutsche Oberste Heeresleitung auf die Ostfront, um den russischen Feind auszuschalten: Die Offensive Hindenburgs in der Region der Masurischen Seen (Februar 1915) war dafür bezeichnend. Im Herbst 1915 scheiterte diese Strategie jedoch und die Ostfront stabilisierte sich ihrerseits. Um die Initiative im Westen zu übernehmen, stieß Falkenhayn 1916 die Schlacht von Verdun an, deren Stahlgewitter bis Dezember andauerte. Im Juli desselben Jahres setzten die Alliierten die Schlacht an der Somme in Gang, wo der Widerstand der deutschen Truppen den Kampf bis November 1916 verlängerte. Der Durchbruch an der Front war für den Sieg weiterhin unumgänglich. Noch im April 1917 versuchte Nivelle dieses Vorhaben umzusetzen, als er eine Offensive in der Aisne (auf dem *Chemin des Dames*) auslöste. Die Briten beriefen sich ebenfalls auf diese Idee, um im Sommer 1917 einen neuen Angriff auf den Norden der Front in Passchendale in der Nähe von Ypern zu initiieren. Diese Initiativen wurden mit hohen Verlusten bezahlt, obgleich der Durchbruch auf der einen wie auf der anderen Seite der Front immer noch nicht erreicht wurde. Erst im Herbst 1917 hatten die deutsch-österreichischen Truppen gegen die Italiener in der Nähe von Caporetto mehr Glück, und im Frühling 1918 erreichten die Deutschen die Verschiebung der Westfront durch die Kaiserschlacht, vor dem Beginn der alliierten Sommeroffensiven.

Industrieller Krieg

Über all die Jahre war dieser fast bewegungslose Krieg ein industrieller Krieg, der auf immer massiveren Bombardierungen vor den Offensiven beruhte; es handelte sich außerdem um einen Abnutzungskrieg, da die Personalstärke und die Ressourcen eines jeden Landes durch die neuen Formen des Kampfes immer mehr aufgerieben wurden. Dieser neue Kriegstyp verlangte den Streitkräften materielle und technologische Anpassungen ab. Von den ersten Kriegsmonaten an wurde die Ausrüstung der Soldaten zugunsten einer funktionaleren Bekleidung und eines besseren Schutzhelms verändert. In der Infanterie wurden Granaten allgemein gebräuchlich. In der Artillerie entwickelte sich das Maschinengewehr zur Verteidigungswaffe, und Kanonen wurden perfektioniert (Verlängerung der Schussweite, Vergrößerung der Kaliber, Abgabe von Parabelschüssen zur Erreichung der gegnerischen Gräben). Ab April 1915 wurden Gaswaffen eingesetzt und auch Flammenwerfer, die auf die „Säuberung" des Gebiets ausgelegt waren; zudem nutzte man während der Schlacht an der Somme erstmals Panzer. Schließlich wurde die Luftwaffe für die Beobachtung sowie für die Bombardierung der gegnerischen Frontlinien und Heimatzonen zunehmend unentbehrlich.

Seekrieg

Darüber hinaus spielte der Seekrieg eine entscheidende Rolle für das Gleichgewicht der Kräfteverhältnisse und dessen Entwicklung während des Konflikts. Die britische Regierung nutzte ihre maritime Überlegenheit, um eine besonders restriktive Blockade zur Lähmung Deutschlands und seiner Verbündeten zu erreichen. Angesichts eines langen Krieges wollte die deutsche Regierung diese Einkreisung durchbrechen, dabei jedoch möglichst keine neutralen Staaten brüskieren: Daher zögerte sie bei der Wahl zwischen Vergeltungsmaßnahmen und Vorsicht. Ende 1916 favorisierte die deutsche Oberste Heeresleitung die Wiederaufnahme des U-Boot-Krieges, dieses Mal in uneingeschränkter Weise, der Wilhelm II. im Januar 1917 zustimmte. Obgleich der uneingeschränkte U-Boot-Krieg zunächst spektakuläre Ergebnisse erreichte (gemessen an den versenkten Tonnagen), erleichterte er zugleich den Kriegseintritt der Vereinigten Staaten im April 1917, die ihre wirtschaftlichen Interessen durch den Stopp ihrer Handelsschiffe für den Export schwerwiegend gefährdet sahen. Dieser Kriegseintritt äußerte sich in der Bereitstellung der amerikanischen Handelsflotte für die Alliierten, während zugleich effiziente Methoden gegen die Versenkung umgesetzt wurden. Im Sommer 1917 schien der U-Boot-Krieg nicht mehr den deutschen Sieg zu ermöglichen und zog gravierende Folgen nach sich: Ab dem Frühling 1918 traf eine große Anzahl amerikanischer Soldaten in Europa ein.

Erfahrungen der Frontkämpfer

Die Erfahrungen der Frontkämpfer des Ersten Weltkriegs variierten je nach räumlicher und zeitlicher Nähe zur Front und je nach Zuordnung in die Truppengattungen. Dabei sticht jedoch der Schrecken der Schützengräben heraus, dem die meisten Soldaten ausgesetzt waren: Die Lebensbedingungen waren fürchterlich und die Gefahr allgegenwärtig. Nichtsdestotrotz beteiligten sich die Soldaten mehr als vier Jahre an dem Krieg. Ihr auffälliges Durchhaltevermögen hat zahlreiche Debatten hervorgerufen. Historiker haben zur Erklärung dieses Durchhaltevermögens verschiedene gegensätzliche oder auch komplementäre Faktoren ausgemacht: von der patriotischen Motivation der Frontkämpfer über ein Netzwerk von Zwängen, die Anpassungsfähigkeit der Soldaten bis zur Kraft von sozialen Interaktionen in der Armee sowie zwischen der Front und der Heimat (Forschungsproblem 3).

Mobilisierung der Gesellschaften

Der neue, seit 1914 geführte Kriegstyp implizierte außerdem, dass alle Ressourcen der kriegsbeteiligten Nationen dem Ziel der Kriegsführung bis zum Sieg untergeordnet wurden. Der Sieg war also nicht nur ein militärisches Ergebnis, sondern hing von den politischen, wirtschaftlichen, sozialen und moralischen Mobilisierungsfähigkeiten der Gesellschaften ab. Für die Bevölkerung in der Heimat richtete sich die Präsenz des Krieges nach ihrer Position im Verhältnis zur Front. In Europa war der Krieg in allen Aspekten des Alltagslebens spürbar. Die Regierenden bemühten sich, die innere Sicherheit ebenso aufrechtzuerhalten wie die nationale Verteidigung, indem sie eine autoritäre Funktionsweise politischer Institutionen und eine strenge Informationskontrolle anstrebten. Darüber hinaus wurde ihnen die Versorgung der Bevölkerung abverlangt, trotz der kriegsbedingten Umwälzung von Versorgungs-, Produktions- und Verteilungsketten. Mit der Dauer des Konfliktes wuchsen die Versorgungsmängel, vor allem bei Nahrungsmitteln und Energieträgern, so dass diese rationiert werden mussten. Zugleich hieß es die Akzeptanz der Bevölkerung für die Rationierung zu schaffen, um Revolten vorzubeugen. Folglich waren die Gesellschaften in der Heimat keine passiven Einheiten; vielmehr handelte es sich um regelrechte Heimatfronten, die ebenfalls für den Konflikt mobilisiert wurden.

Die Effizienz der Mobilisierung wurde anhand von materiellen Kriterien gemessen: Finanzierung, Umfang der Waffenproduktion sowie Grad der Versorgung der Streitkräfte und der Bevölkerung. Die Konzentration auf diese Aspekte implizierte eine Neuausrichtung der nationalen Ökonomien und eine Neuverhandlung sozialer Verhältnisse (u. a. zwischen sozialen Schichten, den Geschlechtern und Generationen). Trotz der Orientierung auf die genannten materiellen Kriterien kam es zu zahlreichen Streiks (vor allem ab 1917, als die Kriegsmüdigkeit anstieg) und zum Kriegsende gar in einigen Ländern zu Revolutionen. Seither bemaß sich die Effizienz der Mobilisierung auch am gesellschaftlichen Zusammenhalt gegenüber dem Konflikt. Dieser Zusammenhalt stärkte die Mobilisierung eines jeden Bürgers in seiner Arbeit und seiner Freizeit und forderte ihn im Sinne einer Aufopferung dazu auf, den in Kriegszeiten nötigen Verzicht zu akzeptieren. Allerdings war dieses beachtenswerte Durchhaltevermögen der Gesellschaften im Kriegsverlauf nicht konstant, was zumindest teilweise die Siege und Niederlagen in den einzelnen Schlachten erklärt. Fasst man den Krieg mit Lenin als Beschleuniger der Geschichte auf, erklären die Variationen im Durchhaltevermögen außerdem die in Europa ausbrechenden Revolutionen.

Die Historiker stehen sich in der Erklärung der Mobilisierungsabläufe entgegen: Einige ziehen kulturelle Grundlagen als Erklärung für die Zustimmung der Bevölkerung heran, während andere die komplexen Verhandlungsprozesse des fragilen Nationalkonsenses hervorheben (Forschungsproblem 4).

3. Das Kriegsende, Modalitäten und Folgen

Waffenstillstände und Friedensschlüsse

Ab dem Sommer 1918 verschlechterte sich die Situation für die Mittelmächte und ihre Verbündeten zunehmend: Einer nach dem anderen war dazu gezwungen, Waffenstillstandsabkommen zu erbitten, die dann zwischen dem 30. September und dem 11. November 1918 unterzeichnet wurden. Obgleich die militärische Situation entscheidend für das Zustandekommen der Waffenstillstandsabkommen war, prägten auch soziale Bewegungen, politische Forderungen und revolutionäre Unruhen diese Phase. Im November 1918 wurden in Deutschland, in der Tschechoslowakei, in Österreich und in Ungarn Republiken verkündet. In ihrer Niederlage lösten sich das Deutsche und das Österreichisch-Ungarische Reich auf, bevor dann 1923 auch das Osmanische Reich zerfiel.

Neben den Waffenstillständen stehen die Friedensverträge im Zentrum der Debatten um den Ersten Weltkrieg, allen voran der Versailler Friedensvertrag. Die Organisation der Friedenskonferenzen, die Auswahl der Teilnehmer, ihre gegensätzlichen Interessen und die Art und Weise, diese geltend zu machen, riefen kritische Kommentare bereits der Zeitgenossen hervor. Der Inhalt der verhandelten Klauseln, ihre Anwendungsmittel und ihre Auswirkungen sind daraufhin Bestandteil langfristiger Analysen geworden. Die Sieger machten Deutschland als alleinigen Verantwortlichen für den Konflikt aus und erlegten ihm beträchtliche militärische, territoriale und wirtschaftliche Bürden auf; dabei nahmen sie das Risiko in Kauf, das Land zu demütigen und einen revanchistischen Revisionismus zu nähren. Die Kontroverse um den Versailler Vertrag betrifft daher die Einschätzung der Qualität des hergestellten Friedens, die zwischen einem „karthagischen Frieden" mit dramatischen Konsequenzen und dem unter den damaligen Bedingungen bestmöglichen Kompromiss schwankt (Forschungsproblem 5).

Bedeutung der Toten

Die Umsetzung des Friedens verursachte tiefgreifende Schwierigkeiten, denn schließlich hatte sich der Krieg über vier Jahre erstreckt, die Gesellschaften auf beispiellose Weise einbezogen und mehr als zehn Millionen Menschen das Leben gekostet: Diese Toten sollten nicht umsonst gestorben sein. Das Ende des Krieges sollte den Erfolg ihres Kampfes darstellen und die Prinzipien hochhalten, für die sie gekämpft hatten. Die Antagonismen bezüglich des entstehenden Friedens wurden also zum Kriegsende vom Sieg der einen Seite und von der Niederlage der anderen Seite verstärkt.

Darüber hinaus waren die Toten bei den Siegern sowie bei den Besiegten ein Politikum. Die Trauer durchdrang die Gesellschaften. Um dem destabilisierenden Effekt der Trauer vorzubeugen, war die Schaffung eines politischen Totenkults unabdingbar; dieser stattete die Aufopferung der Gefallenen mit einem Sinn aus und versöhnte so die Lebenden. Die Erinnerung an die Toten trieb die Lebenden dazu an, ihrem Beispiel zu folgen und ihre eigenen Tätigkeiten fortzuführen. Die Referenz an die Toten drückte sich jedoch in verschiedenen Formen aus und beruhte auf einer unterschiedlichen Sinngebung für ihren Kampf. Sie trug außerdem dazu bei, dass nach dem Krieg widersprüchliche Forderungen erhoben wurden, von der Bildung eines nachhaltigen Friedens bis hin zur Verteidigung nationaler Interessen. Die geschichtswissenschaftliche Kontroverse kreist daher um die Frage, wem das Totengedenken zusteht: Gehören die Leichname ihren Familien oder der Nation? Wie können die Toten für solch unterschiedliche politische Gesinnungen (von der pazifistischen Botschaft bis zum Aufruf zur Vergeltung) beansprucht werden? (Forschungsproblem 6)

Folgen des Krieges für das Jahrhundert

Schließlich stellte der Weltkrieg einen Umbruch für die individuelle Lebensplanung der Zeitgenossen und für ihr kollektives Verständnis der Geschichte dar. Dennoch wurde der Krieg im Laufe des übrigen Jahrhunderts im Lichte neuer Entwicklungen neu bewertet. Einerseits reihen Historiker ihn in eine Entwicklung ein, die letztlich die Kontinuität der historischen Ereignisse betont; andererseits erinnern sie an die tiefgreifenden Veränderungen, die der Krieg nach sich zog. Der Weltkrieg wird folglich immer mehr als ein einschneidendes Ereignis verstanden, trotzdem divergieren die

Konzepte der Historiker. Einige fassen den Konflikt als den Beginn eines dreißigjährigen Krieges auf, der erst 1945 endete; dabei stellen sie die beiden Weltkriege als Konfrontation der Nationen dem Kalten Krieg gegenüber, der eine ideologische Konfrontation sei. Andere sehen in der russischen Revolution von 1917 den eigentlichen Beginn der ideologischen Auseinandersetzung. Der Erste Weltkrieg stellt in dieser Perspektive den Anfangspunkt eines „europäischen Bürgerkrieges" (Ernst Nolte) dar, der bis 1945 vom Kampf zwischen Kommunismus und Nationalsozialismus geprägt war. Darüber hinaus wird er auch als Anfang eines „Zeitalters der Extreme" (Eric Hobsbawm) aufgefasst, das erst mit dem Zusammenbruch der Sowjetunion 1991 endete. Im Allgemeinen wird der Erste Weltkrieg als die „Urkatastrophe" (George Kennan) eines gewaltsamen Jahrhunderts verstanden. Folglich wird die Frage nach dem Grund für die Radikalisierung der Gewalt im Laufe des 20. Jahrhundets gestellt, über den sich die Historiker uneinig sind. Müssen die Grauen dieses Jahrhunderts mit dem Übertreten einer Gewaltschwelle während des Ersten Weltkriegs ins Verhältnis gesetzt werden? Beruht diese Gewalt auf den Praktiken der Frontkämpfer auf dem Schlachtfeld oder ist sie auf genauso bestimmende Vorstellungen in den Köpfen der Menschen zurückzuführen? Die Feststellung, dass der Krieg einen tiefgreifenden Einfluss auf die folgenden Jahrzehnte hatte, und die Bestimmung seiner Rolle als Untersuchungslabor für die Dynamiken des 20. Jahrhunderts führt damit zu unterschiedlichen Einschätzungen (Forschungsproblem 7).

III. Forschungsprobleme

1. Die Kriegsschuldfrage

Die Frage nach den direkten Ursachen und tiefer liegenden Ursprüngen des Krieges hat die Historiker über Jahrzehnte hinweg beschäftigt und stellt auch heute noch eine immense Herausforderung dar (192, 164, 179, 224, 167, 128, 263, 130, 228, 188, 231, 252, 267, 139). Es lassen sich eine Vielzahl von Faktoren identifizieren, die erklären, weshalb diese Frage zugleich aus politischer, gesellschaftlicher und geschichtswissenschaftlicher Perspektive von so zentraler Bedeutung ist: die emotionellen Reaktionen auf die Gräuel des Krieges und das Bedürfnis, einen Verantwortlichen dafür zu finden; der Nationalstolz, der allzu oft das Eingeständnis der eigenen Verantwortlichkeit verhindert; schließlich der Wille, eine neuerliche Katastrophe dieser Dimension zu vermeiden. Von Beginn an hat Deutschland in der Kriegsschulddebatte eine zentrale Stellung eingenommen: Die von den Alliierten in Versailles gegenüber dem Deutschen Reich erhobenen Anschuldigungen – ebenso wie die Anstrengungen, die zur Widerlegung dieser Vorwürfe unternommen wurden – haben eine tendenziell auf Deutschland konzentrierte Analyse gefördert. Nach dem Zweiten Weltkrieg gründete die Suche nach Antworten auf dem Gefühl, dass der Erste Weltkrieg die „Urkatastrophe" des 20. Jahrhunderts war, aus der alle seine folgenden Konflikte hervorgingen (68) – vor allem in Deutschland, wo die Kontinuität der Geschichte vom Ersten zum Zweiten Weltkrieg besonders intensiv zu spüren war (87, 120). Dennoch verschärfte sich die Debatte über die Ursprünge und Ursachen des Krieges von Zeit zu Zeit vorwiegend punktuell, entsprechend dem jeweiligen politischen und ideologischen Kontext, an bestimmten Orten und zu bestimmten Zeitpunkten.

Der folgende Abschnitt hat den Anspruch, die über lange Zeit hinweg geradezu die Debatte vereinnahmende Stellung der „Kriegsschuldfrage" zu beleuchten. Er soll jedoch auch eine klärende Darstellung der Vielzahl von Interpretationen dieses Themas liefern, um zu zeigen, weshalb eine eindeutige, eindimensionale Erklärung für den Ausbruch des Krieges nur schwer zu finden ist.

a) Die Kriegsschuldfrage: Verteidigung nationaler Interessen während des Krieges und im Zuge der Friedensverhandlungen

Staatspropaganda

Die Debatte über die Ursprünge des Krieges entbrannte bereits vor dem Beginn der eigentlichen Kampfhandlungen. Zum jeweiligen Zeitpunkt ihres Kriegseintritts betonten sämtliche Staaten die defensive Dimension ihres Handelns. Auf Seiten der Mittelmächte hoben die politischen Eliten die Ablehnung des österreichischen Ultimatums durch Serbien und die zaristische Aggression gegen Deutschland hervor; die Mächte der Entente beriefen sich auf die Invasion Deutschlands in den neutralen Staat Belgien; auf beiden Seiten wollte man offiziell seine Verbündeten verteidigen. Diese Parolen, die das Bild von einem gerechten – und somit gerechtfertigten – Krieg gegen einen aggressiven und gefährlichen Feind verbreiten sollten, dienten sowohl der Mobilisierung der eigenen Bevölkerung im Innern als auch dem außenpolitischen Zweck einer internationalen Legitimierung und Unterstützung. Die staatlich angeordnete Propaganda erfolgte rasch über die Veröffentlichung sogenannter „Farbbücher", die – unter staatlicher Ägide und mit der Weihe des Offiziellen herausgegeben – alle im gleichen Maße subjektive Kompilationen von Schriftstücken waren: das deutsche Weißbuch, das britische Blaubuch, das orangefarbene Buch Russlands, das österreichisch-ungarische Rotbuch und das französische Gelbbuch.

Das deutsche Weißbuch erschien am 3. August 1914, versehen mit einem wenig subtilen Untertitel: *Wie Russland Deutschland hinterging und den europäischen Krieg entfesselte*. Die deutsche Reichsleitung war zu diesem Zeitpunkt von einem baldigen Sieg des Landes überzeugt. Publikationen dieser Art zielten daher in erster Linie darauf ab, kritische Stimmen wie die von Karl Liebknecht (der sich während der Abstimmung über die Kriegskredite am 3. August zunächst enthielt und schließlich am 2. Dezember gegen sie votierte) auf innenpolitischer Ebene zum Schweigen zu bringen. Als Mittel der externen Propaganda, vor allem in Richtung der Vereinigten Staaten, waren sie lediglich von sekundärer Bedeutung.

Während schon der Konflikt als solcher die Leidenschaftlichkeit der Debatte über seinen Ursprung anheizte, wurde die Kontroverse nach dem Ende des Krieges noch intensiver geführt. Jede Kriegspartei war von der Verantwortlichkeit des Feindes überzeugt, auch wenn die jeweiligen Ziele, die sich hinter dieser Haltung verbargen, variierten. Dennoch waren es ausschließlich die Behauptungen der Entente-Mächte (also der Sieger), die im Zuge der Friedensverhandlungen thematisiert und diskutiert wurden. Für Großbritannien und Frankreich ging es um weit mehr als nur darum, einem bestimmten Akteur die Verantwortung für den Krieg zuschreiben zu können; sie verlangten eine Wiedergutmachung der begangenen Gräueltaten in Form von Reparationszahlungen.

Kriegsschuldklausel des Versailler Vertrages

In Deutschland war die Mehrheit der Bevölkerung weiterhin überzeugt, einen Verteidigungskrieg geführt zu haben, in dessen Verlauf das Ansehen der Armee nicht etwa beschädigt worden war. Die Soldaten kehrten sogar in der ruhmreichen Behauptung zurück, „auf dem Felde unbesiegt" geblieben zu sein (was der Verbreitung der *Dolchstoßlegende* freien Lauf ließ; vgl. hierzu Kapitel 5). Immer zahlreicher wurden die Stimmen aus der Linken, die die Verantwortung für den Krieg der krankhaften Kriegslust Wilhelms II. – und somit ihm als Person – zuschrieben. Viele Gründe also, um im Zuge der Verhandlungen über den Friedensvertrag auf eine nachsichtige Behandlung des neuen Deutschlands nach dem Modell der 14 Punkte Woodrow Wilsons zu hoffen. Doch auch wenn der amerikanische Präsident von seinen 14 Punkten unter anderem sein Konzept der Gründung des Völkerbundes als vollwertigen Bestandteil des Versailler Vertrages durchsetzen konnte, erreichten der französische Ministerpräsident Georges Clemenceau und der britische Premierminister Lloyd George die in Artikel 231 festgehaltene Kriegsschuldklausel, die Deutschland die maßgebliche Verantwortung am Ausbruch des Krieges zuwies.

Bemerkenswerterweise wird im Versailler Vertrag die Verantwortlichkeit für einen Konflikt in dieser Form zum ersten Mal eindeutig einer der Parteien zugeschrieben. Das Ausmaß sowohl der moralisch-ideellen als auch der materiellen Mobilisierung sowie Schäden und Verluste trugen rasch dazu bei, einen Schuldigen auszumachen: den preußischen Militarismus. Die Frage nach der Kriegsschuld war gleichermaßen unter moralischen wie unter wirtschaftlichen Gesichtspunkten bedeutend, da mit beiden Aspekten die Forderung nach Reparationszahlungen gerechtfertigt wurde. Diese Zahlungsforderungen gingen in ihrem Umfang über die tatsächlich angerichteten materiellen Schäden hinaus – Deutschland sollte sämtliche Kriegskosten begleichen. Zugleich sollten die Reparationen den deutschen Militarismus ein für alle Mal unterbinden.

In Versailles setzte sich der deutsche Unterhändler Graf Brockdorff-Rantzau entschieden gegen die Behauptung zur Wehr, sein Land trage die alleinige Kriegsschuld. Die für die Ermittlung der Kriegsinitiatoren und die Erhebung von Reparationsforderungen zuständige Kommission der Alliierten legte sich jedoch auf die gemeinsame Verantwortung der „Mittelmächte" fest, bevor sie das von der deutschen Delegation eingereichte Memorandum prüfte und schließlich zurückwies. Im Mai 1919 erschien ein zweites deutsches Weißbuch: *Deutschland schuldig?* (131). Dieser Widerstand konnte jedoch die Unterzeichnung des Vertrages nicht verhindern, der in Deutschland als *Diktat* empfunden wurde: Das Stigma der alleinigen Kriegsschuld und die wirtschaftliche Bürde der Reparationen erschwerten eine Akzeptanz dieses „Siegfriedens" – an sich schon ein Affront gegen den Nationalstolz – erheblich.

Von diesem Zeitpunkt an drängte sich die Frage nach den Ursachen des Krieges der deutschen Öffentlichkeit noch stärker auf. Die Debatte verfolgte zum einen den Zweck, die eigene Bevölkerung davon zu überzeugen, dass sie einen gerechten Krieg geführt hatte. Zum anderen sollte sie den ehemaligen Feinden deutlich machen, dass sie eine falsche Entscheidung getroffen hatten: die für einen Friedensschluss, der die politische und ökonomische Rehabilitierung eines friedlichen Deutschlands verhindern und nur weitere Feindseligkeiten hervorbringen werde. Das Ziel, zu beweisen, dass Artikel 231 jeglicher Grundlage entbehrte, wurde somit für alle Parteien zum ersten Schritt in Richtung einer Revision der Verträge und der Anfechtung der Reparationsforderungen.

Deutsche Unschuld-Kampagne

Die Kampagne gegen die *Kriegsschuldlüge* und für den Beweis der Unschuld Deutschlands wurde zunächst direkt vom Auswärtigen Amt geführt (174, 181). Der ehemalige Reichskanzler Bernhard von Bülow leitete dort ab 1919 ein eigens eingerichtetes *Kriegsschuldreferat,* dessen Ziel die inhaltlich fundierte Zurückweisung des Vorwurfs der alleinigen Kriegsschuld war. Die Arbeit dieser Behörde stützte sich auf Dokumente der deutschen Diplomatie sowie auf Dokumente, die ihr die russischen Bolschewiki ab 1917 zur Verfügung gestellt hatten. Trotz enormer innenpolitischer Probleme lösten die Entwicklungen in der Kriegsschuldfrage auf internationaler Ebene in der deutschen Bevölkerung immer wieder Entrüstungsstürme aus und führten zu fortwährend neuen diplomatischen Aktivitäten der Regierung: zuerst im Februar 1920, als die Sieger eine Liste mit den auf ihren Wunsch auszuliefernden deutschen Kriegsverbrechern übermittelten; später im Januar 1921, als sie ihre Reparationsforderungen in Höhe von 269 Milliarden Goldmark (im Mai 1921 auf die Summe von 132 Milliarden Goldmark zurückgestuft) ankündigten.

Aus Effizienzgründen beauftragte die Regierung ab 1921 von ihr finanzierte und vom Auswärtigen Amt kontrollierte, jedoch unter dem Deckmantel der Unabhängigkeit agierende Organisationen mit der Durchführung dieser Kampagne. Zu diesen Einrichtungen zählen auf der einen Seite die *Zentralstelle für die Erforschung der Kriegsursachen*, die die internationale Öffentlichkeit im Sinne einer Revision der Verträge zu beeinflussen versuchte, und auf der anderen Seite der *Arbeitsausschuss Deutscher Verbände*, dessen Aktivitäten nach innen orientiert waren. Dieser Ausschuss organisierte Konferenzen und Ausstellungen, gab eine eigene Zeitschrift mit dem Titel *Der Weg zur Freiheit* heraus, veröffentlichte darüber hinaus weitere Schriften und fungierte um 1930 als Dachverband für nahezu 2000 Organisationen. Die deutsche Regierung versuchte ihrerseits, den Alliierten verständlich zu machen, dass das Land die geforderten Summen unmöglich begleichen konnte und dass diese reduziert werden mussten. Die britische Regierung stellte sich dem nicht entgegen, wodurch der französische Präsident Raymond Poincaré – der unter dem Druck der heimischen Öffentlichkeit stand – mit seiner unverändert harten Haltung gegenüber Deutschland in die Isolation geriet.

Wegen der galoppierenden Inflation konnte Deutschland im Jahr 1922 den geforderten Reparationszahlungen nicht nachkommen, was die Besetzung des Ruhrgebiets durch französische und belgische Truppen zur Folge hatte. Ab 1923 publizierte die *Zentralstelle* unter der Leitung eines ehemaligen Mitglieds des Generalstabs, Alfred von Wegerer, eine Zeitschrift, die ausschließlich der Debatte um die Frage nach der Kriegsschuld gewidmet war und dementsprechend direkt den Titel *Die Kriegsschuldfrage* trug. Dieses Organ wurde vom Auswärtigen Amt in Goldmark finanziert – was in Zeiten der Hyperinflation auf die Bedeutung verwies, die dieser Frage in Deutschland eingeräumt wurde. Allerdings wirkte sich die Herausgabe der Zeitschrift negativ auf die Anstrengungen der Historiker aus, diese Periode tatsächlich verstehen zu wollen – wohingegen sie die Idealisierung des Kaiserreiches und die These vom Dolchstoß tendenziell verstärkte.

Veröffentlichung öffentlicher Dokumente

Allgemein betrachtet, waren die ersten Nachkriegsjahre in den Ländern aller Kriegsbeteiligter von einer regelrechten Publikationsflut öffentlicher Dokumente geprägt (268, 271). Während sich die russischen Bolschewiki weigerten, den Zaren zu rehabilitieren, wurde in Deutschland ein 1919 druckreifes kritisches Werk des Sozialisten Karl Kautsky von der Veröffentlichung ausgeschlossen und durch weit regierungskonformere Sammlungen ersetzt (198, 214). Mit dem Hinweis auf bereits veröffentlichte deutsche und russische Dokumente setzte die deutsche Führung die ausländischen Regierungen unter Druck, ihren eigenen diplomatischen Schriftverkehr offenzulegen. Großbritannien bemühte sich weiterhin, seine Deeskalationspolitik zu verteidigen (176), Frankreich versuchte, die Vorwürfe der Vergeltungssucht abzuwehren (141) und die UdSSR denunzierte den Imperialismus als Hauptgrund für den Ausbruch des Krieges. Österreich bezog, in

Übereinstimmung mit Deutschland, Stellung gegen die „ungarische Clique", die mit ihren radikalen Forderungen 1914 das Wiener Außenministerium dominiert habe (137).

All diese Veröffentlichungen waren zwar vollständiger und umfassender als die „Farbbücher" der Epoche direkt nach Kriegsende; dennoch reflektierten sie die weit weniger geschichtswissenschaftliche als politische Herangehensweise ihrer Autoren, die auf diese Weise im Auftrag der Regierungen das nationale Geschichtsbewusstsein formen sollten. Selbst wenn diese Publikationen – in einer Zeit, in der Forschern der Zutritt zu den Archiven noch verwehrt war – der Wissenschaft eine Vielzahl von Dokumenten zugänglich gemacht haben, muss doch darauf hingewiesen werden, dass durch eine selektive Auswahl solcher Quellen jedem der beteiligten Staaten die Schuld am Konflikt nachgewiesen werden konnte. Mit diesen Dokumenten als einzig verfügbaren Quellen blieben die Schlussfolgerungen also weiterhin ebenso einseitig wie kontrovers.

b) Historiker zwischen wissenschaftlicher Objektivität und politischem Kompromiss: Revisionisten und Antirevisionisten

Deutsche Anforderung einer Revision

Die deutsche Politik wird als „revisionistisch" bezeichnet, weil sie auf eine Zurücknahme und Neuverhandlung der Friedensverträge abzielte. Dennoch prägte diese Forderung den Diskurs nicht nur auf Regierungsebene. Noch während Wilhelm Marx vorübergehend nicht mehr Kanzler war (von Januar 1925 bis Mai 1926 war Hans Luther Reichskanzler), betonte er, dass die Forderung nach einer Revision der Verträge bei weitem nicht nur von einer Gruppe unbelehrbarer Nationalisten getragen wurde. Sie werde im Gegenteil von der deutschen Öffentlichkeit über sämtliche Parteigrenzen hinweg mit Einstimmigkeit vorgebracht (218). Abgesehen davon ist die Revision des Versailler Vertrages das einzige Thema, das die unterschiedlichen politischen Lager während der Weimarer Republik zu einem Grundkonsens bewegen konnte (vgl. hierzu Kapitel 5). Dennoch sind einige Abweichler von der offiziellen Linie (wie beispielsweise Fürst Lichnowsky, Wilhelm Muehlon und Richard Grelling oder Heinrich Kanner in Österreich) unübersehbar. Unter diesen bedeutenden Persönlichkeiten sticht der Rechtsprofessor Hermann Kantorowicz hervor, der sich – im August 1923 von der parlamentarischen Untersuchungskommission der Kriegsursachen in Deutschland als Experte einberufen – mit Elan einer detaillierten und gründlichen Erforschung der Ursachen der Julikrise von 1914 widmete. Er entfernte sich jedoch in seiner Arbeit alsbald von seinen anfänglichen Überzeugungen, bis er die beiden Mittelmächte schließlich sogar als die Hauptverantwortlichen des Krieges kennzeichnete. Die Veröffentlichung seines Abschlussberichtes – als häretisch verschrien – wurde verboten, da Außenminister Gustav Stresemann in solchen Publikationen eine Kompromittierung der Ziele seiner Locarno-Politik sah und eine neuerliche Verhärtung der Position der Alliierten fürchtete. Während der Zeit des Dritten Reiches stand die offizielle These der deutschen Unschuld freilich nicht zur Diskussion: Kantorowicz' Bericht wurde sogar öffentlich verbrannt. Letztlich publizierte ihn erst Immanuel Geiss 1967, als aufschlussreichen und klärenden Beitrag zur Debatte im Zuge der Fischer-Kontroverse (197).

Doch die Deutschen waren nicht die Einzigen, die revisionistische Positionen vertraten. Vielmehr wurde eine Neuverhandlung auch von anderen Gegnern der Verträge als Voraussetzung für die Aussöhnung der Nationen angesehen.

In den Vereinigten Staaten verschob sich die Meinung dahingehend nach dem Ende der Kampfhandlungen (126, 140, 222, 146). Revisionistische Ansichten verbreiteten sich hier nach der gescheiterten Ratifikation des Versailler Vertrages, der vom Senat als zu streng bewertet wurde. Das Bekanntmachen solcher Argumente sollte die öffentliche Meinung davon überzeugen, dass der Krieg auf der Grundlage falscher Motive geführt und die Vereinigten Staaten durch die britische Propaganda in einen Krieg involviert worden waren, in dem sie keine vitalen Interessen zu verteidigen hatten. So vertrat Sidney Fay die Auffassung, dass der Krieg ein „Unfall" war, für den die europäischen Mächte die Verantwortung insofern teilten, als sie der Entwicklung und Verschärfung der Krise freien Lauf gelassen hätten (156). Harry Barnes ging noch weiter, indem er die Entente-Mächte – insbesondere Frankreich und Russland – beschuldigte, die Krise 1914 willkürlich aufgebauscht zu haben, und indem er darüber hinaus bedauerte, dass sich die Vereinigten Staaten „für die falsche Seite" engagiert hätten (132). Diese revisionistischen Thesen fanden die Unterstützung des demokratischen Senators Robert Owen, geäußert in einer Rede vom 18. Dezember 1923, die in Deutschland als Bestätigung der eigenen Auffassung gefeiert wurde. Gegenüber solchen Ansichten erhob vor allem der berühmteste der Antirevisionisten, der Historiker Bernadotte Schmitt, seine Stimme (247). In der zweiten Hälfte der zwanziger Jahre hingegen konzentrierte sich die Debatte in den Vereinigten Staaten immer deutlicher auf die Gründe der amerikanischen Intervention in Europa im Jahr 1917. Hierin zeigte sich das Aufkommen einer allgemein isolationistischen Gesinnung und ein wachsendes Misstrauen gegenüber der europäischen Politik in den Vereinigten Staaten.

In Europa waren die Revisionisten vorrangig von pazifistischen Überzeugungen beseelt und von dem Anspruch getrieben, auf die durch den Versailler Vertrag nicht gänzlich ausgeräumten Gefahren der Geheimdiplomatie aufmerksam zu machen. In Großbritannien lehnte Edmund Morel den Versailler Vertrag dahingehend ab, dass dieser keinen konstruktiven Frieden erlaube sowie die unnötigen Opfer der Briten gutheiße (227). In Frankreich argumentierten Georges Demartial und Alfred Fabre-Luce gegen eine alleinige Schuld Deutschlands – gegen eine These also, die sie als simplizistisch und gefährlich betrachteten. Mit einer solchen Interpretation der Kriegsursachen wurde ihnen zufolge jegliche Reflexion über die Gefahren der Geheimdiplomatie und das Risiko eines erneuten weltweiten Konflikts (144, 155) gezielt umgangen. Dennoch konnte sich diese Art von Betrachtungen allgemein kaum durchsetzen.

Sicher verstärkte in Großbritannien auch die wirtschaftliche Kritik des Ökonomen John Maynard Keynes (641) das Bedauern darüber, den Vertrag 1919 in Versailles unterzeichnet zu haben. Diese Reue blieb allerdings größtenteils auf eine Kritik an der übertriebenen Härte des Vertrages beschränkt und ging nur selten so weit, die Kriegsschuld Deutschlands in

Frage zu stellen. Der Krieg wurde somit mehr und mehr als eine fatale historische Unumgänglichkeit betrachtet denn als das Werk eines einzelnen Aggressors (234).

Antirevisionistische Bewegungen

In Frankreich war die öffentliche Meinung damals weniger versöhnlich eingestellt, und revisionistische Ansichten trafen hier nur auf eine schwache Resonanz (210). Ebenso wie in Deutschland waren die französischen Historiker beauftragt, ihre Arbeiten entsprechend der offiziellen Linie der Regierung zu veröffentlichen – und die Mehrheit der Geschichtswissenschaftler war von der Richtigkeit dieser Interpretation der Kriegsursachen überzeugt. Das *Institut Pierre Renouvin* an der Sorbonne wurde von der Regierung ins Leben gerufen und beauftragt, eine Gegenargumentation zur Propaganda der *Zentralstelle* zu liefern. Pierre Renouvin, der von der politischen Linken als „offizieller" Historiker kritisiert wurde – vor allem wegen seiner Beteiligung an der Herausgabe der *Documents Diplomatiques Français* – bediente sich in seinen Arbeiten dennoch einer rigorosen akademischen Methodologie. In seinen Werken schreibt er somit nicht, dass Deutschland den Krieg aktiv geplant habe, sondern dass die Reichsleitung vielmehr gemeinsam mit Österreich-Ungarn die Hauptverantwortung für den Konflikt trage, da diese beiden Mächte ohne Rücksicht auf die möglichen Folgen einen lokalen Konflikt in Kauf genommen hätten (237, 238). Jules Isaac hingegen vertrat eine weit kritischere Position: Die Hauptverantwortung liege bei Deutschland und Österreich-Ungarn; sie werde jedoch von Frankreich und Russland mitgetragen, da sie ihre Allianz und damit den gegnerischen Machtblock 1912 noch verstärkten und nicht aktiv versucht hätten, den Ausbruch des Konflikts zu verhindern (189). Dem sei hinzugefügt, dass sich die Arbeit der französischen Historiker in den Nachkriegsjahren insgesamt gesehen nur innerhalb der Grenzen eines enggespannten politischen Kontextes bewegen konnte – umso mehr, als Poincaré, der 1914 Präsident der Republik war, nach 1920 als Ministerpräsident an der Macht blieb. In den zwanziger Jahren hätte eine allzu direkte Forderung der Historiker, eine Mitschuld Frankreichs einzugestehen, den Verlust der Reparationen riskiert, auf die Frankreich ökonomisch angewiesen war. Die Alternative bedeutete aber, Poincarés Politik der Härte gegenüber Deutschland – bei weitem nicht von allen geteilt – gutzuheißen. Die wissenschaftliche Objektivität konnte sich also nicht vollständig aus dem Prokrustesbett politischer Kompromissbildung befreien.

Auf der Seite der ehemaligen Feinde Deutschlands dominierten die antirevisionistischen Argumente vor allem während der Zeit direkt nach Kriegsende, sowohl aufgrund der Erinnerung an die Kriegsgräuel als auch wegen der wirtschaftlichen Notwendigkeit, die Reparationsleistungen zu erhalten. Ab Anfang der dreißiger Jahre gewannen jedoch auch andere Kriterien wie die Wirtschaftskrise und die Bedrohung durch den Bolschewismus an Bedeutung. Der Geist von Rache und Bestrafung verlor zugunsten einer versöhnlicheren Gesinnung immer mehr an Boden, was sogar so weit ging, die Möglichkeit einer gesamteuropäischen Allianz ins Auge zu fassen. Es war ebenjene vermeintliche Ungerechtigkeit des Vertrages, die somit eine größere Toleranz gegenüber Hitlers Außenpolitik förderte und im amerikanischen Isolationismus sowie in der britischen *Appeasement*-Politik ihre volle Wirkung entfaltete. Diese Art politischer Kompromisse konnte sich gegenüber einer objektiven, wissenschaftlichen Auseinandersetzung mit dem Thema umso leichter durchsetzen, als die – in Deutschland ebenso wie in den mit ihm zuvor verfeindeten Ländern – noch immer vorherrschende Propaganda in Bezug auf die Kriegsschuldfrage es der Öffentlichkeit unmöglich machte, sich eine objektive Vorstellung der Ereignisse zu bilden, die 1914 zum Kriegsausbruch geführt hatten.

c) Kollektive Verantwortlichkeit? Der Weg zur Konsensbildung ab den dreißiger Jahren

Neue Orthodoxie

Die Kampagne zugunsten der Unschuld Deutschlands hatte sich in den Nachkriegsjahren vor allem in Deutschland und in den Vereinigten Staaten als äußerst effektiv erwiesen. Sie hatte jedoch auch darüber hinaus Früchte getragen, indem die Idee von der Ungerechtigkeit des Versailler Vertrages popularisiert worden war. Mehr als ein Jahrzehnt nach dem Ende des Krieges war es nunmehr wichtiger, einen *Modus Vivendi* mit den ehemaligen Feinden zu finden, als einen Schuldigen auszumachen und diesen bezahlen zu lassen. Vor diesem Hintergrund bildete sich ab dem Anfang der dreißiger Jahre eine neue Orthodoxie heraus, die – anstatt auf der Schuld einer einzelnen Nation – auf einer kollektiven Verantwortung aller Kriegsparteien beharrte: Die europäischen Staaten seien in den Krieg „hineingerutscht", ohne dass ein bestimmtes Land einen unwiderruflichen Fehler begangen habe (216, Band 1, S. 32). Die wahren Schuldigen seien in der Bündnispolitik und in der Geheimdiplomatie zu sehen. Dieser Konsens deckte sich teilweise mit den marxistischen Interpretationen, die eine Verbindung zwischen Kapitalismus, Imperialismus und dem Ausbruch des Krieges herstellten (212). Ob nun Folge des bestehenden Bündnissystems oder der Geheimdiplomatie – in beiden Fällen erschien der Krieg eher als unausweichlicher Endpunkt einer fatalen Verkettung von Ereignissen denn als das gezielte Werk einer einzelnen Nation.

Hitler und der Widerruf des Versailler Vertrages

Immanuel Geiss war der Ansicht, dass dieser Erfolg der deutschen Propaganda weit tiefer gehende Auswirkungen hatte, als nur die Realität zu verzerren; durch die Entwicklung und Verbreitung der Idee des „unschuldigen Deutschlands" und der Dolchstoßlegende nämlich habe diese Propaganda letztlich auch der NS-Ideologie zum Siegeszug verholfen. Die Zurückweisung der Kriegsschuld habe somit nicht zu einer Infragestellung der Bestimmungen des Versailler Vertrages und in der Folge zur Freiheit geführt, sondern im Gegenteil den Nährboden für die nationalsozialistische Diktatur geliefert (174). Für die neue Führung Deutschlands war die Revision des Versailler Vertrages in der Tat kein Endziel, sondern vielmehr Ausgangspunkt für das Erreichen größerer außenpolitischer Ziele. Am 30. Juni 1937 widerrief Hitler öffentlich die Unterzeichnung des Versailler Vertrages; damit entfielen die Gründe, eine Revision zu fordern. Die *Zentralstelle* und der *Arbeitsausschuss* wurden aufgelöst und Deutschlands europäische Nachbarn verzichteten darauf, diesen Akt der Machtdemonstration offen anzufechten. Der frühere Leiter der *Zentralstelle* Wegerer veröffentlichte noch 1939 das zweibändige Buch *Der Ausbruch des Weltkrieges 1914*

(262) als krönenden Abschluss seines Kampfes gegen den Versailler Vertrag. Dieses Buch blieb in Deutschland bis zum Beginn der sechziger Jahre eine einflussreiche Publikation, seine Kernaussagen lauteten: Russland habe den Krieg ausgeweitet, Frankreich habe mit dem Ziel der Rache seinen Verbündeten unterstützt, Großbritannien sei aus Angst vor einer deutschen Dominanz auf dem Kontinent in den Krieg eingetreten; all dies, während die deutsche Regierung versucht habe, die Eskalation abzuwenden.

Beschwichtigung der Kriegsschuldfrage nach 1945

Ab 1939 verdrängte die Flutwelle der Ereignisse des Zweiten Weltkriegs die Erinnerung an den Ersten mit aller Macht. Die Situation Deutschlands im Jahr 1945 hatte nur noch wenig mit der von 1918 gemeinsam: ein Abstreiten der Niederlage oder der Verantwortung für den Krieg stand außer Frage. In der Bundesrepublik führten die Vollkommenheit der Niederlage und die Offenlegung der NS-Verbrechen in eine tiefe Identitätskrise. Es schien deshalb von umso größerer Bedeutung zu beweisen, dass Deutschland nicht auch den Ersten Weltkrieg verursacht habe, das Land also keineswegs durch eine Form intrinsischer politischer Aggressivität gekennzeichnet sei. Die westdeutschen Geschichtswissenschaftler bemühten sich folglich, die Diskontinuität der deutschen Geschichte hervorzuheben, in der der Nationalsozialismus eine schreckliche Abirrung und Widersinnigkeit dargestellt habe. Sie vertraten somit den Ansatz einer Gegenüberstellung der Ursprünge der beiden Weltkriege und betrachteten den einen als unvermeidlich und den anderen als bewusst vorbereitet. Dies kam einer Konsolidierung des Kompromisses über die auslösenden Faktoren des Ersten Weltkriegs gleich, den man bereits in den dreißiger Jahren eingegangen war (168, 239, 269). In der DDR hingegen beharrten die Historiker auf der Kontinuität der deutschen Geschichte von der Zeit des Kaiserreiches über das Hitler-Regime bis hin zum politischen System der Bundesrepublik. Für sie war es die Tradition eines aggressiven Imperialismus, die sowohl 1914 als auch 1939 in den Krieg geführt habe. Das kommunistische Regime unterstrich diese vermeintliche imperialistische Tradition mit dem Ziel, sich dadurch klar und positiv von ihr abheben zu können (147, 204). Sowohl in der Bundesrepublik, wo es den Geschichtswissenschaftlern nicht an drängenden Themen fehlte, als auch in der Deutschen Demokratischen Republik – die nicht das geringste Interesse daran hatte, das Ansehen des kaiserlichen Deutschlands wiederherzustellen – brachte die Frage nach den Ursachen des Ersten Weltkriegs keine richtigen Kontroversen mehr hervor.

Diese generelle Befriedung der Debatte war in den fünfziger Jahren auch auf internationaler Ebene spürbar. Es ist in dieser Hinsicht bezeichnend, dass 1951 eine deutsch-französische Kommission unter Beteiligung Gerhard Ritters und Pierre Renouvins einberufen wurde, um Leitlinien für den Umgang mit der Frage nach den Ursachen des Ersten Weltkriegs in Schulbüchern zu erarbeiten. Es ist nicht weniger bezeichnend, dass sich die Ergebnisse der Arbeit dieser Kommission in den Konsens der dreißiger Jahre einfügten und diejenigen Interpretationen bevorzugten, aus denen sich die Unvermeidbarkeit des Krieges schlussfolgern ließ (145). Diese Vorgehensweise ist vor allem auf politischer Ebene von Bedeutung; sie trug im Kontext des Kalten Krieges und in Abgrenzung von der UdSSR zur internationalen Rehabilitierung der Bundesrepublik bei. Auch für die Geschichtswissenschaft blieb sie nicht ohne weitreichende Folgen, da diese Distanzierung von der eigenen Vergangenheit die Anerkennung des Revisionismus der Zeit zwischen den beiden Kriegen auf Kosten neuer geschichtswissenschaftlicher Erkenntnisse begünstigte.

Insgesamt gesehen war man in der zweiten Nachkriegszeit der Ansicht, dass der Erste Weltkrieg hinreichend erforscht worden sei; die Historiker wandten sich deshalb fortan anderen Fragen zu. Nichtsdestotrotz waren vereinzelt abweichlerische, antirevisionistische Stimmen unüberhörbar (129, 143, 257); sie konnten sich aber aufgrund fehlender Übersetzungsarbeit und des – zumindest zeitweise – fehlenden Interesses für das Thema kaum Gehör verschaffen.

d) Die Ursprünge des Krieges und die Frage nach der Kontinuität der deutschen Geschichte: die Herausforderungen der Fischer-Kontroverse

Griff nach der Weltmacht

Die Debatte über die Ursprünge des Krieges fand angesichts der Publikationen des Hamburger Historikers Fritz Fischer zu radikaler Aktualität zurück. Er veröffentlichte 1959 in der *Historischen Zeitschrift* einen Artikel, der die Hauptthesen seiner Forschung zu den Ursprüngen und der Natur des Krieges darlegte (158), bevor er diese dann 1961 in seinem Buch *Der Griff nach der Weltmacht* dezidiert erläuterte (159). Fischer vertritt darin den Standpunkt, Deutschland trage die Hauptverantwortung für den Ausbruch eines weitreichenden Krieges im Jahr 1914. Seine Argumentation konzentriert sich auf drei zentrale Aspekte: die Verbindung zwischen deutscher Imperialpolitik und beträchtlichen territorialen Kriegszielen; die Verantwortlichkeit Deutschlands für die Eskalation der Julikrise sowie die besondere Rolle des Reichskanzlers Theobald von Bethmann-Hollweg. Seine Thesen stützte Fischer dabei auf eine minutiöse Untersuchung von Originaldokumenten, für die er eine immense Anzahl an Primärquellen zusammengetragen hatte.

In den Archiven der Reichskanzlei stieß Fischer auf ein zentrales Dokument für seine These, nach der sich die deutschen Kriegsziele mit dem imperialen Anspruch der Vorkriegszeit deckten, eine Hegemonialstellung zunächst in Europa und später in der Welt zu erlangen. Dieses Dokument vom 9. September 1914 trägt den Titel „Septemberprogramm" und ist ein von Bethmann-Hollwegs Privatsekretär Kurt Riezler verfasstes Memorandum, in dem Riezler die Ziele des Kanzlers in Bezug auf die deutsche Nachkriegspolitik explizit ausführt. Nach fünf Wochen Krieg schien der Schlieffen-Plan bereits Früchte zu tragen, und der Kanzler stellte sich auf baldige Friedensverhandlungen ein. Seine Konzeption eines durch den deutschen Sieg umstrukturierten Europas beinhaltete Annexionen, eine Zollunion, die die deutsche Hegemonie auf dem Kontinent garantieren sollte, und ein deutsches Kolonialreich in Afrika. Die Umsetzung dieses Programms hätte eine geradezu revolutionäre Umwälzung der wirtschaftlichen und politischen Machtverhältnisse bedeutet, zuungunsten vor allem Frankreichs und Russlands. Fischer sah hierin einen Plan für die Dominanz in Europa und den ersten Schritt in Richtung einer Vorherrschaft Deutschlands in der Welt.

Die Kontroverse

Die Gegner Fischers kritisierten dessen Thesen heftig: Zum einen sei der direkte Angriff auf Bethmann-Hollweg – der für viele eine Art Idealtypus des „guten Deutschen" darstellte – geradezu schändlich; einer solchen Persönlichkeit hätte man allerhöchstens vorwerfen können, von den Militärs manipuliert worden zu sein (152, 166, 241). Zum anderen könne ein 1914 – und somit im Kontext des Sieges an allen Fronten – abgefasstes Memorandum nicht als Beweis für die Ziele der Zeit vor dem Krieg herangezogen werden; außerdem sei das Memorandum vom 9. September 1914 ohnehin im Oktober durch ein neues ersetzt worden. Doch aus Fischers Sicht waren die Forderungen nach territorialer Expansion nicht nur vorübergehend erhoben worden: Sie standen vielmehr in einem kontinuierlichen Einklang mit den Zielen industrieller, militärischer und politischer Führungspersonen, wurden von sämtlichen politischen Parteien – auch von der Mehrheit der SPD – unterstützt und von breiten Schichten der Bevölkerung mitgetragen. Fischer schrieb damit die Verantwortung für den Krieg nicht einer kriegslustigen Führungselite zu, sondern einem weitaus größeren Spektrum der deutschen Bevölkerung – was auch, und in erster Linie, ihren Kanzler einschloss. Die Julikrise sei demnach lediglich ein willkommener Anlass gewesen, diese aggressive Politik in die Tat umzusetzen.

Vor allem aber sah Fischer in solchen Kriegsabsichten den Beginn einer kontinuierlichen Entwicklung zum Zweiten Weltkrieg. Genau dies erklärt allerdings den Tenor der Reaktionen auf Fischers Buch: Die Hervorhebung einer kontinuierlichen Entwicklung von Bismarck bis zu Hitler stellt die Interpretation des Dritten Reiches als eine zwar grauenhafte, aber einmalige Widersinnigkeit der deutschen Geschichte offen in Frage. Fischers Arbeiten brachen auf schonungslose Art ein tiefverankertes nationales Tabu. Sie provozierten in diesem Sinne sowohl die etablierten Historiker – die ihre Arbeit noch immer als patriotische Leistung verstanden – als auch die damalige konservative Regierung, die in Fischer ein Hindernis für das Streben nach der deutschen Einheit und für die Bildung eines nationalen Selbstbewusstseins sah. Nach Ansicht der regierenden CDU/CSU unterminierten die Thesen Fischers die deutsche Selbstachtung, die sich international ohnehin schon für die Gräueltaten des Hitler-Regimes verantworten musste. Auf Basis dieses Arguments verurteilte der Bundestagspräsident Eugen Gerstenmeier Fischers Thesen in einer Diskussion im Parlament 1964 aufs Schärfste (190 S. 144, 269 S. 233). Ihm zufolge schadeten diese unter anderem der internationalen Legitimität Deutschlands, die man sich über zehn Jahre hinweg gerade erst mühsam wieder erworben hätte – während noch immer die Hallstein-Doktrin galt und eine Mauer in Berlin errichtet worden war. Die SPD hingegen hielt sich in dieser Frage bedeckt, sicher in Hinblick auf eine mögliche Regierungsübernahme (256).

Trotz einiger verstrichener Zeit – während der man ein Abkühlen der Leidenschaftlichkeit der Debatte hätte erwarten können – blieben die Reaktionen auf und gegen Fischer heftig. Seine Thesen beschäftigten dabei nicht nur einen kleinen Kreis von Spezialisten, sondern reichten bis weit in die deutsche Öffentlichkeit hinein – in einem solchen Maß, dass man von einer der bedeutendsten historischen Kontroversen des 20. Jahrhunderts spricht (260, 793, 76, 827). Fischer sah sich in diesem Zusammenhang verschiedensten Anschuldigungen ausgesetzt: Zu ihnen zählen unter anderem

Vaterlandsverrat, marxistisches Sympathisantentum und sogar Quellenfälschung. Seine Teilnahme an einer Konferenzreihe in den Vereinigten Staaten 1965 wurde auf Anweisung der Regierung verhindert (211). Letzten Endes offenbaren die Ausweitungen der Fischer-Kontroverse mehr vom Zustand der Bundesrepublik der sechziger Jahre als vom Wesen des imperialen Deutschlands.

In der ersten Hälfte der sechziger Jahre war die akademische Unterstützung für Fischer – mit Ausnahme einiger seiner ehemaligen Hamburger Studenten wie Immanuel Geiss oder Helmut Böhme – in der Bundesrepublik rar gesät. Demgegenüber wurden seine Thesen im Ausland weitaus positiver und offener aufgenommen. Aus der Sicht der Machteliten der DDR beispielsweise schienen sie die marxistische Lesart des Krieges als direktes Resultat von Kapitalismus und Imperialismus zu bestätigen – auch wenn man Fischer dort ironischerweise vorwarf, nicht marxistisch genug zu argumentieren. Fritz Klein betrachtete Fischers Werk als wichtigen Beitrag zur Entwicklung eines Geschichtsbewusstseins, mit dessen Hilfe sich die Deutschen letztlich sogar von der Last ihres imperialistischen Erbes befreien könnten. Er zögerte dabei nicht, seine eigenen Arbeiten auf die von Fischer zusammengetragene historische Dokumentation zu stützen (205). Positive Reaktionen auf Fischers Thesen kamen auch aus Österreich (230), aus der Schweiz (169), aus den Vereinigten Staaten (151), aus Großbritannien (192, 243) und aus Frankreich (148). In keinem dieser Länder nahm die Kontroverse aber auch nur annähernd die Dimensionen und Schärfe wie in der Bundesrepublik an.

Bis zur Mitte der sechziger Jahre wurde die Debatte von einer konservativ und nationalistisch geprägten Kritik an Fischer dominiert. In der Folge allerdings entwickelte sie sich Schritt für Schritt in Richtung einer – zumindest partiellen – Akzeptanz seiner Thesen. Diese Zustimmung betrifft besonders die entscheidende Rolle des imperialen Deutschlands während der Juli-Krise sowie den Willen, seine geopolitische Einkreisung durch einen Präventivkrieg zu durchbrechen. Die Vorstellung jedoch, dass das Land wohlweislich aggressive Kriegsziele verfolgt hätte, blieb weit schwieriger zu akzeptieren (190).

Krieg der Illusionen

In diesem Kontext veröffentlichte Fischer 1969 ein weiteres Hauptwerk: *Krieg der Illusionen*, das sich auf die Analyse der Vorkriegsjahre konzentriert (162). In diesem Werk steht nicht mehr das Septemberprogramm im Zentrum seines Forschungsinteresses, sondern eine geheime Versammlung des Kaisers mit seinem Generalstab im Dezember 1912. Vor dem Hintergrund des Balkankrieges und in dem Wissen, dass Großbritannien im Falle eines Konflikts zwischen Deutschland und Frankreich nicht neutral bleiben würde, beabsichtigte Wilhelm II. die Kriegserklärung. Der Chef des Generalstabs Helmut von Moltke forderte daraufhin ein schnelles Auslösen des Krieges, doch Großadmiral Alfred von Tirpitz beantragte einen Zeitraum von weiteren eineinhalb Jahren, um die Marine auf ein solches Vorhaben vorzubereiten. Diese Versammlung war nach Fischer der Ausgangspunkt für das Armee-Gesetz von 1913, für die Vorbereitung der Öffentlichkeit auf den Krieg durch die Presse und für die Anstrengungen, sich Verbündete zu suchen. Fischer sah hierin eine schon seit 1912 gehegte, explizite Absicht der deutschen Führung, in naher Zukunft einen Konflikt auszulösen. Nach der Balkankrise habe das tödliche Attentat auf Franz Ferdinand eine neue Gelegenheit dazu geboten. Die Einberufung eines solchen Kriegsrats manifestiere darüber hinaus die These von der neugewonnenen Macht der Armee gegenüber dem Kaiser – Kanzler Bethmann-Hollweg wurde von diesem Treffen erst im Nachhinein unterrichtet. Deutschland habe somit, entsprechend seiner Politik während der Jahre 1911 bis 1914, im Juli und August 1914 mutwillig einen Präventivkrieg ausgelöst – jedoch nicht, um einem möglichen Angriff durch seine Nachbarstaaten zuvorzukommen, sondern vielmehr, um eine Situation zu vermeiden, aus der heraus es nicht mehr stark genug gewesen wäre, ebenjenen Nachbarn weiterhin die Stirn zu bieten und die von ihm verfolgten Pläne einer europäischen Hegemonie durchzusetzen.

Fischer fügte dem nach Eckart Kehr hinzu, dass die Aggressivität der Außenpolitik dem Zweck diente, von innenpolitischen Problemen abzulenken (199). Vor allem dieses Argument vermittelte der geschichtswissenschaftlichen Debatte in den siebziger Jahren neue Impulse. Die These vom Vorrang innenpolitischer Abwägungen bei der Festlegung der Außenpolitik wurde vor allem von Volker Berghahn verteidigt (282). In Bielefeld widmeten die Verfechter der Sozialgeschichte ihre Energie eher einer Untersuchung der Tiefenstrukturen der wilhelminischen Gesellschaft denn einer Analyse der Aktivitäten politischer Entscheidungsträger (263, 207). Der Krieg sei demnach eine „Flucht nach vorn" gewesen, um den Forderungen nach sozialer Modernisierung zu entgehen, den innenpolitischen Status quo zu sichern und die Herrschaft vorindustriell-agrarischer Eliten zu bewahren.

e) Beruhigung und inhaltliche Diversifizierung der Debatte

Insgesamt gesehen verlor die Kontroverse um die Ursprünge des Krieges in den siebziger Jahren an Intensität. Die Konsequenzen der Debatten sind jedoch deshalb nicht weniger erheblich. In erster Linie sorgte Fischers umfassende Quellenarbeit dafür, dass nach neuen Dokumenten recherchiert wurde und diese dann auch herausgegeben wurden. Dies gilt sowohl für diplomatische Dokumente (171, 242) als auch für persönliche Aufzeichnungen wie Tagebücher (153, 251). Indem sie offen mit einem nationalen Tabu brach, markierte die Fischer-Kontroverse darüber hinaus das Ende einer politisch motivierten Selbstzensur der deutschen Historiker. Der Mythos eines unschuldigen und vom Krieg überraschten Deutschlands war entlarvt, und auch die Position, dass die europäischen Mächte versehentlich in den Krieg „hineingeschlittert" seien, erwies sich als kaum noch haltbar.

Umformulierung der Debatte

Sicherlich ist auch dieser Konsens lediglich relativ, und Fischers eindimensionale Lesart der deutschen Außenpolitik wird auch gegenwärtig bei weitem nicht einstimmig geteilt. Doch die Debatte befasste sich fortan vorrangig mit sekundären Aspekten, anstatt auf eine fundamentale Revision von Fischers Interpretationen abzuzielen. Auch die Konfliktlinien der Debatte zeichnen sich weniger scharf ab. Sie reflektieren dabei drei Hauptpositionen: eine, nach der Deutschland 1914 zur Befriedigung seiner außenpolitischen Ambitionen einen Angriffskrieg geführt habe (Fischer und seine

Anhänger); eine, die die interne Situation und die inneren Strukturen des Kaiserreichs als determinierende Faktoren für seine Außenpolitik und einen Präventivkrieg hervorhebt (u.a. Volker Berghahn, Wolfgang Mommsen, Hans-Ulrich Wehler) und eine weitere, die im Gegensatz zu den vorhergehenden das Gewicht strategischer Überlegungen und den legitimen Anspruch Deutschlands unterstreicht, durch das kalkulierte Risiko eines Verteidigungskriegs 1914 seine Handlungsfreiheit zu bewahren (besonders Karl Dietrich Erdmann, Andreas Hillgruber und Egmont Zechlin).

Außerdem blieb die Debatte in dieser späten Phase auf die akademische Welt der Geschichtswissenschaft beschränkt. Dies bedeutet jedoch nicht, dass sie fortan ohne jeglichen Bezug zum politischen Kontext ausgetragen wurde. Auch wenn nach der „Ära Fischer" die Hauptverantwortung Deutschlands für den Ausbruch des Konflikts 1914 größtenteils anerkannt worden ist, gewann die Position, die weiterhin auf dem essentiell defensiven Charakter der deutschen Politik 1914 beharrte und die von den wichtigsten Gegnern Fischers während der sechziger Jahre direkt übernommen worden war, in den achtziger Jahren wieder an Auftrieb. Zechlin schrieb am 8. Juni 1982 in einem Artikel der *Frankfurter Allgemeinen Zeitung* von einem „defensiven Präventivkrieg". Nach Ansicht dieser Historiker stand Deutschland vor einem Dilemma: Um eine Großmacht zu bleiben, musste es zwangsweise eine *Weltpolitik* verfolgen. Die politische Ordnung Europas im Jahr 1914 jedoch erlaubte es dem Land nicht, zu expandieren. Seine politische Führung hätte also gar nicht anders handeln können, als sie es letzten Endes getan hat (183).

Warum gewannen diese Ansichten ab den achtziger Jahren wieder an Boden (225, S. 181–186)? Zunächst änderte sich der politische Kontext. Helmut Kohl wurde 1982 zum Kanzler gewählt und führte das Land 1990 zur Wiedervereinigung. Damit schien das Ende einer Phase von Reumütigkeit und Abbitte erreicht, was konservative Historiker ermutigte, ein positiveres und patriotischeres Bild der deutschen Geschichte zu verbreiten. Diese Tendenz beschränkte sich nicht auf die geschichtswissenschaftliche Untersuchung des Ersten Weltkriegs: Die Geschichte des NS-Regimes und die des Zweiten Weltkriegs war ebenfalls betroffen, insbesondere im Zuge des *Historikerstreits*, der 1986 ausbrach. Darüber hinaus verstärkte das allgemeine Interesse für die Geopolitik eher eine Betonung des nationalistischen Konkurrenzdenkens, als dass es ein Ausloten der Möglichkeiten internationaler Kooperation und friedlicher Konfliktlösungen förderte. Dieses Interesse verstärkte außerdem die Tendenz, den Krieg von 1914 als unausweichlich zu betrachten, was einer Rückkehr zum bequemen Konsens der Jahre zwischen den beiden Weltkriegen gleichkam. Schließlich rückte auch der Balkankrieg während der neunziger Jahre die Frage nach den Ursprüngen des Ersten Weltkriegs wieder ins Licht der Aktualität: sie sollten fortan den Schlüssel zum Verständnis für sämtliche europäischen Konflikte des 20. Jahrhunderts liefern.

Geographische Erweiterung der Perspektive

Die Historiker nach Fischer – Erben sowie Kritiker – haben somit mehr und mehr die Rolle der anderen am Kriegsausbruch beteiligten Nationen in den Vordergrund gerückt. Fischer hatte es seinerzeit nicht versäumt, seine Ziele und seine Mittel hervorzuheben, als er seine Arbeit auf Deutschland fokussierte. Dadurch führten seine Analysen jedoch zu einer einseitigen

Verurteilung der Reichsleitung und liefen Gefahr, die historische Perspektive zu verfälschen. Seither haben sich – nach dem Vorbild Fischers über Deutschland – auch andere Historiker für die Ursprünge und Ursachen des Krieges in verschiedenen Staaten interessiert. In ihren Studien variiert dabei das jeweilige Ausmaß der Verantwortlichkeit für den Kriegsausbruch (225, S. 186–202).

Österreich-Ungarn hat in diesem Zusammenhang aufgrund seiner Kriegserklärung an Serbien frühzeitig das Interesse der Historiker geweckt. Es hat sich dabei herausgestellt, dass die Wiener Führung aus Angst vor dem innenpolitischen Zerfall ebenso wie vor einem außenpolitischen Machtverfall eine aggressive Außenpolitik führte und somit nicht zögerte, die Krise auszulösen (234, 157, 181, 265). Großbritannien ist ebenfalls Objekt zahlreicher Studien geworden, die sich mit der Rolle seiner Diplomatie und insbesondere der des *Foreign Secretary* Edward Grey befasst haben. Diese Untersuchungen haben überwiegend festgestellt, dass die britische Regierung ihre Intentionen auf äußerst ungeschickte Weise kommunizierte – ohne dass dies jedoch als plausibler Grund für den Ausbruch des Krieges gelten könne (41, 186, 193, 194, 253, 264, 267). Die Analysen zu Frankreich, das lange der reinen Rachsucht beschuldigt worden ist, haben sich vor allem auf dessen Regierungspolitik und die Entscheidungen Poincarés (auch *„Poincaré-la-guerre"* genannt) sowie auf die Manöver des Botschafters in St. Petersburg, Maurice Paléologue, konzentriert. Die Schlussfolgerungen sind hierbei unterschiedlich. Stefan Schmidt behauptet sogar, dass Frankreich die Hauptverantwortung für den Krieg trage; Das Land habe den Krieg intensiv vorbereitet und Russland eine demonstrative Unterstützung angeboten, bevor Poincaré durch seine Politik der Festigkeit bewusst ein sehr hohes Risiko in Kauf genommen habe (246). Diese Schlussfolgerungen stimmen jedoch in der Feststellung eines tiefverwurzelten französischen Misstrauens gegenüber der deutschen Politik überein (200, 201, 209). Die Recherchen zu Russland hingegen haben sich vor allem auf den Zeitpunkt bezogen, ab dem die deutsche Propaganda die Meinung verbreitete, dass die russische Mobilmachung jedwede friedliche Regelung des Konflikts unmöglich gemacht habe. Es scheint zum einen, dass die deutsche Mobilmachung beschlossen wurde, ohne die Aktivitäten Russlands überhaupt in Betracht zu ziehen (215). Zum anderen scheint Russland nicht unverantwortlich für den Ausbruch und die Ausbreitung des Konflikts gewesen zu sein, wobei seine Kriegsziele eine Zerstückelung des Osmanischen Reiches zur eigenen Kontrolle über die Meerengen des Schwarzen Meers und des Mittelmeers anstrebten (221). Außerdem zeigt Serbien, das der Komplizenschaft mit den Attentätern des Erzherzogs verdächtigt worden ist, ein immer stärkeres Interesse an seiner Politik in dieser Zeit. Untersuchungen zu diesem Land weisen auf die bislang unterschätzte Rolle der serbischen Regierung hin, die – im Vertrauen auf die Unterstützung Russlands – das Risiko eines dritten Balkankrieges wohlweislich in Kauf genommen habe (142, 235, 236, 139).

All diese Forschungen erinnern an die Tatsache, dass außer Deutschland noch andere Staaten und ihre jeweiligen Akteure an der Krise beteiligt waren. Fischers Fokussierung auf Deutschland erfasst somit nur einen Teil – wenngleich einen äußerst wichtigen Teil – der Geschichte. Die oben dargestellten vergleichenden Arbeiten bringen jenen Grad an Komplexität und Interaktion in die Debatte ein, der in Fischers Werk fehlte – obgleich auch diese Studien überwiegend auf die hauptsächliche Verantwortlichkeit Deutschlands abheben.

Ein unstabiler Minimalkonsens

Zu Beginn des 21. Jahrhunderts kann festgestellt werden, dass die Historiker sich um eine Vielzahl möglicher Analyseperspektiven bemüht und diverse Interpretationen zu den Ursprüngen des Krieges hervorgebracht haben (für einen aktuellen und analytischen Überblick: vgl. 837). Auch wenn dies keinen generellen Konsens zu diesem Themenfeld herbeigeführt hat, haben sich die Spezialisten doch offenbar auf eine Art „Minimalkonsens" einigen können. Dieser steht im Gegensatz zu den Thesen der Unschuld Deutschlands und eines versehentlichen „Hineinschlitterns" in den Krieg: In Folge der Arbeiten Fritz Fischers ist die vorrangige Verantwortlichkeit Deutschlands überwiegend akzeptiert worden. Es bestehen allerdings weiter Differenzen über die genaue Verteilung der Verantwortlichkeiten, über die jeweiligen Handlungsspielräume der politischen und militärischen Führungspersönlichkeiten (128, 224, 273, 252), über das Gewicht struktureller Faktoren und die Rolle sowohl der innenpolitischen Spannungen als auch der Partikularinteressen in der Außenpolitik der beteiligten Staaten (136, 188) und schließlich über die Rolle der Mentalitäten der jeweiligen Bevölkerungen (275, 259).

Dieser generelle Minimalkonsens schließt die Existenz widersprüchlicher, wenn nicht gar revisionistischer Stimmen – die in krassem Gegensatz zu den Thesen der restlichen Geschichtswissenschaft stehen – nicht aus (219). Die jüngste Veröffentlichung der Studie von Christopher Clark und seine Rezeption in Deutschland (mehrere Zehntausende Exemplare wurden in wenigen Wochen verkauft), sind symptomatisch dafür, dass die Geschichtsschreibung zum Thema immer noch nicht stabilisiert ist (139). Clark's Studie gibt in der Tat die revisionistischen Ansätze der letzten Jahre zu erkennen, während sie auch die Handlungen und den mentalen Horizont der Akteure berücksichtigt. Sie zeigt eine relativistische Kernthese an: die Entscheidungsträger handelten 1914 wie Schlafwandler, so dass es nicht möglich sei, eine Hauptschuld am Konflikts zu bestimmen. Der Krieg war eine Tragödie, kein Verbrechen. Diese These unterstreicht die Kontingenz der Ereignisse im Sommer 1914. Somit war das Attentat von Sarajevo ein Auslöser, ohne den der Krieg wahrscheinlich nicht stattgefunden hätte. In der Tat führt Clark's Arbeit dazu, die Hierarchie der Verantwortung für den Krieg in Frage zu stellen. Im Mittelpunkt seiner Analyse steht zunächst Serbien (dessen Panslawismus eine echte Gefahr für die österreichisch-ungarische Monarchie darstellte), dann Russland (das seinen slawischen Verbündeten aktiv unterstützte) und Frankreich (das einer lokalen Regelung der Krise widerstand). Dagegen erscheint das Verhalten Österreich-Ungarns als legitim, während Deutschland höchstens eine schlechte Einschätzung der Lage vorwerfen werden kann. Hinter der These eines kollektiven Politikversagens, die die Geschichtsschreibung der Zwischenkriegszeit wiederbelebt, zeichnet sich also eine neue Zuteilung der Schulden ab, die zum Krieg führten. Auch wenn der politische Druck im Hinblick auf das Thema inzwischen geschwunden ist, sollte man die Behauptung, dass der historiographischer Konsens auch vor zukünftigen Anfechtungen gefeit ist, auf jeden

Fall mit Vorsicht genießen. Es ist nicht vorherzusehen, wie die Geschichtsschreibung im 21. Jahrhundert verlaufen wird.

Die Kontroverse hält bereits seit einem ganzen Jahrhundert an, in verschiedensten Formen und unter stetiger Veränderung. Direkt nach dem Krieg erschien der Konflikt wie ein Verbrechen, dessen Verantwortliche identifiziert und bestraft werden mussten. In der Folge hat sich der Begriff der „Schuld" – ohne vollständig zu verschwinden – langsam abgestumpft: Alle Staaten und Völker trugen, in unterschiedlichem Ausmaß, einen Teil der Verantwortung für die Katastrophe, die sie nicht zu verhindern vermochten. Aus dem Verbrechen wurde somit eine Art kollektiver Fehler, den man verstehen wollte, indem man seine Herkunft und seine Entstehung erforschte. Der Zweite Weltkrieg – auch wenn er die Erforschung des Ersten Weltkriegs in den Hintergrund treten ließ – stellte den Ausgangspunkt einer tiefgreifenden Erneuerung der Geschichtswissenschaft dar, die ihr Interesse auf die Kontinuität zwischen den beiden weltweiten Konflikten konzentrierte. Mit dem Wiederaufkommen der Behauptung, dass Deutschland die Hauptschuld am Krieg trage, nahm die Frage in den sechziger Jahren erneut einen regelrecht explosiven Charakter an, und politische Faktoren mischten sich in die historische Debatte. Erst in den siebziger Jahren polarisierte die Frage zunehmend weniger, und im darauffolgenden Jahrzehnt diversifizierten und bereicherten neue Untersuchungen die Forschung. Die neunziger Jahre und die Wiedervereinigung Deutschlands haben es erlaubt, eine gewisse Distanz zur Kontroverse zu gewinnen. Der Trend zur Kulturgeschichte hat die Wahrnehmung der Repräsentationen und der Erwartungshorizonte der politischen und militärischen Entscheidungsträger in den neueren Forschungen mit einbezogen. Die internationale Öffnung der Weltkriegsforschung hat eine Vielzahl an Studien zu einzelnen kriegsteilnehmenden Ländern oder zu transnationalen Prozessen zugestanden, die nicht mehr so sehr exklusiv auf Deutschland fokussieren. Letztlich wird nun seltener die Frage nach dem Warum gestellt als nach dem Wie es zum Ersten Weltkrieg kam – was allerdings zu einem gewissen Relativismus führen kann.

Ein ganzes Jahrhundert kontroverser Diskussion hat somit schließlich die Zusammenhänge zwischen dem jeweiligen Zustand einer Gesellschaft und ihren daraus hervorgehenden geschichtlichen Interpretationen gezeigt. In dem gleichen Maße also, wie die Geschichte stets selbst „Tochter ihrer Epoche" (Lucien Febvre) ist, können die Anliegen und Intentionen eines jeden Akteurs nur in Bezug auf die jeweilige politische und soziale Agenda verstanden werden.

2. Wie die Gesellschaften in den Krieg zogen

Verbindungen zwischen der politischen und sozialen Agenda und der Orientierung der geschichtlichen Forschung gibt es nicht nur – wie im vorigen Teil beschrieben – bei den Fragen, die sich auf den Ursprung des Krieges beziehen, sondern auch bei der Analyse des Verhaltens der Gesellschaften in Bezug auf den Krieg. Im Gegensatz zu den schwankenden Erklärungen für die Kriegsursachen in den verschiedenen kriegführenden Staaten wurde die Darstellung der sozialen Antworten auf den Kriegsbeginn frühzeitig und dauerhaft festgelegt. Das „Augusterlebnis", die „Kriegsbegeisterung", der „Burgfrieden", die „Volksgemeinschaft" und der „Geist von 1914": Die an den Eintritt der Gesellschaften in den Krieg gebundenen Begriffe sind zahlreich und haben sich von Kriegsbeginn an verfestigt. Zu einer kritischen Analyse dieser Begriffe in der Geschichtswissenschaft kam es erst spät, als es auch die gesellschaftlichen und politischen Rahmenbedingungen nicht mehr verhinderten, sie zum Objekt gründlicher historischer Forschungen zu machen.

Yves Pourcher hat sinnvollerweise darauf hingewiesen, dass die schnelle Auslösung des Krieges dem ersten „Klischee" des Krieges entspricht – unter dem Vorbehalt, dass die typographische Definition des Klischees betrachtet wird: die einer Druckplatte, auf der die Darstellung eines Kompositionsbildes eingeprägt wird und die den Abzug einer Vielzahl von Exemplaren ermöglicht (317). Das auf diese Weise verbreitete Bild nämlich entspricht, insofern es von einer Realität ausgeht, nicht notwendigerweise der Komplexität einer Situation. In der Tat stellt sich heraus, dass eine bedeutende Diskrepanz zwischen der gängigen Darstellung dieses Moments und der heutigen Kenntnis des Geschehens besteht.

a) Die Vorstellung vom Krieg vor dem Krieg

Zunächst ging die historiographische Tradition lange davon aus, dass die europäischen Länder im Jahre 1914 von einem Krieg überrascht wurden, den sie weder vorbereitet noch in Betracht gezogen hatten. Tatsache ist, dass die Kriegsgefahr in Europa zu diesem Zeitpunkt unterschiedlich eingeschätzt wurde. Die letzten zentralen Konflikte fanden in der Ferne statt: die Burenkriege zwischen 1899 und 1902, der Russisch-Japanische Krieg von 1904/1905 und sogar die Balkankriege von 1912 und 1913 ereigneten sich jeweils in Regionen, die großen westeuropäischen Ländern entfernt erschienen. Die Kriegsrealität wurde für die Bevölkerungen der europäischen Mutterländer durch die Kolonialeroberungen greifbarer, und dennoch blieb sie letztlich ebenso fern.

Antizipation eines Konflikts

Trotzdem wurde die Möglichkeit eines bevorstehenden Krieges häufig erwähnt, und die Anzeichen für einen Konflikt waren durchaus alarmierend. Die Wahrnehmungen der Kriegsgefahr wurden durch realistische Beobachtungen und das Vorhaben geprägt, im Falle eines Krieges neue technische Mittel zu berücksichtigen; jedoch trafen die Kriegsvorstellungen an die Grenzen der vergangenen Erfahrungen und blieben somit von der festen Überzeugung bestimmt, dass ein Krieg nur von kurzer Dauer sein konnte. Dies hinderte die Bevölkerungen daran, die grundlegende Eigenschaft des sich abzeichnenden Krieges zu erkennen (645).

Darüber hinaus war die Kriegsaussicht ein wichtiges Element der Politik der Länder, denn sie brachte eine Erhöhung der Anzahl wehrpflichtiger Bürger sowie Finanzierungsverhandlungen mit sich. Im Juni 1913 sah die vom Reichstag verabschiedete Wehrvorlage vor, die Zahl der aktiven Soldaten der deutschen Armee zu versechsfachen, während im Juli 1913 der zweijährige Militärdienst in Frankreich auf drei Jahre verlängert wurde. Diese Entscheidungen führten im Juli 1913 im deutschen Reich zu einer Steuerreform und im Juli 1914 in Frankreich zu einem Gesetz, das die Einkommensteuer einführte (209, 279). Der Krieg wurde als ein Wagnis angesehen, sogar für die Staaten, die mit einer nationalen Krise konfrontiert waren, wie dem irischen Konflikt in Großbritannien und den revolutionären Regungen in Russland. Aufgrund seiner Präsenz im öffentlichen Raum erschien der Krieg als eine mögliche Vorgehensweise, um zwischenstaatlichen Spannungen und Rivalitäten zu begegnen: sei es, um sie zu bekämpfen oder sie zu beschleunigen. In dieser Hinsicht unterschieden sich die öffentlichen Meinungen in Europa.

Streben nach Frieden

Ein Großteil der Bevölkerungen strebte eine Friedenssicherung an. Im Kreise der Eliten konnte die Entscheidung für den Frieden sowohl aus einem objektiven Kalkül als auch aus einer moralischen Haltung oder aus einer ideologischen Überzeugung resultieren. Die Wirtschafts- und Finanzmilieus waren transnational ausgerichtet, was sie, im Gegensatz zu einer grob vereinfachenden Verbindung, die zwischen Kapitalismus und Bellizismus hergestellt werden könnte, dazu führte, den Krieg eher zu fürchten: Ein Konflikt musste für sie ein Wahnsinn sein, in dem jeder Beteiligte nur verlieren konnte (274). Die politischen Eliten wurden zum Teil von den pazifistischen Ideen beeinflusst, die sich seit der Mitte des 19. Jahrhunderts entwickelt hatten: Manche lehnten die Auffassung von der Unabwendbarkeit des Krieges ab und bemühten sich, Mechanismen zu finden, die die Konflikte nach dem Scheitern der klassischen diplomatischen Mittel anhand von Verhandlungen regeln sollten. Auf diesem Konzept hatte die Gründung der *Deutschen Friedensgesellschaft* 1892 beruht, die darauf abzielte, eine allgemeine Abrüstung zu fordern, sowie auf internationaler Ebene die Bildung der *Interparlamentarischen Union* 1889, die eine multilaterale und institutionelle Kooperation zwischen den Parlamenten der selbständigen Staaten anpries. Schließlich ist zu betonen, dass besonders die Sozialisten den Krieg anprangerten, und zwar aufgrund ihrer internationalistischen Überzeugungen im Rahmen der 1889 von den sozialistischen Parteien Europas gegründeten Zweiten Internationale. Anlässlich des Basler Kongresses von 1912 suchten ihre Delegierten Mittel, den Ausbruch eines umfassenden Krieges zu verhindern. Auch wenn manche dieser Mittel von einem starken Antimilitarismus zeugten, äußerte sich der Pazifismus doch nicht in Vorbereitungen zur Sabotage oder zu einem Generalstreik (281, 297, 305).

Streben nach Krieg

Dagegen waren andere gesellschaftliche Gruppen bereit, den bewaffneten Konflikt zu akzeptieren oder voranzutreiben. Dieser Krieg entsprach den Erwartungen des aggressiven Nationalismus, der sich seit dem Ende des 19. Jahrhunderts entwickelt hatte. In Deutschland wünschten sich die Gründer und Anhänger der völkischen Bewegung und der nationalistischen und imperialistischen Agitationsverbände (z. B. der *Alldeutsche Verband*) einen Krieg. Auch der Kulturpessimismus des *Fin de siècle* betrachtete den Krieg als notwendig, um die Nation zu „regenerieren" und somit die sozialen Spannungen aufzulösen, sowie um das umzingelte und von seinen Nachbarn arg bedrohte Deutschland auszudehnen (149, 284). Diese vom Sozialdarwinismus beeinflusste Weltsicht wurde zum Teil von den führenden Politikern des Reiches geteilt (287, 307). In Frankreich konzentrierten sich der „republikanische Nationalismus" von Maurice Barrès und der „integrale Nationalismus" von Charles Maurras in den ersten Jahren des 20. Jahrhunderts wieder auf die Deutschfeindlichkeit – wenn auch zu innenpolitischen Zwecken (292).

Obgleich in der Historiographie lange behauptet worden ist, dass sich Franzosen und Deutsche zuallererst und mit Begeisterung aufeinander stürzten, ist diese Interpretation inzwischen differenziert worden: Die nationalistische Verherrlichung durch die aktiven Minderheiten stieß auf den Widerstand von nicht minder aktiven politischen Randgruppen sowie auf die Ängste breiter Bevölkerungsgruppen. Außerdem muss diese Darstellung in einen breiteren geographischen Rahmen eingeordnet werden, denn auch andere Völker neigten zum selben Zeitpunkt zu Kampfhandlungen: Wie sind diese Völker so unerwartet vom Frieden zum Krieg übergegangen?

b) Der unterschiedliche Kriegseintritt der Länder

Die in den Krieg eintretenden europäischen Länder hatten ein so unerwartetes Umschwenken in den Konflikt und eine so massive Mobilisierung der Menschen nie zuvor erlebt. Doch die Gründe und Umstände dieses Engagements sind unterschiedlich.

Österreich-Ungarn

In der österreichisch-ungarischen Monarchie, die bei Ausbruch des Krieges eine zentrale Rolle spielte, begrüßte Kaiser Franz Joseph die Tatsache, dass er mit „seinen Völkern" übereinstimmte. In Wirklichkeit stellte sich heraus, dass die kriegerische Begeisterung in Wien besonders stark war, in Budapest und Prag jedoch schwächer, und in den polnischen und serbischen Regionen des Reiches noch geringer. Dennoch erwies sich die Mobilisierung in diesem multi-ethnischen Reich nicht als problematisch: Die Anzahl an Fahnenflüchtigen war extrem gering, ganz gleich welche Nationalität betrachtet wird. Das kollektive Gefühl der Zugehörigkeit und der Loyalität gegenüber der habsburgischen Dynastie hatte einen österreichisch-ungarischen Patriotismus herbeigeführt. Letzten Endes erwies sich das finanzstarke Großbürgertum als die vom Krieg am wenigsten begeisterte soziale Gruppe, da es die wirtschaftlichen Nachteile eines Konflikts befürchtete (311).

Serbien

In Serbien waren weder die Regierung noch die Bevölkerung zu diesem neuen Krieg bereit. Dennoch äußerten sich Patriotismus und Kampfgeist durchaus vehement. Dies kann durch ein sehr starkes Bewusstsein der serbischen nationalen Identität und eine große Opferbereitschaft erklärt werden. Hinzu kommt, dass die Möglichkeit eines Groß-Serbiens oder einer jugoslawischen Vereinigung mit den Kroaten und Slowenen eine zusätzliche Motivation bildete (85).

Russland

In Russland waren bei den gebildeten Schichten der Großstädte zeitgleich ein durch die Unterstützung Serbiens ausgelöster Aufschwung des Patriotismus und eine Welle der Deutschfeindlichkeit unübersehbar. Dies wird durch die Namensänderung des als „zu deutsch" empfundenen Städtenamens „Sankt Petersburg" zum slawisch klingenden „Petrograd" verdeutlicht. Bei den Arbeitern war die Situation zweideutig: Nach den großen Streikbewegungen im Juli verlief die Mobilmachung ohne Zwischenfälle, und die Anzahl der Deserteure war besonders niedrig. Bei den Bauern überwog jedoch das Unverständnis für die Kriegsgründe. Die Auseinandersetzung wurde als ein nutzloses, von der Führungselite gewolltes Abenteuer angesehen. Demnach verlief die Mobilmachung in einem Klima missmutiger Resignation, das Zwischenfälle, Proteste und Aufruhr förderte (290, 107).

Deutschland

In Deutschland, dem Hauptverbündeten der österreichisch-ungarischen Doppelmonarchie, zeigte sich die Presse nach dem Attentat von Sarajevo gegenüber Serbien rachsüchtig, bevor sie sich schnell wieder anderen Themen zuwandte. In der letzten Juliwoche musste sie erneut reagieren, nicht nur in Bezug auf den österreichisch-serbischen Konflikt, sondern auch in Bezug auf das Risiko eines möglichen Krieges, einer erst deutsch-russischen, später auch deutsch-französischen Auseinandersetzung. Als die österreichische Regierung am 25. Juli jegliche diplomatische Beziehung mit Serbien abbrach, berichtete die Presse von durch kämpferischen Rausch geprägten Szenen, die in den Straßen von Berlin und anderen deutschen Großstädten stattfanden. Dem muss jedoch hinzugefügt werden, dass in denselben Städten am 27. Juli ebenfalls bedeutende sozialistische Demonstrationen gegen den Krieg stattfanden – bevor sie nach der Bekanntmachung der russischen Mobilmachung wieder abnahmen.

Wolfgang Mommsen erklärt sich diesen starken kämpferischen Aufschwung durch die in Deutschland verbreitete Vorstellung eines „unvermeidlichen Krieges", die sich erst in den konservativen und militärischen Milieus (283), dann aber auch in den Mittelschichten und zum Teil in der Arbeiterklasse ausgebreitet hatte. Diese Vorstellung beruhte auf dem Bedürfnis, deutsche Interessen zu verteidigen. Diese schienen von den Franzosen und Briten in der Zweiten Marokkokrise von 1911 beeinträchtigt, aber auch durch die Entente Großbritanniens und Frankreichs mit Russland besonders gefährdet, da sich Deutschland durch eine solche in seinen Augen höchstgefährliche Umkreisung stark bedroht fühlte (313).

Für Gerd Krumeich schließlich war die von der Presse beschriebene und verbreitete kriegerische Begeisterung von den Ereignissen in Berlin geprägt. Dieser Enthusiasmus sei jedoch schwer zu verallgemeinern. Für andere Gebiete in Deutschland konnte diese Begeisterung zwar nicht widerlegt werden; fest steht aber, dass sie anderswo von einer großen Unruhe begleitet wurde, von einem Gefühl der Verzweiflung oder sogar von Panik, die sich unter anderem in einem Ansturm auf die Sparkassen niederschlug. Dieses

Angstgefühl wurde oft so intensiv, dass der Eintritt in den Krieg mit Erleichterung aufgenommen wurde (302).

Frankreich

In Frankreich erwies sich der Juli als politisch ruhig, zumal der Präsident der Republik, Raymond Poincaré, und der Ministerpräsident, René Viviani, Mitte Juli eine Reise nach Russland und Skandinavien unternahmen und somit das Land verließen. Außerdem befasste sich die Presse ab dem 20. Juli hauptsächlich mit dem Prozess um Henriette Caillaux: Die Ehefrau des ehemaligen Finanzministers Joseph Caillaux hatte nämlich im März des Jahres 1914 Gaston Calmette, den Geschäftsführer des *Figaro*, ermordet. Die öffentliche Meinung interessierte sich bis zu den letzten Julitagen nur wenig für die Kriegsgefahr.

Erst dann berichteten die Zeitungen zunehmend über die Balkankrise. Als die beiden französischen Präsidenten am 29. Juli von ihrer Reise zurückkehrten, wurden sie von einer massiven patriotischen Demonstration willkommen geheißen. Es muss jedoch angemerkt werden, dass in den Großstädten des Landes an den vorangegangenen Tagen, vor allem am 27. Juli, die von den Sozialisten und den Gewerkschaftsmitgliedern organisierten pazifistischen Demonstrationen gegen den Krieg überwogen hatten. Der am 1. August veröffentlichte Befehl zur Mobilmachung stieß auf dem Land auf mehr Erstaunen und Verblüffung als in den Städten. Doch die Nachricht vom Einmarsch in Belgien und Luxemburg löste Empörung aus und steigerte ab dem 2./3. August die Kampfbereitschaft zur Verteidigung des Landes. Der Abmarsch der in den Krieg ziehenden Soldaten geschah selten mit Begeisterung, jedoch mit Entschlossenheit. Die öffentlichen Meinungen in Deutschland und in Frankreich unterschieden sich grundlegend voneinander: Beide Bevölkerungen handelten zwar aus demselben Motiv, nämlich ihr Land zu verteidigen, doch gründete dieser Reflex bei den Franzosen auf einem erwiesenen Angriff, während er bei den Deutschen aus der Überzeugung von einer generelleren Bedrohung entstand (280).

Belgien

In Belgien wurde über das Attentat von Sarajevo wie über ein weitentferntes Geschehen berichtet. Als die Eliten befürchteten, dass die österreichisch-serbische Krise in einen europäischen Konflikt übergehen könnte und sich die mobilisierten deutschen und französischen Armeen immer mehr der belgischen Grenze näherten, vertraute Belgien weiterhin auf seine von den großen europäischen Mächten – unter anderem Deutschland – offiziell garantierte Neutralität.

Infolgedessen wurde das deutsche Ultimatum als ein wahrhaftiger Schock erlebt: Innerhalb von zwölf Stunden sollte Belgien den Durchmarsch der deutschen Truppen gegen eine Entschädigung erlauben. Würde das Angebot abgeschlagen werden, bedeutete dies Krieg. Während Deutschland versuchte, das Hindernis der belgischen Neutralität anhand einer Art Durchgangsrecht zu umgehen, hatten die Belgier das Gefühl, dass Deutschland versuchte, sie zu erpressen, und sie empfanden dieses Angebot als eine schwere Beleidigung. Auch wenn es für Belgien aus Selbstschutz nahelag, dieses Ultimatum anzunehmen, entschieden sich die Regierung sowie die öffentliche Meinung für eine Ablehnung, und die Wut nahm Überhand. Die Belgier hatten größtenteils keinen Wehrdienst geleistet, da er erst 1913 im Land eingeführt worden war; jedoch meldete sich eine große Zahl von Freiwilligen an den Rekrutierungsstellen (322, 323, 37).

Großbritannien

In Großbritannien bestand keine Wehrpflicht, sodass eine Generalmobilmachung unterblieb. Für den Krieg war die Berufsarmee zuständig; die Auseinandersetzung erforderte deshalb zunächst keine persönliche Beteiligung breiter Bevölkerungsgruppen. Die Briten setzten sich umso weniger mit der Vorstellung eines europäischen Krieges auseinander, als die britische Armee seit Waterloo nicht mehr in Westeuropa gekämpft hatte. Wenngleich die Presse im Juni den Mord an dem Erzherzog und seiner Frau vehement verurteilte, musste sie sich schnell wieder den inneren Problemen widmen: den sozialen Unruhen (durch streikende Bergarbeiter, Eisenbahner und Dockarbeiter), den feministischen Forderungen und vor allem der Ulster-Frage. Die britische öffentliche Meinung nahm die Julikrise nicht wirklich wahr. Erst Anfang August verbreitete sich Betroffenheit angesichts des sich abzeichnenden Krieges. Feindseligkeit erwies sich als nebensächlich, denn das britische Interesse spielte in den Überlegungen die zentrale Rolle. Das Interesse Großbritanniens bestand darin, Deutschland davon abzuhalten, den Kontinent zu beherrschen. Die Regierung des liberalen Premierministers Herbert Asquith entschied sich unter diesen Bedingungen, auf Seiten der Franzosen in den Krieg einzutreten, während der Einmarsch in Belgien die öffentliche Meinung dazu bewegte, den Krieg zu befürworten. Mehrere hunderttausend Freiwillige schlossen sich in den darauffolgenden Wochen der britischen Armee an.

Es mag erstaunlich erscheinen, dass Großbritannien sich auf diese Weise in den Krieg stürzte, obwohl die öffentliche Meinung im Inselreich tief pazifistisch und die Politik der Regierung abwartend war, auch wenn das Fernbleiben aus einem europäischen Konflikt wahrscheinlich aufgrund der internationalen Positionierung des Landes schwierig geworden wäre (299, 316). Als noch erstaunlicher mag es erscheinen, dass sich die *Dominions*, trotz der Entfernung, die sie von den europäischen Angelegenheiten trennte, aus innenpolitischen Gründen und Reichsverbundenheit Großbritannien anschlossen (291, 315).

Insgesamt

Auch wenn Differenzierungen notwendig sind, kann insgesamt bemerkt werden, dass die Völker mit geringerem Widerstand als von den Regierungen erwartet in den Krieg eintraten – sowohl von Seiten der Anhänger der Regierenden als auch von Seiten der Gegner des Konflikts, insbesondere innerhalb der Arbeiterbewegung. Letztlich stellte sich heraus, dass der Einfluss des Klassenbewusstseins geringer war als das nationale Zugehörigkeitsgefühl. Dies fasst auch die markante Formulierung des französischen Sozialisten Gustave Hervé nach dem Mord am Sozialistenführer Jean Jaurès am 31. Juli zusammen: „Sie haben Jaurès ermordet, wir werden Frankreich nicht ermorden" (278).

c) Begeisterung oder Resignation? Von den Klischees zur Verwirrung der Gefühle

Historiker haben die Frage nach den genauen Gefühlen, die die Bevölkerungen im Laufe der Mobilisierungsphase bewegten, neu bewertet und diskutiert.

Bedeutung der Kriegsbegeisterung

Auf dem ganzen europäischen Kontinent wurde in den ersten Tagen des Augusts der Befehl zur Generalmobilmachung plakatiert, und auf dem Land verkündete auch das Läuten von Alarmglocken die Mobilmachung. In Berlin bejubelte die am 1. August am Lustgarten vor den Fenstern des Schlosses versammelte Menge mit Getöse die Rede des Kaisers. Am selben Tag versammelte sich in Paris die Menschenmenge begierig im Presseviertel in der Nähe der *Grands boulevards*, um Informationen zu ergattern. Die Journalisten berichteten dann auch schnell über Cafés, in denen schwärmerische junge Leute patriotische Lieder anstimmten. Die Wochenschau-Filme zeigten Szenen begeisterter Mobilmachung und Volksfreude, unter anderem auf den Hauptstraßen der Städte, auf denen die Soldaten unter Beifallsrufen aufmarschierten, und in den Bahnhöfen, in denen sie in die Waggons stiegen. Die Züge sollten die Kämpfer erstmals zur Front bringen – auch wenn manch aufschneiderische Inschrift auf den Waggons den Ehrgeiz des einen oder anderen plakatierte, direkt „Nach Paris!", „Nach Moskau!" oder „À Berlin!" zu fahren.

Zeitzeugen dieser Szenen zufolge konnte eine solche Kriegsbegeisterung als intensives Entzücken erlebt werden wie von Adolf Hitler (298), als Welle wahrgenommen werden, die Menschen dazu verlockte nachzugeben wie von Thomas Mann oder Stefan Zweig (309, 331), oder aber sie wurde ohne weitere Wertung beschrieben wie von Leo Trotzki (325). Immerhin wurde diese Begeisterung von allen als beachtenswert angesehen. Nur haben diese in den Großstädten zu verzeichnenden begeisterten Aufläufe lange die Aufmerksamkeit auf sich gezogen. In Deutschland dienten sie als Referenzbilder für das sogenannte „Augusterlebnis", und in allen Ländern legten sie den Grundstein für den Mythos des unbeschwerten und begeisterten Kriegsbeginns. Auch wenn sich dieser Mythos gewiss auf nachweisliche Geschehnisse stützt, stellt sich die Frage, ob solche Szenen geographisch (außerhalb der Großstädte) und sozial (über die gebildeten bürgerlichen Klassen hinaus) tatsächlich verallgemeinerbar sind. Der Zusammenhang zwischen den individuellen und kollektiven Gefühlen scheint ebenfalls nicht eindeutig.

Dominanz der Resignation

Diese Frage ist jedoch erst spät aufgeworfen worden. Jean-Jacques Beckers Dissertation über den Eintritt der Franzosen in den Krieg wurde 1977 veröffentlicht (277) und war die erste gründliche Studie zu diesem Thema. Becker verfolgte die Reaktionen der öffentlichen Meinung von der Ankündigung der Mobilmachung bis zur Abfahrt der Männer anhand der von den Präfekten verfassten Berichte und der protokollarischen Notizen der Grundschullehrer. Im Allgemeinen berichteten die Präfekten von einer überwiegend positiven Aufnahme der Mobilmachung in der Bevölkerung. Die Grundschullehrer wiesen hingegen auf eine erhebliche Bandbreite von Reaktionen hin. So sei beispielsweise ein beträchtlicher Teil der Bevölkerung so weit von der Kriegsidee entfernt gewesen, dass er erstaunt auf die Ankündigung der Mobilmachung reagiert und mit Bestürzung *(stupeur)* darauf geantwortet habe, das heißt mit der gedanklichen Ablehnung dessen, was angesichts des Weges ins Ungewisse im eigentlichen Sinne des Wortes unfassbar war.

Von den verschiedenen Verhaltensformen und Gefühlen, die die Grundschullehrer beschrieben, hob Becker drei typische Reaktionen hervor: die zurückhaltende, die kaltblütige und die unterstützende Aufnahme der Mobilmachung. Die zurückhaltende Aufnahme ist in der Darstellung Beckers am bedeutendsten, denn die Bestürztheit war das dominierende Gefühl. Diese Reaktion entsprach einer bedrückten Stimmung ohne offene Ablehnung und war somit an einen tiefen, vom Grauen des Krieges angetriebenen Pazifismus gebunden. Das von großer Traurigkeit zeugende Weinen der Frauen verstärkte diese Bestürztheit zusätzlich. Die kaltblütige Aufnahme wiederum umfasste standhaftes, ruhiges und mutiges Verhalten, das an das Pflichtbewusstsein und das Bedürfnis gekoppelt war, die Bedrohung zu beseitigen. Darüber hinaus soll es auch unterstützende sowie begeisterte Reaktionen gegeben haben, wenn auch selten. Becker zeigte des Weiteren die zeitliche Entwicklung der Empfindungen und Gefühle: Die Fassungslosigkeit der ersten Momente ging nach einigen Tagen in Entschlossenheit über. Der französische Historiker verlieh dem Kriegsanfang eine zeitliche Dimension, indem er die Ankündigung der Mobilmachung vom Abmarsch der Soldaten trennte. Indem er außerdem auch die Resignation, die entschlossene Ruhe und das Pflichtbewusstsein in Betracht zog, grenzte sich Becker vom Mythos des allgemein begeisterten Abmarsches in den Krieg ab.

In den Darstellungen, die die Art des Kriegseintritts klären sollen, stehen sich heute zwei Bilder gegenüber: einerseits der Taumel der Begeisterung, andererseits der Ernst und die Traurigkeit. Während die Begeisterung in den Städten überwog, verbreitete sich auf dem Land allgemein Resignation. Allerdings kann diese Trennung bei näherer Betrachtung womöglich doch nicht so klar gezogen werden.

Gefühle einschätzen?

Um in dieser Frage Klarheit zu gewinnen, müssen die den Historikern verfügbaren Quellen erneut ausgewertet werden. In den Massenblättern bezogen sich die Journalisten vorrangig auf die in den Städten beobachteten bemerkenswerten Geschehnisse. Die Journalisten tendierten aufgrund ihres Habitus dazu, diese Ereignisse positiv einzuschätzen, indem sie die Unterstützung und Begeisterung als Ausdruck der Überzeugung der gesamten Bevölkerung deuteten – obwohl für sie die Reaktionen des Volkes gewöhnlich vielmehr die Mittelmäßigkeit der Massen als die öffentliche Meinung repräsentierten. Die Aufzeichnungen der Behördenvertreter lassen sich als um die öffentliche Ordnung bemühte offizielle Darstellungen lesen, die vor allem das Ziel verfolgten, der Regierung von der ordnungsgemäßen Abwicklung der Anordnungen und dem Mut der Bevölkerung zu berichten. Die Notizen der Schullehrer hingegen wurden in vielen Ländern auf Antrag des zuständigen Ministeriums einige Wochen nach den Geschehnissen niedergeschrieben – so wurden die Grundschullehrer in Frankreich zum Beispiel im September 1914 gebeten, „alle erlebten Geschehnisse zu vermerken". Ebenso wurden die Bürgermeister in vielen Ländern von den Behörden (meistens vom Kultusministerium oder vom Ministerium des Inneren) aufgefordert, Berichte zu verfassen. Die Bürgermeister erinnerten sich an die Bestürzung der Bevölkerung und die Traurigkeit der Dorfbewohner; sie drückten ihr Grauen vor dem Krieg aus und bekräftigten nebenbei ihren Patriotismus. Ihre Notizen sind wohl oder übel das Ergebnis einer Rekonstruktion, die darauf abzielte, die Zeiten und Gefühle zusammenzufassen. Sie folgen dem Ablauf von Bestürzung, Ergriffenheit, Begeisterung, Vertrauen, Traurigkeit, Zweifel und Resignation.

Ein Klischee kann von Nutzen sein: Es unterstützt das Gedächtnis, wenn die Erinnerung zu schwinden beginnt oder es nicht die richtigen Worte findet. Eine Rekonstruktion der Ereignisse trägt ebenfalls dazu bei, den Kriegseintritt in ein Kontinuum und in eine Geschichtsschreibung einzubinden. Die Herausforderung der Historiker heute besteht darin, die Komplexität dieses Moments wiederzufinden. Doch die oben ausgeführte Gegenüberstellung der Reaktionen auf den Kriegseintritt betrifft weder ausschließlich Orte (Stadt versus Land) noch nur die soziale Klasse (Ober- versus Unterschicht). Die beobachteten Verhalten ergänzen und bereichern sich und sind somit nicht unbedingt als abgesondert oder gegensätzlich zu betrachten. Auch wenn es extrem schwierig ist, die Verschiedenheit und die Entwicklung der Gefühle nachzubilden: Zögern, Widerspruch und Unordnung zeugen immerhin von der Sprengung des gewöhnlichen Rahmens.

Die Studien zu diesem Thema haben seit einigen Jahren insbesondere in Deutschland zugenommen (306), unter anderem mit Monographien zu Hamburg (326), Darmstadt (324), dem ländlichen Bayern (330) und Freiburg (296, 288). Diese Arbeiten trugen grundsätzlich dazu bei, den Minderheitscharakter und die sozialen Unterschiede der Kriegsbegeisterung hervorzuheben. Der Enthusiasmus war in erster Linie in den städtischen Oberschichten – die sich zum Teil im Urlaub befanden – und besonders bei den zumeist studentischen jungen Männern aufzufinden. Demnach kann die Kriegsbegeisterung nicht auf die geistige Verfassung der Gesamtbevölkerung übertragen werden, insbesondere nicht auf die Arbeiterviertel in den Städten und auf die Bevölkerung der ländlichen Gebiete. Außerdem kann von der Existenz schwärmerischer Massen nicht auf Freude ohne gemischte Gefühle geschlossen werden (310). Die in Bezug auf die Geschehnisse empfundene Berauschtheit war sicherlich nicht frei von Patriotismus. Sie war jedoch auch nicht trennbar von Panik – die sich in den Schlangen vor den Sparkassen widerspiegelte – und Beklommenheit, die sich zum Beispiel durch die schnelle Entwicklung einer akuten Spionagehysterie belegen lässt (329, 275). Im Übrigen kristallisierte sich nach einigen Tagen eine Diskrepanz zwischen den von Gram, Angst und Resignation geprägten intimen Reaktionen und den von Ruhe, Mut und Entschlossenheit geprägten öffentlichen Demonstrationen heraus.

Zwar förderten die im Sommer 1914 herrschenden Spannungen soziale Störungen. Aber die Quellen der Zeitzeugen stimmen darin überein, dass das Verhalten der Bevölkerungen in ganz Europa während der ersten Kriegstage vielfältig und verwirrend war.

d) *Union sacrée* und Burgfrieden: ein politischer Konsens?

Obwohl es in den Darstellungen während und nach dem Krieg häufig erwähnt wurde, bildete das „Augusterlebnis" keine einheitliche Erfahrung. Besonders bemerkenswert erscheint in diesem Zusammenhang die Tatsache, dass die Bevölkerungen ihren jeweiligen Regierungen aus einem Gefühl der notwendigen und legitimen Verteidigung des nationalen Interesses folgten.

Burgfrieden an der Spitze der Staaten

Zunächst muss die rasche Behauptung der Staatsgewalt hervorgehoben werden. In jedem kriegführenden Land übertrug das Kriegsgesetz oder der Belagerungszustand den Militärbehörden umfassende Polizei- und Justizbefugnisse. Die Meinungsfreiheit wurde aufgehoben, sodass jeglicher Widerstand gegen den Krieg strafrechtlich geahndet werden konnte. Die Presse wurde ebenfalls streng kontrolliert und die Zensur zügig organisiert. Die nationale Einheit dem Geschehen gegenüber erwies sich vorerst als politisch „von oben" durchgesetzt und wurde von den Staatsoberhäuptern eingeleitet.

Die Formulierung einer *„Union sacrée"* kann genau datiert werden. Am Nachmittag des 4. Augusts wurde in Frankreich im Abgeordnetenhaus und im Senat eine Nachricht von Präsident Raymond Poincaré vorgelesen, die besagte: „Im nun beginnenden Krieg wird Frankreich das Recht auf seiner Seite haben (…). Es wird von allen seinen Söhnen heldenhaft verteidigt werden. Nichts wird seine „heilige Einheit" *(Union sacrée)* vor dem Feind brechen. Sie sind heute brüderlich in derselben Empörung gegen den Angreifer und in ein und demselben patriotischen Glauben vereint." Das Wort „heilig" wurde im laizistischen Frankreich absichtlich verwendet: Die Einheit wurde von diesem Zeitpunkt an zu einem politischen Mythos, der der Kritik an der vom Staat verfolgten Politik von Anfang an die Legitimität entzog. Mit diesem Mittel appellierte der Präsident an die nationale Einheit aller Franzosen. Auf Regierungsebene konkretisierte sich diese nationale Einheit ab dem 26. August mit dem Regierungseintritt einiger Opponenten von der sozialistischen Linken (Jules Guesde, Marcel Sembat, Albert Thomas) und von der republikanischen Rechten (Théophile Delcassé, Aristide Briand, Alexandre Millerand), ohne dass jedoch auch Vertreter der nationalistischen oder katholischen Rechten in die Regierung aufgenommen wurden. Einer möglichen Verwechslung muss gleich entgegengewirkt werden: Die tiefgreifende Spaltung der Franzosen, vor allem zwischen den Klerikalen und ihren Gegnern, wurde durch die *Union sacrée* nicht vollständig aufgehoben. Demnach sprach man damals häufiger von einem „Parteifrieden" als von einer *Union sacrée*, da er für den erwarteten kurzen Krieg angemessen erschien. Unterschiede wurden bis zur Wiederaufnahme des politischen Kampfes beiseitegelegt; sie waren aber keineswegs verschwunden, auch nicht in Bezug auf den Krieg. Der Krieg wurde von den Sozialisten als ein Übel angesehen, aus dem jedoch letztlich die Anerkennung des sozialistischen Ideals der menschlichen Brüderlichkeit würde hervorgehen können. Ein Teil der französischen Katholiken fasste den Krieg als Gelegenheit auf, vierzig Jahre Republik abzubüßen. Mancher Nationalist machte aus dem Krieg ein rettendes und regeneratives Ereignis, das es den Franzosen ermöglichte, sich vom Materialismus zu lösen, indem sie ihr Leben dem Vaterland opferten (277).

In Deutschland – mit Frankreich das einzige kriegführende Land, das eine nationale Einheit ausgerufen hatte – entstand zur selben Zeit eine ähnliche Vorstellung des zeitweiligen Parteifriedens. Der Kaiser besiegelte sie mit dem Ausdruck des „Burgfriedens". Er verkündete am 4. August, dass das Land dem Feind, der es im vollkommenem Frieden überrascht habe, die Stirn bieten müsse und eine Einheit vonnöten sei: „Ich kenne keine Parteien mehr, ich kenne nur noch Deutsche." Somit kündigte er während der

Konfliktdauer die Unterbrechung der politischen Auseinandersetzungen und einen Zusammenschluss der Nation an – in einem Krieg, der als gerechter Abwehrkrieg angesehen wurde. Dieser Burgfrieden lief, wie auch in Frankreich, darauf hinaus, zwei Typen von zentralem Widerstand zu entwaffnen: auf der einen Seite die sozialistischen Opponenten, die den Kampf gegen den imperialistischen Krieg durch eine Unterstützung der Landesverteidigung ersetzten. Auf der anderen Seite wurde den religiösen Kriegsgegnern die Grundlage entzogen, indem die Opposition zwischen der Minderheit der Katholiken, die man früher des internationalen Ultramontanismus verdächtigt hatte, und den unter der Schirmherrschaft des Kaisers überwiegenden Protestanten abgeschwächt wurde. Doch auch hier verschwanden die Gegensätze damit noch lange nicht. Der Krieg wurde von der Linken als Mittel angesehen, um für den Preis des Einsatzes der Arbeiter in der Landesverteidigung demokratische Reformen einzufordern. Die Konservativen erkannten im Burgfrieden eine offene Unterstützung der bestehenden Monarchie. Die alldeutsche Bewegung erfreute sich an der Wiederbelebung der nationalen Gemeinschaft, die die in der Vorkriegsgesellschaft herrschenden internen Spannungen vermeintlich beseitigte.

Ähnliche Einverständnisbekundungen fanden auch anderswo statt, und zwar nicht zufällig. Sie hoben den grundlegenden Einfluss der Nationalgefühle in diesem besonderen Konflikt hervor. In ganz Europa waren alle politischen Eliten überzeugt, dass ihre Nation den Krieg nicht gewollt hatte und sie somit das gute Recht hatte, so zu handeln, wie sie es tat. Die Parlamente stimmten mit dieser Einstellung quasi-einstimmig[2] für die Kriegskredite.

Anschluss der Oppositionellen

Der stark überwiegende Anschluss der Sozialisten an den sich entwickelnden Konsens war besonders bemerkenswert, weil er als Abwendung von ihrer Ideologie interpretiert werden konnte. Denn zuvor hatte die Arbeiterbewegung eine radikal kritische Einstellung zum Krieg und in gewisser Weise auch in Bezug auf die Nation gezeigt, und die in der Zweiten Internationale vereinten sozialistischen Parteien hatten dem Kampf gegen den Krieg hohe Wichtigkeit eingeräumt. Doch die Internationale konnte nicht handeln, und ihre Absichten wurden somit in der Praxis dementiert. Die durch Jaurès Tod benommenen französischen Sozialisten waren, wie der Rest der Bevölkerung, von einem deutschen Angriff überzeugt: Sie wollten von nun an die Nation unterstützen und die Republik vor dem preußischen Militarismus schützen. Die deutschen Sozialisten, die zögerten, ihre schwierige Integration in die Politik durch einen Widerstand gegen

2 In Frankreich wurde einstimmig abgestimmt. In Deutschland wurde nach Diskussionen innerhalb der SPD-Fraktion, abgesehen von zwei Enthaltungen der 110 sozialistischen Abgeordneten des Reichstages, mit Einstimmigkeit für die Kriegskredite gestimmt. In Großbritannien wurde abgesehen von 5 Einsprüchen der 41 sozialistischen Abgeordneten des Unterhauses einstimmig gewählt. In Österreich durften die Abgeordneten nicht über die Kriegskredite abstimmen: die Tätigkeit der Abgeordnetenkammer wurde unterbrochen, doch Sozialisten unterstützten die Haltung der Regierung. In Russland wurde, bis auf zwei Einsprüche der Bolschewiki und 9 weitere der Menschewiki, einstimmig für die Kriegskredite gestimmt. Zwar verließen die Trudowiki die Sitzung, beteuerten aber ebenso wie die Menschewiki ihren Willen, die Landesverteidigung nicht zu stören. In Serbien verkündeten die zwei sozialistischen Abgeordneten ihre Weigerung, an der Landesverteidigung mitzuwirken, während es für die belgischen Sozialisten undenkbar war, nicht an der Landesverteidigung teilzunehmen.

den Krieg zu gefährden, waren ihrerseits von dem russischen Angriff überzeugt. Sie wollten sich deshalb der Landesverteidigung gegen ein autokratisches und slawisches Land nicht entziehen. Dabei muss bemerkt werden, dass die Regierenden in jedem Fall darauf achteten, diese Unterstützung durch die Sozialisten nicht zu gefährden, weshalb sie auch auf die Untersuchungshaft für sozialistische Aktivisten verzichteten (276). Trotz der früheren Stellungnahmen und gewisser Unterschiede je nach Land erkannten die europäischen Sozialisten letztlich im beginnenden Konflikt viel weniger den zuvor angefochtenen imperialistischen Krieg als eine Landesverteidigung. Sobald der Krieg begann, schloss sich der deutlich überwiegende Teil der Arbeiterbewegung der nationalen Einheitsfront an (312, 305, 321, 286).

Neben den Arbeitern hätten sich auch die Katholiken der Politik ihrer Regierungen verweigern können, da sie in Frankreich der kirchenfeindlichen Republik entgegenstanden und zumal sie in Deutschland in der Vergangenheit diskriminiert wurden. Für die meisten von ihnen erschien die patriotische Antwort auf die Bedrohung durch den Krieg jedoch selbstverständlich – auch wenn sich das Papsttum notwendigerweise als vorsichtig erwies. Die nationalen Minderheiten zeigten ebenfalls keine Hemmungen, sich in die nationale Einheit einzufügen, angefangen beim multi-ethnischen Reich Österreich-Ungarn. In Deutschland waren die Polen den Russen gegenüber ohnehin extrem feindlich gesinnt; die Elsässer und Lothringer blieben dem deutschen Reich treu, auch wenn die Behörden sie lieber vorzugsweise in den Kampf an die Ostfront schickten. Die irischen Nationalisten hingegen waren überwiegend den Alliierten zugeneigt, insbesondere Frankreich und dem traditionell katholischen Belgien, was den Anschluss an die britische Regierung begünstigte.

Entgegen den pessimistischen Einschätzungen der Generalstäbe, die von weitgehenden Unstimmigkeiten ausgingen, erwies sich die Mobilmachung insgesamt als effizient, und Fälle von Ungehorsam waren sehr selten. Die Soldaten zogen im Namen der Verteidigung ihres bedrohten Landes ab; sie waren umso entschlossener, als sie einen kurzen Krieg erwarteten und sich die tatsächlichen Kampfbedingungen nicht vorstellen konnten.

Dabei ist zu bemerken, dass Jahrzehnte schulischer Erziehung und in den meisten Ländern auch die Wehrpflicht zu einem Gehorsamshabitus geführt hatten. Dieser brachte die Soldaten dazu, Befehlen und ihren jeweiligen Truppeneinheiten zu folgen, ganz gleich, welche Ansichten über den Konflikt sie vertraten (29). Letztlich führten die sozialen Interaktionen im Sommer 1914 zu einer gesellschaftlichen Kontrolle von jedermann, sowohl in Dörfern und Stadtteilen als auch innerhalb der Familien. Unter solchen Bedingungen war es schwierig, sich der kollektiven Bewährung im Krieg zu entziehen. Denn Widerstandsverhalten, Verweigerung oder Kritik wurde nach der Kriegserklärung und der sich daraufhin überall verbreitetenden patriotischen Einmütigkeit die Legitimität abgesprochen. Abweichendes Verhalten blieb deshalb sehr selten (80).

Die Anschlüsse an den Burgfrieden vollzogen sich in den verschiedenen Ländern mit gewissen Gemeinsamkeiten. Der Burgfrieden im August 1914 stellte lediglich einen provisorischen Parteifrieden dar, der nur aufgrund eines allgemein geteilten Angriffsgefühls möglich war. Er konnte zudem nur wegen der Überzeugung entstehen, dass der Krieg von kurzer Dauer sein würde. Die spaltenden Meinungsverschiedenheiten wurden im Namen der bedrohten Nation vorübergehend beiseitegeschoben. Dennoch war jede politische oder konfessionelle Gruppe darum besorgt, ihre Ziele durchzusetzen, denn sie war jeweils überzeugt, dass die Nachkriegszeit ihren Triumph besiegeln würde. Der Burgfrieden war demnach eine von der Landesverteidigung vorgegebene Praxis, jedoch keine Weltanschauung – er wurde sogar von einer gewissen ideologischen Kakophonie begleitet (280). Vorherrschend war die Vorstellung eines Vertrages: Wenn sich die Arbeiterbewegung zu einem kooperativen Kriegseinsatz bereit erklärte, geschah dies in der Erwartung, dass der Staat seinerseits soziale Reformen durchführen würde.

Burgfrieden als Mythos

Auch wenn die Einigkeit in Bezug auf den Krieg nicht auf einer gemeinsamen ideologischen Basis beruhte, stellte sich heraus, dass dieser politische Konsens später beansprucht wurde. In der Tat veränderte sich die dem Burgfrieden zugewiesene Bedeutung während des Krieges. Die nationale Einheit tendierte dazu, von der Kategorie des Nationalgefühls zu einer politischen Ideologie überzugehen, während die sozialen Konflikte wieder einsetzten. Somit wurde die nationale Einheit zu einem Diskurs, der sich auf rechte Wertesysteme stützte und sowohl soziale Klassen als auch politische Widerstände negierte. Das Nationalgefühl wandelte sich zu einer plakativen Simplifizierung der nationalistischen Ideologie.

Diese Entwicklung ist in allen Ländern zu beobachten, insbesondere aber in Deutschland, wo sie ausführlich von Jeffrey Verhey untersucht worden ist (329). Die Interpretationen des Burgfriedens veränderten sich von Beginn des Krieges an. Wie überall ging es dabei vor allem um die Übereinkunft, die innenpolitischen Probleme bis zur Nachkriegszeit hinauszuschieben. Allerdings verfolgten manche weit größere Ziele und wollten mit Hilfe des Krieges eine neue Nationalgemeinschaft im Sinne einer engeren Einheit hervorrufen (320). Sie fanden im „Augusterlebnis", das als einheitliche Erfahrung verstanden und beschrieben wurde, die Umsetzung des Herbeigewünschten: die durch das Verschwinden der politischen Abgrenzungen ermöglichte nationale deutsche Identität, das „Deutschtum". Am Anfang des Krieges fanden diese Ideen auch unter den kulturellen Eliten Zustimmung, so bei den deutschen Intellektuellen, die im Oktober 1914 den sogenannten Aufruf der 93 „An die Kulturwelt" unterschrieben, um die Vorwürfe der Entente gegen den deutschen Militarismus anzuprangern (327, 294, und als französischer Kontrapunkt 319). Dazu hoben sie die deutsche „Kultur" hervor, die im Krieg der westlichen „Zivilisation" gegenübergestellt werde, und die es anhand der Eigenschaften von Mut und Bruderschaft ermöglichen werde, sich vom Materialismus und Individualismus der Vorkriegszeit zu befreien.

Auch wenn die Erfindung eines mythenhaften „Augusterlebnisses" mehr über die deutschen gesellschaftlichen Konflikte aussagte als über die Ereignisse selbst, war diese Variante der nationalen Interpretation des Kriegsbeginns und des Burgfriedens auf die Dauer wirksamer als die liberalen oder sozial-demokratischen Interpretationen. Als sich im Laufe der zweiten Hälfte des Krieges Müdigkeit und Zweifel breitmachten, reaktivierte die Rechte das Symbol des „Augusterlebnisses", um die vermeintlich solidarische Entschiedenheit des Volkes, das Vaterland zu verteidigen, zu bewahren. Zur selben Zeit wurden die zu Kriegsbeginn begeisterten Massen mit einer eigenen Bestimmung ausstaffiert: In den Diskursen wurde immer häufiger auf den „Geist von 1914" Bezug genommen. Diese auf Vertrauen und unbeugsamen Willen gründende Überzeugung sollte es ermöglichen, die größten Hindernisse zu bewältigen (285).

In Deutschland gelang es somit der Rechten, einen Mythos der „Volksgemeinschaft" durchzusetzen, der auf dem „Geist von 1914" beruhte. Den Ideen von 1789 standen aus dieser Sicht nun die Ideen von 1914 gegenüber. Während die Französische Revolution die kapitalistischen Kräfte entfesselt und den Beginn des Individualismus markiert habe, eröffne sich im Krieg die Gelegenheit, diese Kräfte zurückzudrängen. Damit schienen die Ideen von 1914 imstande, aus Deutschland die führende Nation der Menschheit zu machen, indem die Klassengesellschaft durch die „Volksgemeinschaft" ersetzt würde. Der „Geist von 1914" wurde außerdem in der Kriegsführung zum Kern der Propagandastrategie des deutschen Generalstabes. In den letzten Kriegsjahren behielt man den Burgfrieden vielmehr im Sinne des „Volksgemeinschafts"-Mythos und des „Geistes von 1914" bei als im Sinne der Gleichberechtigung der politischen Gegner (329).

In allen europäischen Ländern wurden der Burgfrieden und seine Entsprechungen weitgehend von der Rechten übernommen, und zwar in einem von zunehmender nationalistischer Ideologie geprägten Diskurs. Wenn man sich weiterhin auf den Burgfrieden berief, geschah dies hauptsächlich von Seiten eines politischen Lagers, um den jeweiligen Gegnern vorzuwerfen, ihn gebrochen zu haben. Auch Jahre später appellierten noch die französischen *Croix de feu* oder die Nazi-Bewegung in diesem Sinn an den Burgfrieden.

3. Durchhalten an der Front

Der erste weltweite Konflikt verblüfft nicht nur aufgrund der Umstände des Kriegseintritts und des Beginns der Auseinandersetzungen, sondern auch wegen seiner Intensität und seiner Dauer. Diese beiden Merkmale verkörpern ein zentrales geschichtliches Problem: Warum hat der Krieg so lange dauern können und wie haben die Gesellschaften durchgehalten?

Diese Fragen betreffen in erster Linie die Frontkämpfer, die sich buchstäblich an der vordersten Linie des Konflikts befanden: Sie sind es, die „im Felde standen"; ohne sie wäre der Krieg nicht fortgeführt worden. Auch wenn die Frage nach den Frontkämpfern hier als zentral erscheint, hat sie sich in der Geschichtsschreibung keineswegs immer in dieser Weise gestellt.

a) Die zögerliche Integration der Frontkämpfer in die Geschichtsschreibung

Lange Abwesenheit der Frontkämpfer

Die Frontkämpfer sind in den Geschichtsbüchern über den Krieg, die unmittelbar nach seinem Ende erschienen sind, derart abwesend, dass man ihre zentrale Rolle im Konflikt beinahe vergisst. Diese Feststellung erscheint umso überraschender, als die meisten zu dieser Zeit aktiven Geschichtswissenschaftler selbst Frontkämpfer gewesen waren. So berichtete Pierre Renouvin, Historiker an der Sorbonne, in seinem 1934 erschienenen, dem Krieg gewidmeten Werk in keiner einzigen Zeile von den Frontkämpfern (238), obgleich er die Leiden der Soldaten 1917 in der Schlacht an der Aisne durch den Verlust seines linken Arms am eigenen Leib erfahren hatte.

Antoine Prost und Jay Winter haben hervorgehoben, dass in allen Ländern die Abwesenheit der Frontkämpfer in der Geschichtsschreibung der Zwischenkriegszeit kein Versäumnis war, sondern ein absichtlicher Ausschluss (99). In der Tat strebten die Geschichtswissenschaftler danach, die Strategie der Militäroperationen des Krieges in einer Gesamtbetrachtung zu beleuchten, die die partikulare Sichtweise der Soldaten negierte. Dazu betrachteten sie weder die Atmosphäre der Schlacht noch den materiellen Alltag der Soldaten oder ihre Wahrnehmungen und Interpretationen. Diese Aspekte waren den Augenzeugenberichten und der literarischen Erzählung vorbehalten. Obgleich diese Literatur auf lebhaftes Interesse der Öffentlichkeit stieß, weil man sich erhoffte, aus ihr zu erfahren, „wie es gewesen war", verliefen die Trennlinien zwischen den Gattungen scharf: Die meisten Frontkämpfer wollten die akademische Geschichtsschreibung nicht zur Kenntnis nehmen, während ihre eigene Literatur und ihre Erkenntnisse von den Geschichtswissenschaftlern reichlich ignoriert wurden. Obwohl Renouvin in einer neuen Auflage seines Buches die Frontkämpferliteratur berücksichtigte – unter anderen die erfolgreichen Werke von Henri Barbusse und Roland Dorgelès –, war er ausschließlich am literarischen Wert dieser Schriften interessiert (102).

Anthologien der Frontschriftsteller

Die wenigen „Vermittler", die sich ab der Zwischenkriegszeit sowohl für die literarische als auch für die historische Dimension des Krieges interessierten, waren daher von herausragender Bedeutung. Sie riefen unter anderem über die Presse Frontkämpfer dazu auf, Zeitzeugnisse zu veröffentlichen, woraus dann ein aspekt- bzw. phasenzentriertes Mosaik der Geschichte des Krieges entstand (426). Auf Initiative dieser „Vermittler" entstanden außerdem Anthologien der Frontschriftsteller, um sie als Hilfsmittel für die Arbeit der um Authentizität bemühten Historiker zur Verfügung zu stellen (369). Jean Norton Cru, ehemaliger französischer Frontkämpfer und Akademiker in den Vereinigten Staaten, verkörperte diesen Ansatz auf radikale Weise (363, 364): Zeitzeugnissen verschaffte er den Status eines historischen Dokuments, indem er sie anhand einer kritischen Methode bewertete. Damit prangerte Norton Cru die ausschließliche Betrachtung der militärischen Fakten an, die nach seiner Meinung ein falsches Bild der Auseinandersetzung zeichnete. Um den Krieg möglichst wahrheitsgemäß abbilden zu können, analysierte er mehr als 300 Berichte, Romane und Schriften von Frontkämpfern; unnachgiebig lehnte er dabei alles ab, was ihm als exzessiv erschien, Texte sowohl von Pazifisten als auch von Nationalisten. Seine Darstellung des Krieges betonte besonders die Härte des Schlachtfeldes, das Aussehen der materiellen Existenzgrundlage der Frontkämpfer sowie ihre Gemütszustände und Gefühle. Dazu schuf er eine Art Hyper-Kritizismus auf Grundlage seiner eigenen Erfahrungen, wobei er kategorisch zwischen „guten" und „schlechten" Zeitzeugen unterschied. Unter Historikern erreichte er allerdings sein Ziel nicht. Renouvin lobte ihn in einer langen Rezension in höchsten Tönen, veränderte jedoch die folgenden Ausgaben seines eigenen Buches nicht im Sinne des Konzepts von Norton Cru.

Fortschreitende Integration der Zeitzeugnisse

Diese allgemeine Tendenz zur Trennung zwischen Zeitzeugenliteratur und akademischer Geschichtsschreibung blieb nach dem Zweiten Weltkrieg erhalten. Trotz der ablehnenden Haltung der Historiker war die Integration der Frontkämpfer in das Geschichtsbild in den sechziger Jahren in Frankreich und der angelsächsischen Welt erfolgreicher. Manche Autoren verfuhren dabei methodisch neuartig: Statt ihre persönlichen Erfahrungen in Form von Zeitzeugnissen der Vergangenheit wiederzugeben, versuchten sie eine bereits teilweise bekannte Geschichte aus zweiter Hand verlässlich zu erzählen und zugleich die Zeitzeugnisse von Frauen und Männern, die den Krieg erlebt hatten, in diese Berichte zu integrieren.

Mit dem Werk von André Ducasse, Jacques Meyer und Gabriel Perreux *Vie et mort des Français* (370) war dieser Ansatz erstmals erfolgreich; Zeitzeugen und die Öffentlichkeit wurden im Rahmen einer neuen Art der Kriegsgeschichtsschreibung zusammengebracht. Ab den sechziger Jahren gaben die Verleger verstärkt Geschichtswerke dieser Art für ein neugieriges Publikum heraus, das den Krieg zugleich durch das Fernsehen entdeckte (419, 349, 410). Die gleiche Situation regte in Großbritannien analoge Arbeiten an (423, 411). Die sechziger Jahre waren somit die Zeit, in der die Frontkämpfer noch zu ihren Lebzeiten auf ihre eigene Geschichte zurückblickten.

Angesichts dieser Tatsachen wandelte sich die akademische Geschichtsschreibung, indem sie die Frontkämpfer umfassender in die Kriegsdarstellungen einbezog. Einerseits geschah dies aufgrund der Änderung des Blickwinkels und der Aufnahme neuer Fragestellungen, wie zum Beispiel in Großbritannien. Andererseits wurde die stärkere Berücksichtigung der Frontkämpfer beispielsweise in Frankreich durch die Möglichkeit zur Auswertung neuer Quellen gefördert.

Perspektivwechsel

Die britischen Historiker, die Erfahrungen der Frontkämpfer geschichtlich analysierten, verwendeten Zeitzeugnisse sowie Briefwechsel, sowohl publizierte als auch im *Imperial War Museum* in London in Lagerräumen aufbewahrte. Die Neuartigkeit der Analyse bestand also weniger in der Dokumentationsart (auch wenn die Öffnung der Militärarchive es ermöglichte, die Befehlserteilungsebene in die Untersuchung mit einzubeziehen), als vor allem im Perspektivwechsel und im neuen Interesse für die Kampferfahrung der Soldaten.

John Keegan war der Pionier einer solchen Geschichtsschreibung, da er sich für die Kampfhandlungen als solche interessierte. Er betrachtete sukzessiv die Schlachten von Azincourt, Waterloo und der Somme, um die Entwicklung der Kampfarten unter unterschiedlichen Aspekten und im Detail zu analysieren: Militärpläne, Truppenstellungen und Waffenverteilung, Kampftypen, Verhalten der Männer und Verletztenversorgung – der Erste Weltkrieg erschien ihm aufgrund seines unerbittlichen Charakters als bedeutender Umbruch in der Geschichte der Kampfführung: Das Risiko zu sterben erreichte ein bisher unbekanntes Niveau; zugleich bestanden keine Fluchtmöglichkeiten, sodass die Kampfbedingungen besonders fürchterlich waren.

Tony Ashworth konzentrierte seine Analyse auf die Infanteristen der vordersten Frontlinien des Ersten Weltkriegs, um spezifisch die *trench warfare*, also die Kriegsführung in den Schützengraben, zu analysieren (332). Ashworth unterschied die aktiven Zonen von den ruhigen Zonen. In den aktiven Zonen musste der Frontkämpfer in einem gnadenlosen Kampf zwischen den Alternativen „töten oder getötet werden“ wählen. In den ruhigen Zonen herrschte das Prinzip „leben und leben lassen“; dieses sah in Form von inoffiziellen Gefechtspausen die Möglichkeit eines provisorischen und gegenseitigen Verzichts auf Gewaltanwendung vor.

Zugang zu neuen Quellen

Währenddessen beruhte die Erneuerung der Geschichtsschreibung in Frankreich vorrangig auf dem Zugang zu neuen Quellen. Der Ablauf der Sperrfrist von fünfzig Jahren für Kriegsarchive ermöglichte neue Recherchen. So konnte Guy Pedroncini in seiner Erforschung der Kriegsführung am Ende des Ersten Weltkriegs die Meutereien von 1917 sowie ihre relevanten Akteure analysieren: sowohl Pétain und seine Bemühungen zur Remobilisierung als auch die Meuterer selbst. Dies ermöglichte es ihm, eine Soziologie der Meuterer zu entwerfen, die den Stellenwert der Meuterer mit ländlicher Herkunft unterstrich, ihre Forderungen präzisierte und in Frage stellte, dass diese Meuterer durch die Unterdrückung dezimiert wurden (424, 425).

Jules Maurin stützte sich dagegen auf die Einberufungsregister, eine serielle Quelle, deren Volumen bis zu den Anfängen der modernen Datenverarbeitung entmutigend war (408). Diese beinhalteten zu jedem Soldaten sowohl persönliche Angaben (so zu Eltern, Wohnsitz und Beruf) als auch militärische Informationen (wie Einberufungen und Verletzungen). Mithilfe von Lochkarten erforschte Maurin zwei gegensätzliche Rekrutierungsarten, und zwar in Béziers im Weinbaugebiet Languedoc, das von sozialistischer Tradition geprägt war, und in der kleinen Stadt Mende, nördlicher, in einer überaus katholischen und konservativen Bergregion gelegen. Damit schuf er ein Bild der militärischen Rekrutierung, das reichhaltige und vielfältige soziologische Befunde und Einsichten ermöglichte.

Zur selben Zeit eröffnete sich eine andere militärische Quelle: die Archive der Postüberwachungsstellen der Streitkräfte, die wertvolle Informationen über die Meinung und die Mentalität der Soldaten (359, 354) enthielten. Um die Recherchen über die Kriegserfahrung fortzuführen, untersuchte Stéphane Audoin-Rouzeau die Grabenzeitungen, die von den Frontkämpfern in den ruhigen Zonen für ihre Kameraden verfasst wurden (333). Die Analyse dieser Zeitungen liefert einen entscheidenden Einblick in das alltägliche Leben in den Schützengraben und in die Vorstellungen der Soldaten von sich selbst und von der Heimat.

Von der Lebensweise zur

Schließlich begleiteten neue Themen das Interesse für die individuellen und subjektiven Zeitzeugnisse bis hin zur Sozialpsychologie. Statt sich auf

mentalen Verfassung der Frontkämpfer

die Lebensweise der Frontkämpfer zu beschränken, lag der Fokus nun auf ihrer Gefühlslage; dabei wurden die Identitäten und die mentale Verfassung der Frontkämpfer betrachtet (395, 333, 343, 450, 435, 399).

Diese gesamte Erneuerung der Geschichtsschreibung, die aus den Frontkämpfern ein legitimes, ja sogar zentrales historisches Objekt formte, hat Studien hervorgebracht, die sowohl die Zusammensetzung der Armeen und der Kampfformen als auch die Erlebnisse und Vorstellungen der Soldaten behandeln. Die daraus hervorgehenden Fragen erscheinen als strukturell bedeutend für die weitere Forschung über den Ersten Weltkrieg und insbesondere für zwei transversale Fragen: die nach der Gewalt im Krieg und die nach der Zustimmung der Frontkämpfer.

b) Töten, sterben und überleben: die Frage der Gewalt

Ziel des Krieges ist es, den Gegner zu zerstören, ihn zu töten; der Kampf ist das Epizentrum dieser kriegerischen Gewalt. Aus der Integration der Erfahrungen der Frontkämpfer in die Geschichtsschreibung geht die Frage nach der Gewalt hervor, wobei diese zwei gegensätzlichen Interpretationen unterworfen ist.

Zwei gegensätzliche Lesarten der Gewalt

Eine erste Deutung der Kriegsgewalt betrachtet die Frontkämpfer als Menschen, die, sobald sie an der Front und in den Schützengraben eingesetzt werden, rapide in einen Todesinstinkt fallen und zum Töten bereit sind. Die zweite Interpretation sieht die Frontkämpfer dagegen als Menschen, die vom Massensterben traumatisiert werden und denen der Konflikt mehr und mehr als absurd erscheint. Im ersten Fall stellt der Krieg einen zivilisatorischen Bruch dar, in dem die Frontkämpfer die entscheidenden Akteure sind (41, 348, 3). Im zweiten Fall ist der Krieg Produkt einer durch führende Eliten gepflegten Gewalt, dessen erste Opfer die Frontkämpfer sind (393, 394, 438). Hier soll es um die Veranschaulichung der Kontraste gehen, die das Leben und Handeln der Frontkämpfer im Ersten Weltkrieg prägten, ohne zunächst die Spannungen zwischen diesen beiden Interpretationspolen durch die notwendigen Differenzierungen auflösen zu wollen.

Einer dieser Frontkämpfer war der deutsche Soziologe Norbert Elias, der trotz seiner Erfahrungen in den Grabenkämpfen eine Theorie über die Abnahme der Gewalt im Laufe der Jahrhunderte entwickelte: Er analysierte die westliche Zivilisation als Ergebnis eines säkularen Prozesses der Instinktbeherrschung, der Zurückhaltung von Verlangen sowie der Zähmung tiefverwurzelter menschlicher Triebe (372). Kriegshistoriker wie Stéphane Audoin-Rouzeau wandten sich gegen diese These und warfen Elias vor, die kriegerische Gewalt zu negieren, um sein eigenes Trauma zu überwinden. Dies sei bedauerlicherweise mit verheerenden Langzeitfolgen für die Erforschung von Krieg verbunden (335). Ganz im Gegensatz dazu ist für diese Kriegshistoriker die Gewalt der rote Faden bei der Überwindung der traditionellen Militärgeschichte zugunsten einer neueren Geschichte der physischen und intimen Erfahrung. Dieser Ansatz beruht auf der Feststellung, dass in den Kämpfen des Ersten Weltkriegs eine Grenze der Gewalt überschritten wurde: Die Radikalisierung des kriegerischen Handelns prägte die Kriegserfahrung der Frontkämpfer.

Radikalisierung des kriegerischen Handelns

Der erste Hinweis auf diesen Umbruch ist ohne Zweifel die Anzahl der Verluste, die annähernd zehn Millionen Männer umfasste. Obwohl das Massensterben im Krieg nicht neu war, hatten sich die Formen und das Ausmaß des Todes grundlegend geändert: Einerseits war die verfügbare Feuerkraft deutlich gesteigert worden, sodass der Tod fast ausschließlich gewaltsam verlief (375); andererseits begegneten sich im Krieg nunmehr Millionenheere. Die Formen der körperlichen Verletzungen zeugten ebenfalls von einer gesteigerten und generalisierten Gewalt, unter anderem aufgrund der Artillerie: Die Geschosse konnten Körper durchtrennen, zerfetzen, ja sogar pulverisieren (347, 368, 392, 381). Auch wenn sich das Umschlagen in die Gewalt in den ersten Wochen des Konflikts vollzog (386), kann eine fortschreitende Radikalisierung festgestellt werden (58). Obwohl sich die Fronten stabilisierten und die Kämpfe anhielten, verdichteten sich die Schlachtfelder zu Räumen von Gewaltexzessen. Diese Gewalt wurde nicht ohne psychische Schäden erlitten und ausgeübt (339, 345, 444, 344, 396, 398). Darüber hinaus verschlimmerten die prekären Lebensbedingungen, die Frontkämpfer erdulden mussten, ihre physische und psychische Verwundbarkeit. Daher kann man abschließend von einer Entmenschlichung des Kampfes sprechen (336, 3, 337, 6).

„Brutalisierung" vs „Prozess der Zivilisation"

Diese Forschungsrichtung beruft sich auf die Arbeiten von Joanna Bourke, die die als verdeckt bewertete Erfahrung der Frontkämpfer hervorhebt: Die wichtigste Handlung der Menschen im Krieg sei nicht das Sterben, sondern das Töten. Joanna Bourke schlägt dementsprechend eine intime Geschichte des „Tötens im Krieg" vor (348). Ihr Buch eröffnet sie auf der Grundlage von Zeitzeugnissen von Soldaten mit einem Kapitel über die Lust auf das Töten. Zwar könnten Maschinen die Brutalität des Schlachtfelds verstärken; dennoch setzten dahinter Menschen die Gewalt um, und im Endeffekt seien es sie, die töten. Dazu passt, dass das Gewehr die wichtigste Waffe des Infanteristen im Ersten Weltkrieg war. Die zahlreichen Stichwaffen, die heute in den Kriegsmuseen aufbewahrt werden, bezeugen darüber hinaus die Realität der Nahkämpfe (334).

Aus dieser Perspektive erscheint der Erste Weltkrieg als ein historischer Bruch. Zugleich widerspricht er deutlich der Idee eines langsamen Rückgangs der sozialen Gewalt in der westlichen Zivilisation. Durch dieses tiefe und abrupte Umschwenken der Kriegserfahrung wird Elias „Prozess der Zivilisation" zur Makulatur (3). Um diese Kriegserfahrung zu veranschaulichen, sollte das entgegengesetzte, von George Mosse formulierte Konzept der „Brutalisierung" angewandt werden. Demnach brutalisierte der Krieg die Gesellschaften durch Handlungsweisen und Vorstellungen in Kriegszeiten (415).

Erfahrung der erlittenen Gewalt

Umgekehrt behaupten andere Historiker – nicht ohne Mitgefühl –, dass die Frontkämpfer während des Krieges wahrhaftigen Unterdrückungsregimes unterworfen waren (412). Es geht dabei nicht darum, die Gewalt auf dem Schlachtfeld anzuzweifeln, sondern zu verdeutlichen, dass diese in erster Linie von den Frontkämpfern erlitten wurde: Angesichts eines allgegenwärtigen und unvorhersehbaren Todes waren sie in sinnlose und stupide Angriffe eingebunden und mit der Abscheulichkeit der Verwundungen und des Leichengeruchs konfrontiert. Vor diesem Hintergrund waren Brutalität und Gewalt auf dem Schlachtfeld alltäglich; sie gingen jedoch nicht unbedingt von der gegnerischen Seite aus, sondern oft auch von den ranghohen Militärs aus den eigenen Reihen. Die drakonische Disziplinierung umfasste Einschüchterung, Androhung von Sanktionen bis zur Anklage vor dem Kriegsgericht oder sogar bis zu Hinrichtungen. Was die Aggressivität der Frontkämpfer selbst betrifft, konnte sie durch die Wut über den Tod eines Kameraden ausgelöst werden, oder auch in einer Verkettung der erlittenen Gewalt und der ausgeführten Racheakte: Die Gewalt gegen den Feind wurde dann zum Ventil. Aber die Wut konnte genauso zu einem Gefühl der Verzweiflung und zu einem resignierten Verhalten führen (330, 438).

Infragestellung der Brutalisierung

Dementsprechend ist diese Perspektive von der generellen Behauptung Bourkes weit entfernt, nach der die gewöhnlichen Frontkämpfer seit dem Ersten Weltkrieg am Töten und Massakrieren Gefallen gefunden haben, womit dieser Krieg zum Muster eines Jahrhunderts der kriegerischen Gewaltsamkeit geworden sei. Besonders entschieden hat Antoine Prost der These von der Brutalisierung der Gesellschaften (im Sinne Mosses) oder der Individuen (im Sinne Bourkes) widersprochen. Auf der einen Seite sei der direkt durchgeführte Mord im Gegensatz zu den späteren Ereignissen im Pazifik- oder im Vietnamkrieg, wo die Soldaten sehr unterschiedlichen Kulturen gegenüberstanden und wo Nahkämpfe sehr häufig waren, selten gewesen. Der Erste Weltkrieg mit seiner industriellen Kriegsführung und der Dominanz der Artillerie stehe im Kontrast dazu, da Nahkämpfe die Ausnahme blieben. Auf der anderen Seite habe der Soldat nicht zwangsläufig Gefallen am Töten gefunden und sei nicht zwangsläufig zur Bestie geworden, da auf ihm Schuldgefühle lasteten. Schließlich widerspricht Prost angesichts der Unterschiede zwischen den Frontkämpfern jeder Verallgemeinerung und jedem Determinismus (430).

In einem politikwissenschaftlichen Ansatz hat Nicolas Mariot die Reflexion über die Verbindung zwischen einer Handlung – des Tötens – und einem Gemütszustand – beispielsweise eines Hasses, der den Mord verursacht – fortgeführt. Auch wenn Mariot anerkennt, dass es ein heuristisches Interesse an einem Ansatz gibt, der von Randphänomenen ausgeht (die Nahkämpfe bedingten nur ein Prozent aller Verletzungen), widerspricht er doch der Annahme, dass es einen notwendigen Sinnzusammenhang zwischen den Verhaltensweisen und den kognitiven Neigungen gibt und dass hinter den Praktiken notwendigerweise eine Gesinnung stehen muss: Was erlitten wird, wird nicht notwendigerweise ausgesucht. Um das Kriegsverhalten besser fassen zu können, schlägt er daher die Wiedereinführung eines soziologischen Denkens in die Analyse vor; dieses bezieht die „Routinisierung" von Gewalt ein. Danach beruht dieser Prozess auf einer Reihe von Faktoren: auf der Ideologie (insbesondere durch den Prozess, den Feind zu vertieren), auf der Kontrolle durch andere Mitglieder der jeweiligen sozialen Gruppe, auf der Arbeitsteilung und -routine (die zu Formen der Leugnung von Vergehen führten) sowie auf Mechanismen der Eigendynamik von Gewalt durch den Zyklus der Vergeltungsmaßnahmen (406).

c) An der Front durchhalten: die Frage nach der Zustimmung

Darüber hinaus hat die Frage nach der Durchhaltefähigkeit der Frontkämpfer und nach ihrer eventuellen Zustimmung zum Krieg die Historiker bewegt. Die Frage der Durchhaltefähigkeit wurde bereits von den siebziger bis zu den neunziger Jahren in den nationalen Studien über Frontkämpfer berührt. Diese Untersuchungen beleuchteten die Lebens- und Kampfbedingungen zunehmend präziser und hinterfragten, wie die Menschen mehr als vier Jahre durchgehalten haben. Erklärungsansätze wurden zunächst separat für jede Armee gegeben, und zwar nach einem Interpretationsmuster, das auf den Faktoren Disziplin und Autoritätsbeziehungen fußte.

Britische Armee und Arbeiterkultur

In Großbritannien liegt hierbei das Erkenntnisinteresse der Geschichtsschreibung darin, zu erfahren, wie das politische Engagement der Arbeiter und der Zusammenhalt der Armee kombiniert wurden. Denis Winter hat dazu den Gleichmut der Soldaten analysiert, deren Humor die Leiden etwas abmilderte (455). Die von Lyn Macdonald veröffentlichten Zeitzeugnisse belegen eine stoische Durchhaltefähigkeit, die auf einer patriotischen, auf dem Vertrauen auf den Sieg beruhenden Unbedarftheit beruhte; darüber hinaus veranschaulichen sie eindrücklich die Übertragung der Arbeiterkultur auf den Krieg (402, 403, 404, 405). Tony Ashworth nähert die Praktiken der Arbeiterschaft denen an, die in den Schützengräben vorherrschten: Das Prinzip „leben und leben lassen" ähnelt in der Tat der Praxis des „regeltreuen" Arbeitens, das sich auf die Befolgung von Befehlen beschränkte. Die Arbeiter hatten die Ordnung der Fabrik ebenso hingenommen, wie sie nun die ungerechte Ordnung in der Armee tolerierten. Die Disziplin war also vorhanden, auch wenn sie nicht frei war von der populären Verachtung für die ranghohen Militärs mit ihren Manieren, die denen der gesellschaftlichen Führungsklassen ähnelten (332). In diesem Sinne hebt John Fuller den Transfer einer für die industriellen Beziehungen in Großbritannien charakteristischen Form loyaler Widersetzlichkeit in militärische Beziehungen hervor (374); dazu suggeriert Jay Winter, dass Gesellschaften desto eher bereit seien, die „Spielregeln" zu akzeptieren, je mehr sie industrialisiert seien (594).

Russische und deutsche Armee und Zusammenbruch

Im Gegensatz dazu hat der letztliche Zusammenbruch der russischen und deutschen Streitkräfte zahlreiche Fragen aufgeworfen. In Russland hatten die Versorgungsprobleme und die Rüstungsdefizite die Trennung zwischen ranghohen Militärs und Offizieren verstärkt. Die Februarrevolution von 1917 eröffnete den Soldaten die Gelegenheit, die gesamte Militärführung und zugleich das verhasste Zarenregime zu stürzen. Die Errichtung von Soldatenkomitees ermöglichte die Wiedergeburt von effizienten Autoritätsbeziehungen, da diese vom Vertrauen der Soldaten in die Friedensarbeit des Petrograder Sowjets profitierten. Diese Beziehungen bestanden jedoch nur vorübergehend, da die Menschewiki und die revolutionären Sozialisten ihre Glaubwürdigkeit verloren und der wachsende Unmut der Soldaten zum Ende des Jahres 1917 zur Spaltung der Armee führte (454). In Deutschland verloren die Soldaten, obwohl patriotisch und loyal, zusehends das Vertrauen in ihre Offiziere, nachdem sie im Gegensatz zu ihren Vorgesetzten jahrelang elende Lebensbedingungen ausgehalten hatten. Darüber hinaus hatten sie ab dem Sommer 1918 ihre Zuversicht in ein siegreiches Ende des Krieges verloren. Daher lehnten sie es ab, ihr Leben für einen Krieg herzugeben, der nicht mehr gewonnen werden konnte. So gingen sie angesichts von Erschöpfung, Hunger und einem sinnentleerten Kampf zu einer Form des „verdeckten Streiks" über (365, 367).

Italienische Armee und nationale Bildung

In Italien waren die Entwicklungen anders. Der Krieg diente besonders der Selbstbehauptung der italienischen Nation. Nichtsdestotrotz machte sich auch in der italienischen Armee Kriegsmüdigkeit bemerkbar. Im Oktober und November 1917 verursachte die Niederlage von Caporetto gegen die österreichische Armee einen ungeordneten Rückzug in einer von Streiks bereits stark geprägten Region und steigerte damit die Furcht der Eliten vor einer revolutionären Krise. Diese wurde jedoch von Staat und Armee überwunden, die aufgrund ihrer defensiven Position – verursacht von der Besatzung eines Teils des italienischen Territoriums – von einer Art „Neumobilisierung" für den Krieg profitierten. Die italienische Armee war folglich in der Lage, ihre Kräfte zu sammeln und bis zur österreichischen Kapitulation durchzuhalten (428, 59).

Französische Armee und Bürger-Soldaten

Die französische Armee hat Leonard Smith anhand der Fünften Infanterie-Division untersucht, die er in seiner Studie den gesamten Krieg über verfolgt. Dieser mikroanalytische Ansatz ermöglicht es ihm, das Beziehungsgeflecht zwischen dem Führungsstab und den Soldaten zu konturieren, in dem die Unteroffiziere eine entscheidende Vermittlerrolle einnahmen. Zwischen den Leistungsansprüchen an die Soldaten (die Müdigkeit und Verluste ertragen sollten) und der Bedeutung, die der Mission zugemessen wurde, habe sich progressiv ein Prinzip der Verhältnismäßigkeit eingerichtet. In diesem Kontext begegnet man erneut Pedroncinis Thema der Meutereien, allerdings in einer anderen Perspektive: Nach Smith waren die Soldatenaufstände sowohl militärischer Streik als auch staatsbürgerliche Protestaktion. Da die Meuterer ihren Status als Bürger und damit ihr Interesse an politischer Mitbestimmung nach der militärischen Niederlage von April 1917 nicht verloren hatten, verlangten sie von ihren Offizieren, dass ihre Forderungen an die Regierung weitergeleitet wurden. Daher begünstigte die französische Armee, die sich aus Bürgersoldaten zusammensetzte, in dieser Konstellation eine klare, aber bedingte Opposition: Die Zustimmung zur Republik begrenzte zugleich den Ungehorsam der Soldaten und die Forderungen ihrer Anführer (447).

Kriegserfahrung in den Schützengräben

Diese historiographische Richtung der Kriegserfahrung nähert sich der historischen Anthropologie: Die Männer in den Schützengräben werden wie eine Mikrogesellschaft betrachtet, die eigene Ordnungsregeln, interne Konflikte und spezifische Schwankungen aufweist. Seit den neunziger Jahren wird diese Art der Geschichtsschreibung immer komparativer. Sie konzentriert sich auf die Soldaten einer kriegführenden Nation und bezieht sich zugleich auch auf die andere Seite bzw. benutzt diese als Vergleich. Dies verstärkt die Vermutung, dass die Kriegserfahrungen in den diversen Streitmächten nicht grundlegend unterschiedlich waren. Die Frage der Durchhaltefähigkeit und der Zustimmung stellt sich also in einer transversalen Perspektive: „Warum halten die Menschen unter solch entsetzlichen Bedingungen die gesamte Zeit über durch? Wie kann diese große ‚Zustimmung' der Europäer erklärt werden?" (438, S. 28).

Hier unterscheiden sich die Antworten, wobei sich zwei konfrontierende Thesen begegnen (9, S. 7–28). Während sich die Zustimmungsthese vorrangig in Frankreich in den ersten Jahren nach 2000 verbreitet und dort polarisierend auf die Debatte gewirkt hat, färbt sie zugleich auf die internationale Forschung über den Ersten Weltkrieg insgesamt ab (100, 431).

Kulturgeschichtlicher Ansatz und Kriegszustimmung

Die Eröffnung des *Historial de la Grande Guerre* im Jahre 1992 in Péronne (Picardie), dort, wo die deutsche Armee während der Schlacht an der Somme ihr Hauptquartier errichtet hatte, hat der Erneuerung der französischen Kriegsgeschichtsschreibung einen wichtigen Impuls gegeben. Das *Historial* umfasst ein Kriegsmuseum und ein Forschungszentrum um eine internationale Gruppe von Historikern (www.historial.org). Für diese Historiker haben die Soldaten den Kriegsanstrengungen weitestgehend zugestimmt. Für sie steht eine solche Zustimmung außer Zweifel, obwohl sie heutzutage schwer verständlich ist. Die Entschiedenheit dieser Zustimmung bei den Frontkämpfern erkläre sich durch einige grundlegende Aspekte: Zunächst handele es sich um die Solidarität in den Frontkämpfergruppen und um die Identifikation der Soldaten mit den Kameraden der Gruppe, die ein wichtiges Thema in vielen Zeitzeugnissen der Front war. Dazu kommt das Engagement der Europäer für ihre jeweiligen Nationen (belegt beispielsweise durch die freiwilligen Meldungen, die selbst nach dem Wechsel von einem imaginären zu einem realen Krieg anhielten). Folglich sei der Misserfolg der Meutereien, unter anderem in Frankreich, ein Zeichen der Verbundenheit mit der Nation und der Stärke des Patriotismus: Die Befehlsverweigerungen setzten erst spät ein, betrafen in Frankreich nur vierzigtausend von zwei Millionen Soldaten und lösten sich bereits wieder auf, bevor sie unterdrückt wurden. In einem Patriotismus, der untrennbar von der Feindschaft gegenüber dem Gegner geprägt war, die leicht in Hass umschlagen konnte, fanden die Soldaten endlich die Kraft zum Durchhalten. Die Sammlungen patriotischer Objekte des Museums des *Historial* zeugen davon, dass dieser Patriotismus sehr verbreitet war und sogar als Bewegung „von unten" verstanden werden muss, statt als von oben aufgezwungene Propaganda (3).

Sozialgeschichtlicher Ansatz und Kriegsauferlegung

Im Widerspruch zu dieser allgemeinen These haben sich andere Historiker in Frankreich in einer loser strukturierten Gruppe versammelt, dem *Collectif de recherche international et de débat sur la guerre de 1914–1918* (CRID 14–18, http://crid1418.org/). Für sie besteht die „Zustimmung" der Frontkämpfer nur vordergründig. So müsse der Krieg vor allem als eine oktroyierte Gewalt betrachtet werden. Die Soldaten hätten nur so lange durchgehalten, weil sie direkt oder indirekt in einem Netz der Zwänge gefangen waren und keine richtige Wahl hatten: Erstens war die Militärjustiz gnadenlos und das Arsenal an Unterdrückungsmitteln unerbittlich. Die Armeen wurden zwar von der Dauer und den Ausmaßen des Krieges völlig überrascht, nicht aber von der selbstverständlichen Beibehaltung der Disziplin. Diese wurde durch eine Kultur des Gehorsams verstärkt, der in der Schule und bei der Arbeit eingeschärft worden war: Der Gehorsam gegenüber dem Lehrer, dem Priester, dem Vorarbeiter verwandelte sich in den Gehorsam gegenüber dem Offizier. Hinzu kam der Druck aus der Heimat, der angesichts der engen Verbindung der Soldaten zu ihren Familien durch die Feldpost und (in geringerem Ausmaß) den Fronturlaub beträchtlich war.

Dieser Druck wurde nochmals verstärkt durch die tief verinnerlichte geschlechterspezifische Rollenteilung in Kriegszeiten: Die Männer mussten kämpfen, um ihre Ehefrauen zu verteidigen. Angesichts der Vielfalt von Zwängen eignen sich aus der Sicht der CRID-Historiker die Begriffe „Gehorsam" und „Unterwerfung" besser als „Zustimmung". Darüber hinaus verlange die Geschichte des Krieges über den kulturellen hinaus auch einen politischen und sozialen Ansatz. Statt der Akzeptanz des Krieges durch die Soldaten solle sich die Debatte vorrangig den staatlichen Überwachungsstrukturen widmen, die die Bevölkerung bis in ihr Privatleben kontrollierten, die Bürger mit Propaganda überfluteten und eine Sonderjustiz installierten. Obgleich der Krieg auch die Gesellschaft brutalisierte, solle vor allem untersucht werden, wie er den Staat brutalisierte (438, 356).

Antoine Prost bezeichnete mit den Begriffen „Zwangsschule" und „Zustimmungsschule" (429) die Akteure in einer Kontroverse, die um 2000 entstand; sie ist wohl derzeit in vollem Gange, angesichts der letzten großen Debatten zum neunzigsten Jahrestag des Kriegsendes (397, 353, 604).

Es geht hierbei nicht darum, die Gegensätze auszublenden, die durchaus bestehen. Sie betreffen grundlegend die Art und Weise, Geschichtsschreibung zu betreiben: Das Augenmerk gilt entweder vorrangig der Kultur und den Diskursen oder den Handlungsweisen und ihrer Kontextualisierung (unter Einbezug von mentalen Interpretationsschemen, institutionellen Mechanismen und sozialen Beziehungen). Die neuesten Arbeiten ermöglichen es jedoch, einige aktuelle Forschungsorientierungen zu bestimmen. Diese Arbeiten sind differenzierend, demnach kämpften die Soldaten aus vielfältigen Gründen. Einerseits sind die Formen der Zustimmung im Sinne einer „verhandelten Zustimmung" (98) unbestreitbar; andererseits galten sie aber nur eingeschränkt und waren nachgiebig. Daher müssen bei ihrer Analyse zugleich auch die Formen der Ablehnung betrachtet werden. Schließlich ermöglichen es neue Arbeiten, gleichartige Fragestellungen für nationale Historiographien und für die zahlreichen Gemeinsamkeiten in den unterschiedlichen Armeen zu entwickeln.

Rolle der Primärgruppen

In Bezug auf die deutsche Armee unterstrich bereits Eric Leed, dass der Krieg wie eine vorgeschriebene Aufgabe erschien, aus der man lebend herauskommen wollte, und dass die relative Gefahrengemeinschaft die sozialen Unterschiede nicht nivellierte (395). Ulrich Bröckling hob in seiner Studie zur übergreifenden Entwicklung der Militärdisziplin die essentielle Solidarität der Primärgruppen im Ersten Weltkrieg hervor (352). Benjamin Ziemann, der seine Analyse auf bayerische Landwirte konzentrierte, kennzeichnet die Auswirkungen des militärischen Zwangs auf den Zusammenhalt der Truppen. Allerdings besteht er mit Nachdruck darauf, dass auch der von der Familie, den Nachbarn oder den Kameraden auf die Gruppe ausgeübter Druck viel Gewicht hatte. Der soziale Konformismus habe eine große Rolle für die Durchhaltefähigkeit im Kampf gespielt, genauso wie für die Einschränkung von Ungehorsam in den kriegsbeteiligten Armeen, also etwa Simulation, absichtliche Verstümmelung, Fahnenflucht, Aufsässigkeit und Meutereien (330). Anne Duménil setzte ihm den Begriff eines eingewilligten Gehorsams der Soldaten und eine Interpretation von der legitimen Autorität der Offiziere entgegen, die Stabilität und Kampfbereitschaft des deutschen Militärs sicherte. Dabei hebt sie ebenfalls die Rolle der Primärgruppe der Frontkämpfer als materielle und moralische Gemeinschaft hervor: In deren Rahmen lernte der Soldat das Kriegshandwerk, durch und für sie überlebte er im Kampf, sie strukturierte die kollektiven Interpretationsschemata (371). Anne Lipp, die die Ansichten der Soldaten anhand der Analyse von Feldpost und Grabenzeitungen untersuchte, zeigt auf, dass die Propaganda letztlich einen sehr geringen Einfluss auf die Gemütslage der Soldaten hatte (399). Aribert Reimann erweiterte die Analyse, indem er die sprachlichen Wahrnehmungs- und Deutungsrahmen des Konflikts bei britischen und deutschen Frontkämpfern verglich (435). Einen ähnlichen Ansatz verfolgt Odile Roynette, deren Arbeit die breite Symmetrie zwischen den Beschreibungsschemata des Krieges hervorhebt (440). Sven Oliver Müller machte zuvor darauf aufmerksam, dass in diesem Rahmen die Nation weniger eine integrative Wertegemeinschaft als eher ein Kommunikationswerkzeug sei, das jeden Legitimitätstypus erkennbar machen soll (416).

Aktive und passive Motivationen

Alexander Watson hat sich auf Grundlage eines Vergleichs zwischen Deutschland und Großbritannien mit der Frage der Durchhaltefähigkeit der Frontkämpfer beschäftigt. Er lehnt es ab, diese als einfache Opfer einer Tragödie zu betrachten: Die Soldaten hätten in hohem Maße an ihr Handeln geglaubt. Dabei schreibt er ihnen jedoch keine Lust am Krieg zu: Der Tod sei unpersönlich und ohne besonderen Hass gegenüber dem Feind geblieben. Zwar gesteht er eine „aktive" Motivation zum Kampf zu (Patriotismus und den Willen, die Heimatfront zu verteidigen); jedoch unterstreicht er das Gewicht der „passiven" Motivationen (sozialer Druck und Prägekraft der Primärgruppen). Dem fügt er zwei weitere Faktoren hinzu, die eine Erklärung dafür bieten, warum die Soldaten vier Kriegsjahre eher „ertragen" *(endured)* als „durchgehalten" hätten. Ein erster Faktor der Widerstandsfähigkeit sei mit den „mentalen Adaptationsstrategien" der Soldaten verbunden; sie seien in Humor oder Religiosität geflohen, um der Gefahr mit Optimismus zu begegnen. Ein zweiter Faktor bestünde in der Qualität der Einbindung der Soldaten, die aus der Errichtung einer privilegierten Beziehung zwischen Kontaktoffizieren und ranghohen Militärs hervorging. Dies geschah auf Grundlage eines Paternalismus, der sich sowohl in den deutschen als auch den britischen Streitkräften herausgebildet habe. Letztlich seien die Gründe für die Ausdauer auf allen Seiten ähnlich. Es sei außerdem nicht der Mangel an Willen, sondern die materielle Unterlegenheit der deutschen Armee, die den Alliierten den Sieg verschafft habe. Der deutsche Rückzug sei von den Offizieren veranlasst worden und nicht eine improvisierte Auflösung gewesen (452). Diese Perspektive kann man auf die französische Armee übertragen: Emmanuel Saint-Fuscien zeigt ebenfalls auf, dass während des gesamten Krieges und angesichts der Auflösung des Respekts in hierarchischen und unpersönlichen Beziehungen die guten zwischenpersönlichen Beziehungen zwischen Offizieren und ranghohen Militärs die Beibehaltung des Gehorsams garantierten (441).

Das Konzept des „Ertragens" wurde für die vom *Historial de la Grande Guerre* organisierten Tagung in Péronne im November 2008 unter dem Titel *Dans la guerre (1914–1918): accepter, endurer, refuser / Inside the War (1914–1918): Acceptance, Endurance, Refusal* aufgegriffen. Diese hatte die Neuauflage der Problematik des Einstiegs in den Konflikt zum Ziel, um die größten Gegensätze zwischen Übereinstimmung mit dem Krieg und seiner Ablehnung zu überwinden. Das Begriff-Triptychon deckt in der Tat ein breites Spektrum von Verhaltensweisen ab (342).

Ablehnungsphänomenen

Offen bleibt dabei die Frage nach der Bedeutung, die der Ablehnung des Krieges zugemessen wird. Monographien zu Prozessen der Ablehnung, wie Verbrüderungsepisoden oder Vermeidungsstrategien der Soldaten, bleiben trotz ihrer Anzahl sehr bruchstückhaft (420, 389, 340, 378, 355, 25, 373, 401, 445).

Christoph Jahr hat sich mit den Fahnenflüchtigen in den britischen und deutschen Streitkräften befasst – auch wenn sie bei weitem kein Massenphänomen sind – und sie als einen Schlüssel zum Verständnis der Armee als soziales System identifiziert. Dieses ist sowohl dem Einfluss der militärischen Strukturen als auch den sozialen Umstände unterworfen. Dabei stellt sich heraus, dass die britische Militärjustiz deutlich strenger war als diejenige des deutschen Kaiserreichs, obwohl sie im Rahmen einer etablierten liberalen Demokratie agierte. Das Prestige der deutschen Armee habe diese vor Problemen des Zusammenhalts geschützt. Darüber hinaus entsprach der Fahnenflüchtige nicht einem besonderen Soldatentypus (387). André Loez hat die Erforschung der Meutereien in der französischen Armee wiederaufgenommen und seinen Vorgängern (424, 447, 437) widersprochen, die die Meutereien als eine einfache Reaktion auf die militärischen Schwierigkeiten oder als eine pathologische Offenbarung gedeutet haben. Er geht von den Bedingungen eines möglichen Protests aus, um die Meutereien als eine soziale Bewegung zu analysieren. Die Erhebungen seien im Endeffekt eine aktive Ablehnung des Krieges gewesen. Ihr Misslingen sei mehr durch den schwierigen Kontext der Handlung, die soziale Trägheit und die Spaltung der Bewegung zu erklären als durch die freiwillige Rückkehr zum Gehorsam (400).

Insgesamt gehen die Arbeiten, die in den Jahren nach 2000 veröffentlicht wurden, mehr als die älteren Arbeiten auf die Frage der Durchhaltefähigkeit unter dem Aspekt einer Kombination von Faktoren ein und integrieren dabei sowohl den Patriotismus als auch die sozialen Verhältnisse und die disziplinären Zwänge. Diese zweckmäßige Neuformulierung löst jedoch nicht die Frage nach der Gewichtung der unterschiedlichen Faktoren.

d) Eine epistemologische Debatte: die Nutzung des Zeitzeugnisses

Diese Grundsatzdebatten über die Kriegsgewalt und über die Gründe der Durchhaltefähigkeit der Frontkämpfer implizieren andere, epistemologische Debatten, besonders eine Diskussion über das Verhältnis von Historikern zum Zeitzeugnis. Dieses ist eine zentrale Quelle für den Forscher; jedoch wirft es methodologische Fragen auf. Muss man ihm vollstes Vertrauen schenken, vielmehr seine Ausgestaltung und seine Repräsentativität vorsichtig ermitteln, oder kann man es gar zugunsten von Archivquellen ausschließen?

Ambivalenz der Zeitzeugnisse

Stéphane Audoin-Rouzeau und Annette Becker erinnern daran, dass Selbstzeugnisse in den Umständen der Kriegsgeschichtsschreibung nach 1918 und im Rahmen einer pazifistischen Erinnerung an den Krieg in den

Nachkriegsjahren zugleich eine unersetzliche Informationsquelle und ein wichtiges Hindernis darstellen. Die Historiker sollten sich also davor hüten, diesen Quellen zu sehr zu vertrauen, da sie auch Rekonstruktionen und Neufassungen sind, die nicht alles wiedergeben wollen oder können. Einerseits habe der tiefe Pazifismus nach dem Krieg – zumindest bei den Besiegten und obgleich er das Grauen auf den Schlachtfeldern hervorhebt – die Zeitzeugen zur Selbstzensur und zur Selbstdarstellung als Opfer eines Tötens ohne Mörder ermutigt. Andererseits hätten die Zeitzeugen einige Aspekte ihrer Erfahrung abgemildert, um ein akzeptableres Selbstbild zu schaffen. Insgesamt hätten die Zeitzeugnisse die Kriegsgewalt untertrieben und zugleich die Zustimmung in den Kriegsjahren im Lichte der Nachkriegszeit in Frage gestellt. Die beiden Autoren kritisieren sogar „eine bestimmte Form der Diktatur des Zeitzeugnisses", die sich den zeitgenössischen Beobachtern und den Historikern aufgezwungen habe (3, S. 52).

Ihre Kritiker haben diese Analyse bestritten, indem sie ihr zwei verschiedene Kriterien entgegensetzten. Einerseits führe das Misstrauen gegenüber den Zeitzeugen fast dazu, ihr Verschwinden zu wünschen, um – endlich – von ihnen befreit neue Forschungen über den Ersten Weltkrieg durchführen zu können; dadurch verkomme dieser zu einem „kalten" Untersuchungsobjekt. Da der Historiker nicht im Besitz einer höheren Wahrheit sei als der Zeuge, sollte sein Zeugnis nicht angezweifelt, sondern ihm stattdessen zugehört werden, um die tragische Geschichte des 20. Jahrhunderts erfassen zu können (439). Andererseits hätten sich die Vertreter der Kriegsgewalt und der patriotischen Zustimmung der Soldaten zu sehr auf Zeitzeugen gestützt, die aus der sozialen Elite hervorgegangen sind, und sie würden zu bereitwillig den zweifelhaften Ausarbeitungen einiger intellektueller Frontkämpfer zustimmen, anstatt die Gesamtheit der Frontkämpfer zu betrachten (356). Deshalb sei es dringend notwendig, eine Soziologie der Zeitzeugen unter den Frontkämpfern zu entwickeln (407).

Diese Debatte über die Verwendung von Zeitzeugnissen in der Geschichtsschreibung hatte seinen Vorläufer in der französischen Neuauflage von Jean Norton Crus *Témoins* (363). Mit dem Ziel, das wahre Gesicht des Krieges aufzuzeigen, ordnete Norton Cru in seiner Anthologie Hunderte Zeitzeugnisse von Frontkämpfern nach ihrem Beitrag zur Wahrheitsbestimmung. Dabei lehnte er fiktionale Inszenierungen des Krieges ab, die den Leser von dieser Wahrheit ablenkten. Trotz seines Anspruchs der wissenschaftlichen Sachlichkeit und seiner Bemühungen, nicht in Dogmatismus zu verfallen, konnte er dem Subjektivismus nicht entrinnen. Obgleich die von Cru aufgeworfenen Fragen legitim sind (etwa die, ob der untersuchte Autor eventuell seine Geschichten erfindet), führen diese nicht immer weiter, weil auch die Darstellungsformen einen Rückschluss auf eine gewisse Wahrheit ermöglichen (451, 341). Diese Mühe, durch die legitime Zeugen zu sortieren, erzeugte gemischte Reaktionen: So feierte ein Historiker wie Rémy Cazals diese Neuauflage, wobei andere wie Jean-Jacques Becker die Abwesenheit eines Vorworts zur Verdeutlichung der Herangehensweise bemängelten.

Verwendungsbedingungen der Zeitzeugnisse

Letztlich ist die Warnung Stéphane Audoin-Rouzeaus und Annette Beckers bedeutsam: Zeitzeugnisse können trügerisch sein, und der Historiker muss darauf achten, die Vergangenheit trotz dieser Verzerrungen zu erfassen. Dennoch ist der Historiker sicherlich nicht allwissend und eine alternative Spur, die den Rückgriff auf Zeitzeugnisse ersetzen könnte, ist nicht ersichtlich. Um folglich das dokumentarische Potential dieser Quellen besser auszunutzen, muss man sie mehr denn je aus einer kritischen Perspektive auswerten. Es ist in der Tat unmöglich, Zeitzeugnissen einen demonstrativen Wert zu verleihen, ohne die Umstände ihrer Erstellung sowie den vom Autor zugeschriebenen Sinn zu beleuchten. Die Kulturgeschichte, insbesondere wenn sie sich als eine Geschichte des Intimen begreift, kann sich die kritische Einordnung der Quellen, auf die sie sich bezieht, nicht ersparen. Dies ist für sie das einzige Mittel, dem Vorwurf zu entkommen, sie schreibe der Quelle zu, was sie hören will. Darüber hinaus drücken die Zeitzeugnisse bei weitem nicht alle dasselbe aus. Vielmehr widersprechen sie sich oft, zeugen von patriotischem Hass bis zur Verachtung von Gewalt. Auch wenn die Beteiligten ausnahmslos vom Krieg geprägt waren, waren sie es womöglich nicht alle auf die gleiche Weise. Es ist also nötig, in diesen Spuren der Vergangenheit gemeinsame Bezugspunkte zu identifizieren; zugleich ist es aber irreführend, die politische, lokale, soziale, kulturelle, generationsbedingte und individuelle Vielfältigkeit derer zu verbergen, die sie uns überliefert haben. Wie immer mehr neue Arbeiten über Frontkämpfer zeigen, schafft das Tragen der Uniform die Identitäten ihrer Träger nicht einfach ab.

4. Durchhalten in der Heimat

Die Frage des Durchhaltens im Krieg betrifft in erster Linie die Frontsoldaten. Doch durch die Totalisierung des Krieges bezog er alle Dimensionen der Gesellschaft ein, weshalb auch gefragt werden muss, inwiefern Zivilisten bereit waren, den Krieg zu führen. Tatsächlich waren die Verbindungen zwischen Frontsoldaten und Heimat sehr eng. Einerseits sollte der Kampf an der Front die Heimat schützen. Andererseits war diese essentiell für die Unterstützung der Front, weil sie die Soldaten mit Waffen, Ausrüstung und Verpflegung versorgte und nicht zuletzt ihren Kampf legitimierte. Daher verlangte der Krieg eine große und dauerhafte Mobilisierung der Gesellschaft, ohne die kein Sieg errungen werden konnte. Die Frage nach der Effizienz dieser Mobilisierung kann unter materiellen, sozialen, politischen und kulturellen Gesichtspunkten betrachtet werden (517). Jede Betrachtungsweise bringt andere Problematiken und spezifische Debatten mit sich.

a) Der Trend zur Totalisierung des Krieges: Die Heimat vor der Zerreißprobe

Die Zivilisten in den nationalen Gesellschaften waren sich ihrer Rolle, die sie im Kampf um den Sieg spielten, bewusst und wähnten sich vereint, zuversichtlich und widerstandsfähig. Der Krieg war jedoch zerstörerisch und verursachte Zwiespalt und Spannungen, die eine destabilisierende Wirkung hatten. Er war zunächst eine enorme Herausforderung für alle Individuen und sozialen Gruppen.

Versorgungsbedürftige Bevölkerung

Lange Zeit ist die Heimat von den Historikern den Frontkämpfen untergeordnet worden. Sie war zunächst vor allem Hintergrund des Krieges und wurde als eine Instanz betrachtet, die trotz der Opfer mobilisiert werden musste. Daher erschienen die meisten Werke, die zwischen den beiden Weltkriegen zu diesem Thema entstanden, in einer Reihe von Studien der Carnegie-Stiftung für Internationalen Frieden; diese untersuchten die Hauptelemente des zivilen Lebens der verschiedenen Kriegsnationen. Die Autoren der einzelnen Bände dieser Reihe waren im Krieg Verantwortliche aus Politik und Verwaltung gewesen. Sie beschrieben und verteidigten ihr Handeln. Diese Akteure untersuchten die Bevölkerung zunächst in Hinsicht auf deren Grundversorgung: Nahrung, Wohnraum, Heizung, Erziehung, Transport, Sicherheit – das waren die Grundbedürfnisse der Massen, die es zu befriedigen galt. Zudem analysierten sie die Heimatbevölkerung in ihrer Rolle als Arbeitskräfte, die in der Landwirtschaft und Industrie die Produktion aufrechterhielten. Allerdings verstanden sie die Bevölkerung nicht als komplexe soziale Formation, die ihre eigenen Überlebensstrategien umsetzen konnte (583, 462, 476).

Die Herausforderungen für die Heimatbevölkerung im Krieg waren enorm (560, 471, 573, 563, 566). Die Bevölkerung war seit 1914 mit großer Trauer über die Gefallenen konfrontiert und musste gleichzeitig Hunderttausende Verletzte versorgen und improvisierte Krankenhäuser für sie errichten.

Die ländliche Bevölkerung hatte durch die Beschlagnahmung der Pferde und des Viehs und vor allem durch die Rekrutierung der Männer für den Wehrdienst mit besonderen Schwierigkeiten zu kämpfen. Die Abwesenheit der Männer spiegelte sich in der Verringerung bestellter Ackerflächen und in geringeren Erträgen wider. Dies geschah, obwohl die Jungen und Alten ihre Kräfte für diese Arbeit bündelten und die Verantwortung der Frauen größer wurde. Als Entschädigung hierfür garantierte der Staat Absatzmärkte für die Produktion. Die Selbstversorgung erlaubte es der ländlichen Bevölkerung, die Nahrungsknappheit besser zu bewältigen, als es die Bewohner von Städten konnten.

Diese sahen sich wegen der Verdichtung der Industrie mit einem zunehmenden Andrang von Arbeitern konfrontiert, der den Zugang zu Wohnraum schwieriger gestaltete, auch wenn die Familien durch Mietenmoratorien geschützt waren. Besonders die Verpflegung bereitete Probleme. Landwirtschaftliche Erzeugnisse wurden von den Landwirten zurückgehalten, und der enorme Bedarf der Armee verursachte Ungleichgewichte in der Versorgung. In Großbritannien und Frankreich blieb die Unterernährung begrenzt und die Rationierungen traten hier später ein als in Italien, Russland, Österreich-Ungarn und Deutschland, wo die Nahrungsknappheit im Laufe des Krieges stets größer wurde. Die administrative Preisbeschränkung konnte die Inflation nicht eindämmen, die ab dem ersten Kriegsjahr zu verzeichnen und ab 1916 sehr ausgeprägt war. Außerdem begünstigte die Inflation den Schwarzmarkt, der die Legitimität des Staates untergrub. Die Bemühungen der städtischen Verwaltungen, die Bedürfnisse zu decken und die Ressourcen umzuverteilen, konnten die sozialen Folgelasten des Krieges nur wenig abmildern.

Verwirrung des Alltagslebens

Im täglichen Leben machten sich die Auswirkungen des Krieges deutlich bemerkbar. Die Suche nach Nahrung wurde zum obersten Gebot und fand in einer Atmosphäre wachsender Spannung zwischen der Bevölkerung, den Händlern und den Behörden statt (569, 466). Häufig gingen die Gewalt und die Aufstände, die sich ab dem Herbst 1915 in Deutschland und Russland ereigneten, von Frauen aus. Sie wollten mit den Kaufleuten für ihre Ehemänner, die an der Front litten, einen „fairen Preis" aushandeln (483). Aber auch die städtischen Arbeiter waren an Gewalt und Aufständen beteiligt.

Zusätzlich veränderten sich die Rahmenbedingungen gravierend: Beispielsweise mussten längere Strecken ohne Transportmittel zurückgelegt werden, nachdem diese beschlagnahmt wurden. Unterhaltung und Kulturprogramm mussten im Verlauf des Krieges eingestellt werden. Bis dahin präsentierten die kulturellen Produktionen von Kino bis Theater, in Liedern und Illustrierten einen idealisierten und verharmlosten Krieg. Die Veränderung der Bezugspunkte führte zu einer Verschränkung zwischen der öffentlichen und der privaten Sphäre, die beide vom Krieg erschüttert wurden.

Seit 1915 und besonders ab Ende 1916 breitete sich das Verlangen aus, sich dem Krieg zu entziehen, zu flüchten, ihn zu vergessen und seinen Einfluss zu ignorieren. Die Waffenausstellungen wurden weniger besucht, die Zahl der patriotischen Aufrufe wurde geringer, Schauspiele wurden nostalgischer und weniger glorreich. Das lenkte auch die Aufmerksamkeit der Historiker auf die Schwankungen der Mobilisierung in der Heimat während des andauernden Krieges.

b) Gesellschaft im Krieg: Klassenstruktur und Arbeiterbewegung

Wachsende Berücksichtigung der Heimatfront

Trotz der Vereinnahmung aller Sphären durch den Krieg, wahrnehmbar in der Presse und den Aussagen von Zeitzeugen, begann die Geschichtsschreibung erst in den sechziger Jahren damit, den Schwerpunkt auf die „Heimatfront" zu legen. Das Insistieren auf der aktiven Rolle der Heimat und die Hinwendung zum Engagement der Zivilbevölkerung im Krieg ist auf die Entwicklung der Sozial- und besonders der Arbeitergeschichte zurückzuführen. So waren für Historiker denn auch zunächst vor allem die Arbeiter in der Heimatbevölkerung von Interesse, da durch die Frage nach ihrem Durchhaltevermögen die sozialen Bewegungen und die Revolution beleuchtet werden konnten. Einerseits ging es darum, den Einfluss des Krieges auf die sozialen Strukturen zu verstehen, um festzustellen, ob der Krieg eine spezifische Polarisierung oder Nivellierung von Ungleichheiten verursacht hatte. Andererseits galt es, den Einfluss des Krieges auf die Arbeiterbewegung zwischen Integrations- und Protesttendenzen zu verstehen.

Krieg und soziale Strukturen

Die Erforschung der Beziehung zwischen Krieg und sozialen Strukturen begann in den sechziger Jahren und siebziger Jahren. Vor dem Hintergrund des Vietnamkrieges entwickelte sich die Überlegung, den Krieg als einen Indikator für die Stabilität der sozialen Ordnung zu betrachten (538). Außerdem wurde die Aufmerksamkeit durch das Aufkommen des Wohlfahrtsstaates nach dem Zweiten Weltkrieg auf Sozialpolitik und Sozialversicherungssysteme gelenkt, die seit den Kriegsjahren etabliert worden waren. Die Frage nach einer Neubewertung des Krieges im sozialen Bereich stellte sich damit in den kriegsbeteiligten Staaten indirekt auch für den Ersten Weltkrieg. In diesem generellen Kontext blieben die historischen Arbeiten gekennzeichnet von den jeweiligen nationalen Anliegen.

Polarisierung der deutschen Klassengesellschaft im Krieg

In Deutschland versuchten die Historiker, die Ursprünge der deutschen Revolution von 1918–1919 zu erklären. Dazu trug Jürgen Kocka maßgeblich bei (207). Seine Vorgehensweise basierte darauf, solide theoretische Grundlagen und reflektierten Marxismus anzuwenden. Er stützte sich auf das marxistische Postulat einer Klassengesellschaft, um die Entwicklung der deutschen Gesellschaft im Krieg zu beleuchten. Es handelte sich für ihn weniger darum, das Modell zu verifizieren oder zu falsifizieren, sondern darum, es idealtypisch (nach Max Weber) anzuwenden. Die Klassentheorie diente damit nicht primär der Selbstbestätigung, sondern sie wurde als Instrument zur Erforschung der historischen Realität genutzt.

Kocka hat in seiner Studie gezeigt, dass der Krieg die Polarisierung der deutschen Gesellschaft insofern verstärkte, als sich diese zum Ende des Krieges immer weiter der Klassengesellschaft annäherte. Der Antagonismus, der die Arbeiter den Industrieunternehmern und Landbesitzern gegenüberstellte, übertraf nun mehr als zuvor die religiösen, generationsmäßigen, regionalen oder ethnischen Gegensätze. Einerseits war die Klasse der Eigentümer trotz der allgemeinen Verarmung des Landes gestärkt, und auch die Interessenkonflikte zwischen Großgrundbesitzern und Industrieführern waren weniger prägnant als vor 1914. Ebenso wenig stellten die Ungleichgewichte zwischen Friedens- und Kriegsindustrien, obwohl sie durch die Armee und die Regierung verschärft wurden, die Solidarität der Industrie in Frage. Andererseits mussten die Arbeiter mit dem Krieg das Ende der langsamen Erhöhung ihrer Löhne hinnehmen, die sie vor dem Krieg genossen hatten, und eine Verschlechterung ihrer Lebensbedingungen. Die Lohnunterschiede von Kriegs- und Friedensindustriearbeitern hinderte sie nicht daran, sich gemeinsam gegen die Verlängerung des Krieges, die materiellen Entbehrungen und die Einschränkungen der demokratischen Freiheiten zu wenden. Der Mittelstand hingegen war stärker von der Polarisierung betroffen. Kleinere Gewerbetreibende, Handwerker und Händler identifizierten sich nachhaltiger als zuvor mit den Unternehmereliten, während sich die Angestellten, die die Sorgen der Arbeiter teilten, deutlich verarmten. Diese Entwicklungen führten zu einer zugespitzten Dichotomie der deutschen Gesellschaft, die letztlich den Weg für die Revolution bereitete.

Kocka führte gleichwohl an, dass der Staat im Laufe des Krieges eine Distanz zu den wirtschaftlichen Eliten schuf – im Gegensatz zur marxistischen Theorie, die den Staat als ein Instrument des Monopolkapitals betrachtete. Das Überleben des Staates hing demnach von seiner Fähigkeit ab, die außergewöhnlichen Kriegsbedingungen zu bewältigen. Diese Umstände verlangten einen wirtschaftlichen Interventionismus, der von den Eliten wenig geschätzt wurde, und Zugeständnisse, um die Unzufriedenheit des Volkes einzudämmen – sogar wenn abzusehen war, dass sich diese Zugeständnisse als zu schwach erweisen würden, um die Arbeiter gänzlich von der Notwendigkeit ihrer weiteren Unterstützung im Krieg zu überzeugen. Am Ende des Krieges hatte der Staat Autorität und Legitimität verloren, sowohl gegenüber den kapitalistischen Eliten als auch gegenüber den Arbeitern. Der Staat wurde von verschiedenen Seiten in Frage gestellt, sodass sich eine Art anti-etatistische Koalition bildete, die eine Einigung zwischen Arbeitgebern und Gewerkschaften eröffnete. Diese begünstigte eine von der staatlichen Vormundschaft unabhängige Arbeitsgemeinschaft, die in Deutschland mit dem Stinnes-Legien Abkommen vom 15. November 1918 gebildet wurde.

Die bahnbrechende Studie von Kocka, die sowohl von Weber als auch marxistisch inspiriert war, ordnete sich in eine Strömung der Sozialgeschichte ein, die Politik von sozialen Strukturen ableitete. Andere Studien der industriellen Konflikte des Krieges in Deutschland – meist in Form von lokal- oder regionalgeschichtlichen Monographien – haben eine ähnliche Perspektive eingenommen (549, 552, 556).

Verstärkung des britischen Klassenbewusstseins im Krieg

In Großbritannien interessierten sich die Historiker besonders für den Einflussverlust der liberalen Partei, die durch die sozialistischen Ziele der Arbeiterpartei überholt wurde, auch wenn dieser Prozess zusätzlich durch die Forschung zu den Auswirkungen des Krieges auf die britische Gesellschaft beleuchtet wurde. Das Werk von Bernard Waites war sowohl durch den Untersuchungsansatz von Arthur Marwick inspiriert, der die differenzierten, jedoch potentiell positiven Auswirkungen des Krieges auf die Gesellschaft betonte, als auch durch das methodische Instrumentarium Kokkas, der die Auswirkungen des Krieges anhand der Klassenbeziehungen verdeutlichte (593).

Waites zielte darauf, den komplexen Einfluss des Krieges auf die Struktur und das Bewusstsein der Klassen in England aufzuzeigen. Er merkte an, dass der Krieg eine begrenzte Umverteilung des Reichtums von den höheren Klassen auf die Lohnarbeiter erlaubte. Daraus folgten vor allem eine Verringerung der Einkommensdiskrepanz sowie eine Homogenisierung innerhalb der sozialen Klassen. Für die Arbeiterschaft wurde diese Vereinheitlichung durch eine Annäherung zwischen der alten qualifizierten Arbeiteraristokratie und dem neuen industriellen Proletariat vorangetrieben. Dies geschah in einem Kontext, in dem die Lohnverhandlungen die Klassensolidarität auf Kosten der Vielfalt von Statuten förderten. Diese wirtschaftliche Homogenisierung wurde begleitet von kulturellen Entwicklungen, die das soziale Bewusstsein der verschiedenen Schichten beeinflussten: Während es vor dem Krieg die Volkskultur gegeben hatte, die eine Geselligkeitsangelegenheit war und sich an die lokale Gemeinschaft richtete, hatte sich im Laufe des Krieges eine politisierte Arbeiterkultur entwickelt, die aus einer erweiterten Arbeitersolidarität und einer klareren Abgrenzung von den anderen Klassen bestand. Im Gegensatz zur Entwicklung in Deutschland ermunterten diese Aussichten die Mittelschicht in England dazu, ihre eigene, von den anderen getrennte Identität zu behaupten. Dies war besonders bei den Büroangestellten und den Freiberuflern der Fall.

Waites bestritt schließlich, dass der Krieg die sozialen Klassen auseinandergerissen oder polarisiert hatte. Er bestätigte vielmehr, dass er sie auf wirtschaftlicher und kultureller Ebene homogenisiert und deshalb sichtbarer gemacht hatte, sodass ihre Spaltung viel umfassender als zuvor in der britischen Gesellschaft wurzelte. Mit dieser Studie zeigte Waites, dass sich eine neue Form des sozialreformerischen Bewusstseins entwickelte, die zum Aufstieg der Arbeiterpartei beitrug.

Mangel an weiteren Vergleichsstoff

Kocka und Waites verfolgten beide einen Untersuchungsansatz, der nicht nur die Arbeiter und die Kapitalisten einbezog, sondern auch die Mittelschicht. Man findet in ihren Arbeiten gleichermaßen die Interpretation, dass der Krieg die Ungleichheiten der Klassen offengelegt und sie weniger erträglich gemacht hatte, woraus eine politische Bewusstwerdung folgte. Dieser Prozess schlug sich in den einzelnen Gesellschaften unterschiedlich nieder, was Vergleiche nahelegte.

Solche komparativen Studien wurden allerdings nicht in Angriff genommen, unter anderem, weil keine Einzelstudie über die Strukturen der französischen Gesellschaft zu Kriegszeiten vorliegt. Hierfür sind zweifelsohne historiographische Gründe in Rechnung zu stellen: Die französische Tradition der Geschichtsschreibung nach Emile Durkheim stellt andere Fragen als die Soziologie Webers, und das marxistische Paradigma ist in Frankreich schneller in die Defensive geraten, nachdem der Kommunismus zunächst stärker gewesen war. Einige Gründe betreffen darüber hinaus die Quellen: Die französischen Volkzählungen sind weniger umfangreich als diejenigen, die den Forschern zu Großbritannien oder Deutschland vorliegen. Allerdings sind die Archive in den Präfekturen umfangreicher: Das ermöglichte Jean-Jacques Becker seine Studie über die öffentliche Meinung. Diese Arbeit untersuchte jedoch weniger das Klassen- als vielmehr das Nationalbewusstsein. Mit diesem versuchte er das Durchhalten der Franzosen während der vier Kriegsjahre zu erklären (277).

Zwiespältiger Werdegang der Arbeiterbewegungen

In jedem Fall war eine Arbeiterbewegung, die dazu in der Lage war, sich im Namen der internationalen Solidarität gegen den Krieg oder im Namen spezifischer Interessen gegen die Mobilisierungsbestrebungen zu stellen, die innere Bedrohung, die die Regierungen am meisten fürchteten. Daher knüpft die Geschichte der Arbeiter an die gegensätzlichen Entwicklungen der Arbeiterbewegungen in den verschiedenen am Krieg beteiligten Nationen an.

Die Arbeiteropposition hatte sich 1914 schnell aufgelöst. Es ist zu beachten, dass trotz der revolutionären Streikbewegungen vor dem Krieg die nationale Integration der Arbeiter bereits fortgeschritten war. Deren Lebenswelt hatten Arbeiterorganisationen, Industriebeziehungen und soziale Gesetzgebung im nationalen Kontext strukturiert. Der Krieg zeigte sich zudem weniger in der Gestalt einer imperialistischen Aggression als unter dem Deckmantel nationaler Selbstverteidigung. Damit standen im Krieg auch die Errungenschaften der Arbeiterbewegung selbst auf dem Spiel. In den kriegführenden Staaten schlossen sich Sozialisten und Gewerkschafter mit großer Mehrheit einem Diskurs des fortschrittlichen Nationalismus an, der diese Außerkraftsetzung der Klassenkategorie durch die Nation ausdrückt: Während französische Sozialisten die Verteidigung der demokratischen Errungenschaften gegenüber den Ambitionen der Mittelmächte betonten, priesen die deutschen Sozialdemokraten den Kampf gegen den Despotismus der russischen Autokratie. Die Arbeiter beteiligten sich so weniger als Produzenten denn als Bürgersoldaten am Krieg. Es verbündeten sich die politischen Führer und die Gewerkschafter der Arbeiterbewegung mit den Eliten, die für die Kriegswirtschaft verantwortlich waren.

Die Begegnung des Staats und der Arbeiterbewegung

In diesem Sinne stellte der Krieg eine Situation dar, in der die Arbeiterbewegung – außer in Russland – auf den Staat traf. Einerseits begünstigte der Krieg den Reformwillen des Staates und die Regierungen gewährten der Arbeiterbewegung substantielle Zugeständnisse, damit sie die Kriegsführung unterstützte (493, 500, 516, 564, 588). Andererseits öffnete sich der Staat gegenüber Persönlichkeiten aus der Wirtschaft – wobei jeweils sowohl Arbeitgeber wie Gewerkschafter angesprochen wurden – sowie gegenüber Persönlichkeiten aus der Politik, die die Arbeiter besser repräsentierten. In Deutschland war es der liberale und jüdische Industrielle Walther Rathenau, der ab August 1914 die *Kriegsrohstoffabteilung* (KRA) führte. Diese Institution koordinierte die Produktion für das preußische Kriegsministerium. In Frankreich war der junge sozialistische Reformist Albert Thomas ab Oktober 1914 dafür verantwortlich, die Produktion von Munition zu organisieren, bevor er im Dezember 1916 das Amt des Ministers für Bewaffnung und Kriegsrüstung erhielt. In Großbritannien wurde das Mitglied des radikalen Flügels der liberalen Partei, David Lloyd George, im Mai 1915 Minister für Munition. Durch diese Initiativen, Bündnisse und Komplexe entstand eine Art Staatskapitalismus. Er beruhte auf einer korporatistischen, dreigeteilten Struktur, die aus Staat, Arbeitgebern und Arbeitern bestand (518). Auch wenn zu Beginn des Krieges alles darauf hinzuweisen schien, dass sich das Klassenbewusstsein der Arbeiter abschwächte, zeigte sich später, dass die Klassen sich im Laufe des Krieges verfestigten. Die politische und soziale Gefechtspause zu Kriegsbeginn wurde rissiger. Verschiedene Faktoren können diesen Prozess erklären.

Risse im sozialen Burgfrieden

Zunächst reagierte die Neuorganisation der Produktion auf die Bedürfnisse der Front. Der Krieg führte durch das Wachstum der Produktionseinheiten zum Triumph der Fabrik über die Werkstatt dar und rief eine stärkere geographische Konzentration der Produktion auf die großen Industriezentren wie Petrograd, Glasgow, Turin, Berlin oder Paris hervor. Er verursachte sektorale Verzerrungen zum Vorteil der Stahlproduktion und der angelagerten Industriebranchen. Der Kohlesektor und die Schienenherstellung, die nicht von der Rüstungsproduktion trennbar waren, sowie die Versorgung der Bevölkerung, auch mit Textil und Kleidung, waren für den Krieg notwendig. Als weiterer Faktor setzte sich eine zum Teil neue Industriearbeiterschaft zusammen und es kam wieder zu Mobilisierungskapazitäten. Die qualifizierten Rüstungsarbeiter waren wegen ihrer technischen Kompetenzen von der Front zurückgestellt: Sie waren am besten auf die militante Kultur der Arbeiterklasse vertraut und blieben daher im Herzen der Kriegsproduktion. Um einen Mangel an Arbeitskräften zu vermeiden, zogen die französischen Behörden ausländische Arbeiter und Kräfte aus den Kolonien heran. Die deutsche Führung appellierte in geringerem Maße an die zivilen Arbeiter der besetzten Gebiete. Doch überall stellten die Männer, die frei von militärischen Verpflichtungen waren, und die Frauen, die zumeist aus dem Textilsektor oder der häuslichen Arbeit kamen und dann in der Metallurgie arbeiteten, die wichtigsten Arbeitskräfteressourcen. Die Einschränkungen der Arbeitskraft gingen mit einem Produktivitätswachstum durch den gesteigerten Einsatz von Maschinen und die Rationalisierung der Bandarbeit mit Leistungsbezahlung einher (500, 504, 599, 555).

Wiederbelebung des sozialen Protests

In diesem Kontext entstand in den großen Industriezentren eine Gewerkschaft, die die qualifizierten Arbeiter, also die Träger der kämpferischen Traditionen, mit den verschiedenartigen Elementen einer neuen Arbeiterklasse vereinigte. Diese Gewerkschaftsbildung war in erster Linie eine Protestbewegung, die besonders auf die Verteidigung der Löhne und der Arbeitsbedingungen gegenüber der arbeitsteiligen Organisation der Fabrik nach Taylor achtete. Der angespannte Arbeitsmarkt vermittelte der Gewerkschaft kollektive Handlungsmacht. Hierbei war der Streik ein Instrument von unausweichlichem Druck, auch wenn er den Arbeitern der Kriegsfabriken verboten war. Diese militante Gewerkschaftsbewegung der Kriegsfabriken sah sich konfrontiert mit eher institutionellen Gewerkschaften, die im nationalen Kontext bei der industriellen Mobilisierung mit den Regierungen zusammenarbeitete, um den Arbeitern eine Verbesserung der materiellen Bedingungen auf Grundlage eines sozialen Egalitarismus zu sichern (500, 537).

Zu Beginn des Krieges teilte die gesamte Arbeiterschaft einen Reflex der nationalen Verteidigung. Die Protestbewegung war eingegrenzt durch die Solidarität mit der Front und die dominante Moral des Opfers der Soldaten. Dennoch belebten die Kriegsverdrossenheit, das Ausmaß der Verluste, die Proteste gegen den Mangel und die Inflation zusammen mit der Kritik an den „Profiteuren" die sozialen Konflikte erneut. Das militante Handeln der Basis mit seinem Ideal der Macht der Fabrikarbeiter förderte die revolutionären antistaatlichen Strömungen. Das Ausmaß der Streiks 1917/18 bezeugte diese Unruhe, selbst wenn die Wirkung der aktivistischen Gewerkschaftsbewegung und der Einfluss der revolutionären Ideen in den einzelnen Ländern schwankte (508, 507). In den westlichen Demokratien blieben sie in der Minderheit. Bei den Mittelmächten wurden die Interessen der Arbeiter noch weniger berücksichtigt, und die Diskrepanzen bezogen sich auf die Ziele selbst des Krieges, als sich ein Annexionskrieg abzeichnete. Dies führte dazu, dass die militante Basis die Streiks in politische Bewegungen gegen den Krieg verwandelte. Schließlich lieferte die Gewerkschaftsbewegung im Russischen Reich, wo der Staat alle Legitimität verlor, den Rahmen einer offen revolutionären Gegenmacht: die der Sowjets von Petrograd und Moskau.

Aufgrund dieser Proteste stellte sich die Frage nach der Legitimität der Staaten. Diese war direkt mit ihrer Fähigkeit verbunden, ihre wirtschaftlichen Schwierigkeiten zu verwalten, besonders als die zunächst zugesagten politischen Reformen sich nicht einstellen.

c) Wirtschaft im Krieg: Materialverwaltung und politische Konsequenzen

Die Bedeutung der durch den industriellen Krieg hervorgerufenen Nachfrage war bis zu dieser Zeit völlig unbekannt. Die Fähigkeiten der Industrie, der Armee und des Staates, diese Herausforderungen anzunehmen, trugen zur Niederlage der Mittelmächte und zum Sieg der Alliierten bei. Allerdings sind sich die Historiker nicht darüber einig, wie der Stellenwert der wirtschaftlichen Faktoren im Krieg zu betrachten ist. Diese wirtschaftlichen Faktoren beinhalten zwei Hauptaspekte: einerseits die Ressourcen und die

Produktionskapazitäten, andererseits deren Vertrieb und Verteilung als Antwort auf die nationalen Bedürfnisse. Für einige Historiker bleibt der Zugang zu Ressourcen seitens der Alliierten entscheidend. Für andere sind es weniger die Ressourcen als ihr Vertrieb, der den Ausgang des Krieges erklärt. In dieser Hinsicht bleibt die Wirtschaftsgeschichte des Krieges umstritten.

Die Schwäche der deutschen Kriegswirtschaft

Dies betrifft zunächst Deutschland. In der Folge der Arbeiten von Eckart Kehr über den Primat der Innenpolitik (199) und von Fritz Fischer über die entscheidende Bedeutung der industriellen und landwirtschaftlichen Interessen (159, 162) ging es darum, zu zeigen, wie die wirtschaftlichen Interessen sowie die Interaktion zwischen öffentlicher und privater Sphäre die Kriegspolitik prägten. Dies führte zur Einordnung der Geschichte der deutschen Niederlage in einen Rahmen der Kriegswirtschaft, die nicht in der Lage war, die Bedürfnisse der Armee und der Heimat zu erfüllen.

Das bahnbrechende Werk in diesem Bereich stammt von Gerald Feldman aus dem Jahr 1966 (493). Darin unterstreicht der Autor die Bedeutung der deutschen Bemühungen um die Organisation der Wirtschaft seit Beginn des Krieges unter der Führung von Walter Rathenau. Die Stärke seines Industriesektors vermittelte Deutschland Vorteile, die den Alliierten fehlten. Angesichts des Massenbedarfs an Artilleriegeschossen, die während der großen Kämpfe an der Westfront benötigt wurden, strebte das Hindenburg-Programm ab August 1916 eine totale Mobilisierung aller Kräfte des Landes für die Armee an, wobei das Gleichgewicht zwischen ziviler und militärischer Macht kippte. Feldman zeigt deutlich die verhängnisvollen Effekte, die die gemeinsame Dominanz von Armee und Schwerindustrie auf die deutsche Wirtschaftspolitik und für die Versorgung der Zivilbevölkerung hatten. Die Armee beanspruchte alles, was sie benötigte. Die Schwerindustrie produzierte für sie über staatliche Verträge, und der Staat zahlte mit hohen Beträgen. Besonders katastrophal war das Hilfsdienstgesetz vom Dezember 1916, ein bevorzugtes Instrument des Militärs, denn es verursachte bürokratische Überlagerungen und Engpässe. Dokumentiert wurden diese Folgen insbesondere von Wilhelm Deist (365). Die lange Inflationskrise, die daraus resultierte, war die schlimmste in der gesamten deutschen Geschichte (495, 494).

Wirtschaftliche Leistung der beiden Lager

Gerd Hardach hat die wirtschaftliche Leistung der beiden Lager untersucht, um zu zeigen, dass die Kriegsführung der Alliierten von den Ressourcen und von deren Vertrieb abhing (510). Die Alliierten geboten in ihren Imperien über Ressourcen, zu denen die Zentralmächte keinen Zugang hatten. Ihr System der Kriegsproduktion war außerdem flexibler: Die Regierungen und nicht die Partikularinteressen bestimmten die Verwendung der knappen Ressourcen und erlegten der Industrie die Ziele und Preise auf. Dies ermöglichte ihnen, die Inflation einzudämmen.

Die Situation in Frankreich hat John Godfrey analysiert (502). Das vom Handelsminister Etienne Clémentel konzipierte „Konsortiensystem" baute auf interalliierten Kommissionen auf, die die Verwendung der Rohstoffe und Importgüter regulierten. Es vermittelte der Regierung die Entscheidungsmacht über Prozesse, die eigentlich den Industriellen oblagen, und sicherte somit die politische Kontrolle der Kriegswirtschaft. Dieses System beruhte aber auf der Fähigkeit der britischen Flotte, die Sicherheit der Transporte zu gewährleisten. Lloyd George, der Minister für Munition, ging nach einer Methode vor, die jener der französischen Regierung glich: Die Kriegsindustrien waren den Entscheidungen der Regierung unterworfen, sowohl was die Verteilung der Ressourcen als auch was die Verwendung der Arbeitskräfte anging (504).

Zugang zu den Ressourcen

Es bleibt die Frage, ob die Alliierten den Krieg gewannen, weil sie mehr Ressourcen zur Verfügung hatten, oder weil ihre Wirtschaftspolitik besser umgesetzt wurde. Was die Verfügbarkeit der Ressourcen betrifft, so hat Avner Offer seine Arbeit in eine Reihe vorangegangener Studien über die Blockade eingeordnet (591). Er zeigt auf überzeugende Art, inwiefern die Alliierten im Rahmen eines grenzüberschreitenden Zermürbungskrieges über bessere Ressourcen verfügten (558). Während die Deutschen zwei Fronten versorgen mussten und unter der Seeblockade litten, konnten die Alliierten auf die Kolonialreiche zählen, auf die britischen *dominions* und auf das Entgegenkommen einiger neutraler Staaten. Mit dem Kriegseintritt der USA verbesserte sich ihre Versorgung weiter, auch als sie den deutschen Offensiven vom Sommer 1918 die Stirn boten. Der Versorgungskrieg fiel schließlich zum deutlichen Vorteil der Alliierten aus, was es ihnen ermöglichte, am Ende des Jahres 1918 den Sieg zu erringen.

Verteilung der Ressourcen

Im Hinblick auf die Verteilung der Ressourcen hat Jay Winter geurteilt, dass diese Vorteile zwar bedeutend waren, das von Großbritannien und Frankreich übernommene und ausgeweitete Zuteilungssystem aber ebenso wichtig war (594). Der Vorteil der Alliierten bestätigte sich erst ab 1916 durch die jeweilige Organisation in den beiden Lagern. So belastete das Hindenburg-Programm die deutsche Wirtschaft auf katastrophale Weise, während die Alliierten wirkungsvollere Koordinierungsformen errichteten. Diese basierten auf Kommissionen, die zugleich interalliiert und national waren. Die Differenz zwischen den Inflationsraten der beiden Kriegslager zeigt die relative Wirksamkeit der Kriegsanstrengungen der Alliierten gegenüber der Ineffizienz der Kriegsanstrengungen Deutschlands. Zwischen 1914 und 1916 stiegen die Preise auf beiden Seiten um circa 50 Prozent gegenüber den Preisen der Vorkriegszeit. Nach 1916 stiegen sie auf der Seite der Alliierten etwa in demselben Ausmaß. Dies führte im gesamten Krieg zu einer Verdopplung der Preise. In Deutschland allerdings wuchsen die Preise explosionsartig mit einer letztlich mindestens vierfachen Steigerung im Vergleich zur Vorkriegszeit. Hier ist nicht mit einbezogen, dass sich die Inflation nach dem Krieg weitgehend fortsetzte.

Regierungsform und wirtschaftliche Effizienz

Winter stellt daher die Hypothese auf, dass die Demokratien den quasidiktatorischen Mittelmächten gegenüber einen Vorteil in der Verwaltung des totalen Krieges hatten. Die Demokratien beachteten das Wohlergehen ihrer Bevölkerungen und behielten ihre etablierten Kompensationsmechanismen bei, um den Bevölkerungen ein Minimum an Ressourcen zu gewährleisten. Diese Kompensationsmechanismen trugen dazu bei, einen minimalen Lebensstandard zu bewahren. Dies war besonders in Großbritannien der Fall, wo sich im Verlauf des Krieges die soziale und sanitäre Situation der Zivilbevölkerung auf überraschende Weise verbesserte (594, 559). Die Rationierung wirkte hier egalitär, und die Direktzahlungen der militärischen Beihilfe an die Ehefrauen (um den Verlust des Einkommens durch die Mobilisierung der Ehemänner auszugleichen) erlaubte eine Verbesserung des materiellen Wohlergehens der unteren Schichten, insbesondere durch die Verringerung des Alkoholkonsums. Trotz der Verknappung verschiedener Nahrungsmittel und deren Substitution durch Ersatzmittel und trotz der nötigen Anpassungen war der Preis des Sieges auf Seiten der Alliierten der der Entbehrung und nicht der der Hungersnot. Auf Seiten der Mittelmächte hatte die offenkundige Unfähigkeit des Staates, die Bedürfnisse der Bevölkerung zu befriedigen, das besorgniserregende Absinken der Lebensstandards der unteren Schichten durch den Erhalt von Privilegien in der Zeit der Entbehrung verschlimmert und die Einheit der Kaiserreiche in Deutschland und Österreich-Ungarn erodiert.

Die kollektive, von Jean-Louis Robert und Jay Winter geleitete Studie über die Bevölkerungen von Paris, London und Berlin hat diese Befunde bestätigt (570). In den ersten beiden Hauptstädten trugen die Rechte, die an die Staatsbürgerschaft gebunden waren, dazu bei, die Gemeinschaften im Krieg zu erhalten – dank der Einführung einer ausgeglichenen Umverteilung zwischen ziviler und militärischer Versorgung, der Güter und Dienstleistungen. In Berlin dagegen führte die Priorität der Armee zu einer wirtschaftlichen und militärischen Katastrophe. Man kann jedoch bisher keine Aussage darüber treffen, ob diese Hypothese sich auf andere kriegführende Staaten und weitere Fronten anwenden lässt. Eine Studie über Petrograd (542) und eine über Wien (512) haben diese Interpretation zwar bestätigt. Die innere Front in Ost- und Südeuropa ist jedoch zu unerforscht, um hieraus solide Schlussfolgerungen zu ziehen.

d) Kultur im Krieg: Ausdruck des Konsenses oder Mobilisierung des Geistes?

Nach der Erforschung der sozialen Strukturen und der Lebensbedingungen richtet sich nun die Geschichte der Heimatfront mehr und mehr auf die kulturellen Aspekte des Lebens in Kriegszeiten. In einem Ansatz, der mehr durch die Anthropologie als durch die Soziologie inspiriert ist, treten Analysen der sozialen Konflikte immer stärker zugunsten von Studien über den kulturellen Konsens und seine Grenzen zurück. Bezüglich dieses Themas dreht sich die Diskussion hauptsächlich um den Begriff der „Kriegskultur".

Kriegskultur

Dieser Terminus trat im Kielwasser der Eröffnung des *Historial de la Grande Guerre* (1992) in Erscheinung. Das *Historial* löste nicht nur eine Erneuerung der Geschichtsschreibung über die kämpfende Front aus, sondern reorientierte auch die Historiographie über die Heimatfront. Die Historiker des Forschungsinstituts des *Historial* haben bevorzugt die europäischen Gesellschaften im Krieg analysiert. Das Innovative dieser Vorgehensweise liegt darin, dass sie die wenig befriedigende Teilung zwischen der Geschichte der Front und jener der Heimat überwindet: Die Bindungen, die die Uniformierten mit den Zivilisten vereinten, sind essentiell für das Verständnis des Krieges. Deshalb räumt das Museum des *Historial* der Geschichte der Zivilpersonen ebenso viel Platz ein wie den Soldaten. Es erzählt die Geschichte einer Gemeinschaft zwischen Heimat und Front. Zur Zeit der Eröffnung des *Historial* regte außerdem der *linguistic turn* dazu an, die Verbindung zwischen politischer und sozialer Geschichte zu brechen, wobei der Schwerpunkt mehr auf die Diskurse gesetzt wurde als auf schwer nachvollziehbare Realitäten.

Die vor diesem Hintergrund verstärkt entstandenen Studien gehen davon aus, dass die Völker – den Soldaten gleich (vgl. Kapitel 3) – dem Krieg von Beginn an größtenteils zugestimmt hatten und dass sie, bis auf wenige Ausnahmen, bis zum Ende des Krieges mobilisiert blieben. Durch die Analyse der Repräsentationen und der Praktiken der Bevölkerungen im Krieg werden die verschiedenen Facetten ihres massiven Einsatzes deutlich. Diese Arbeiten fragen, wie ein solcher Konsens entstanden ist und erhalten bleiben konnte. Die vorherrschende Antwort hält fest an einer Kriegskultur, die es ermöglicht, den Widerstand und die Mobilisierung gegen den Feind zu bestärken.

Primat der Repräsentationen

Ursprünglich definierten Stéphane Audoin-Rouzeau und Annette Becker die Kriegskultur sehr weitgefasst als „den Bereich aller von den Zeitgenossen geprägten Kriegsrepräsentationen“ (336, S. 252). Sie fassten diese Definition jedoch schnell enger, um sie genauer auszurichten: Die Kriegskultur ist demnach „eine Sammlung von Repräsentationen des Konfliktes herauskristallisiert zu einem wirklichen System, welches dem Krieg seine tiefere Bedeutung gibt“. Sie fügten hinzu, dass diese Kultur „untrennbar von einer spektakulären Bedeutung des Hasses gegenüber dem Gegner“ ist, der in die Vor- und Darstellungen eindrang (3, S. 122). Der Gebrauch dieses Ausdrucks kennzeichnet den Bruch mit der Vorkriegszeit: Die Kriegskultur geht nicht aus der fortschreitenden Mobilisierung der Meinungen in den kriegsbeteiligten Ländern hervor, sondern kristallisiert sich im Gegenteil sofort heraus. Dabei handelt es sich um eine tiefgreifende Perspektivenänderung: Es ist nicht der Krieg, der die Kriegskultur nährt, sondern die Kriegskultur, die den Verlauf des Krieges bestimmt (63, S. 324). Infolgedessen hatte die Totalisierung des Krieges ihre Quelle in den bereits vorhandenen Vorstellungen über den Konflikt, sodass die Bevölkerung nicht erst noch von der Notwendigkeit dieser Totalisierung überzeugt werden musste. Die beiden Autoren berücksichtigen die Kriegskultur sogar als Eschatologie: Sie spiegelte demnach die Erwartung einer besseren Welt wider, sobald das übergeordnete Gesellschaftsmodell, das jedes Lager eigentlich verkörpern sollte, gesiegt hätte. Die Herausforderungen des Krieges werden als Kampf um Leben und Tod gefasst, egal ob es sich um das Individuum, die Familie, das Vaterland, die Nation oder die Zivilisation handelt.

Diese Kultur spiegele eine spezielle und äußerst kohärente Weltauffassung wider. Jenseits der Veränderungen in den Sinndeutungen, die dem Krieg später zugeschrieben wurden, sei es die Rolle des Historikers, diese Kriegskultur zu rekonstruieren, da sie essentiell für das Verständnis des Engagements der gesamten Gesellschaften während so vieler Jahre sei. Die neueren Ansätze der Kulturgeschichte definieren sich mehr oder weniger in Bezug auf diese Forschungshypothesen, die ebenso Positionen in der wissenschaftlichen Auseinandersetzung sind. Entweder übernehmen diese Untersuchungsansätze den Begriff der Kriegskultur als gemeinsamen Ausgangspunkt, oder sie bemühen sich, diesen in Frage zu stellen.

Friedenskultur

Für ihre Kritiker ordnet sich der Ansatz von Stéphane Audoin-Rouzeau und Annette Becker in eine Reihe von Arbeiten ein, die in Frankreich seit einem Jahrhundert pazifistischen Interpretationen gegenüberstehen: Schon Pierre Renouvin stand für das genaue Gegenteil des pazifistischen Diskurses in Frankreich, indem er die These einer in erster Linie österreichischen und deutschen Kriegsverantwortung verteidigte. Sein Schüler Jean-Jacques Becker ging vom Anschluss der Bevölkerung an die *Union sacrée* 1914 aus, und entwickelte daraus die Idee eines profunden Engagements für die nationale Sache der Franzosen. Beckers Schüler Stéphane Audoin-Rouzeau und Annette Becker ihrerseits bezweifeln diesen pazifistischen Ansatz, denn er verfälscht angeblich die Realität des Krieges im Namen eines Friedensideals; sie stellen ihm eine Kriegskultur gegenüber, die auf einem starken Nationalgefühl basiert (557). Für die Kritiker Audoin-Rouzeaus und Annette Beckers, insbesondere des CRID (vgl. Kapitel 3), bleibt der Krieg eine sowohl der Front als auch der Heimat auferlegte Gewalt: Der Staat überwachte die Bevölkerung bis ins private Leben; er nahm die gesamte Gesellschaft inklusive der Kinder in Anspruch und verschärfte die polizeilichen Kontrollen. Vor diesem Hintergrund war die Zensur eine Notwendigkeit, und auch die Propaganda trug dazu bei, ein Gefühl der Unvereinbarkeit mit dem feindlichen Lager aufrechtzuerhalten. Historiker, die auf diese Dinge aufmerksam machen, bevorzugen es, anstelle einer Kriegskultur eine Friedenskultur hervorzuheben, die den Krieg durchdrungen hätte: Die gewöhnlichen Leute wären in erster Linie durch die Vorstellungen ihrer Friedenszeit geprägt geblieben (26).

Kritik der Kriegskultur

Der Begriff der Kriegskultur ist in mehrerlei Hinsicht kritisiert worden (557). Der erste Einwand betrifft den Gebrauch des Terminus in der Einzahl. Weil der Begriff sich auf einen nationalen Rahmen bezieht, blende „die Kriegskultur" die vielen sozialen Unterschiede aus, die die Gesellschaften durchzogen. Dieser verallgemeinernde Charakter ist in jedem Fall fragwürdig. Die Kriegskultur war besonders unter den Intellektuellen verbreitet, die mit sozialen Besonderheiten jedoch prunkten. Hinzu kommt, dass eine Kultur ein globales System der Weltanschauung ist. Der Krieg konnte aber kaum den einzigen Interpretationsrahmen für die Zeitgenossen darstellen und die gesamten vorigen Interpretationsrahmen ersetzen. Eine andere Kritik betrifft die mangelnde Berücksichtigung der Zeitlichkeit im Konzept der Kriegskultur. Um sich direkt zu Kriegsbeginn herauskristallisieren zu können, hätte sie Wurzeln in den vorhergehenden Jahrzehnten benötigt. Aber wenn sich die Kriegskultur in eine lange Zeitspanne einordnet, wirkt sie weniger geeignet, um speziell die Kriegsgeschehnisse von 1914–1918 charakterisieren zu können. Außerdem ist die Annahme problematisch, dass sich eine solche Kultur in wenigen Wochen entwickeln konnte. Man müsste sie ganz im Gegenteil als einen Prozess der Mobilisierung und der Entstehung analysieren, die eine Mischung verschiedener Identitäten voraussetzt. Die Kriegskultur nimmt letztlich eine zentrale Rolle in der Erklärung des Krieges ein, ohne dass sie selbst wirklich erklärt worden ist. Diese Kultur wird aus beobachtetem Verhalten postuliert, das sie selbst zu erklären versucht. Wenn man davon ausgeht, dass es einen öffentlichen und vorherrschenden Kriegsdiskurs gegeben hat, dem nur wenige Zeitgenossen entwichen, dann lässt der Begriff Kriegskultur mehr Fragen offen, als er erklären kann.

Novellierung der Kriegskultur

Die Berücksichtigung dieser Kritiken sowie der Vielfalt an Arbeiten, die das Konzept jeweils spezifisch umreißen, präzisieren und anwenden wollen, haben dazu geführt, dass der Begriff Kriegskultur verfeinert worden ist. Er verweist nunmehr zumeist auf die geistigen Dispositionen der Männer und Frauen, aus denen heraus sie die Kriegswelt, in der sie lebten, verstanden und ihr einen Sinn gaben. Er hat damit den Vorteil, dass er mit einem einzigen Ausdruck eine Sammlung an relevanten Befunden und Einsichten zu verschiedenen Feldern subsumiert und deren Zusammenhang unterstreicht. Infolgedessen ist das Erkenntnisinteresse dieses Begriffes in erster Linie heuristisch.

Der Gebrauch dieses Ausdrucks in der Einzahl verhindert nicht die Untersuchung der geographischen und chronologischen Unterschiede in der kulturellen Mobilisierung der Bevölkerung, weder bezüglich der Pluralität der Gefühle noch des Verhaltens (3, p. 125–129). So ist in der Geschichtsschreibung zu den Zivilisten während des Krieges deutlicher zwischen den Kulturen der verschiedenen Regionen, Gesellschaftsklassen, Professionen, Generationen oder des Geschlechts unterschieden worden. Aus diesem Grund besteht ein Historiker wie Jay Winter darauf, dass der Begriff „Kriegskulturen" im Plural benutzt wird, statt im Singular (99). Die zugrundeliegende Idee ist, dass die Kriegskultur keine allumfassende Kultur ist. Ein globaler Ansatz der Gesellschaften im Krieg erlaubt die Schlussfolgerung, dass die Bevölkerungen die Kriegsanstrengungen billigten, während ein personengruppenbezogener Ansatz diese Deutung nuanciert. Die Beobachtungsskalen zu verändern, wäre also ein Mittel, die Vielfalt an Interpretationen und die Bedeutungen anzuerkennen, die die Bevölkerung dem Krieg beimaß. Was die Zeitlichkeit betrifft, so zeugen die neueren Arbeiten von einer Erweiterung der chronologischen Perspektive, die erkennbar machen soll, wie die Kriegskultur sich konkret herausgebildet, entwickelt und geschwankt hat, bevor sie dann verschwand. Die Forschungen erstrecken sich von Arbeiten über Vorwegnahmen des Krieges (313, 293, 303) bis hin zu Studien über Kriegsfolgen und über die kulturelle Demobilisierung (486, 604), sowie über die Trauer und die Erinnerung. Schließlich hat die neuere Kulturgeschichte eine generelle Erneuerung der Kriegsgeschichtsschreibung mit einer Vielzahl an Forschungsfeldern und Untersuchungsobjekten bewirkt (53, 55, 54, 6, 58).

Von der Elitengeschichte zur Intellektuellengeschichte

Einer der bedeutenden Entwicklungsschritte dieser Kulturgeschichte ist die Lösung von der Intellektuellengeschichte, die sich bisher allein mit den Eliten auseinandersetzte. Die Arbeiten der sechziger und siebziger Jahre über die Intellektuellen behandelten in erster Linie ihre Mobilisierung 1914 und die Rechtfertigung der Kriegsziele ihrer jeweiligen Länder (vgl. Kapitel 1 und 2). Ab den neunziger Jahren dienten diese Arbeiten weniger dazu, eine massive Unterstützung der öffentlichen Meinung im Hinblick auf die Entscheidung für den Krieg zu belegen, sondern vielmehr dazu, zu zeigen, dass die Kriegsbegeisterung lediglich für einige Gruppen und nur für eine begrenzte Zeit gegeben war. Die Kulturgeschichte des Krieges handelt seither mehr von verschiedenen diskursiven Feldern, die sich überschneiden und verändern. Die Intellektuellen, Wissenschaftler, Schriftsteller und Künstler bleiben unter diesem Blickpunkt Forschungsobjekte (551, 319, 778, 509, 470, 294, 534, 341). Gleichzeitig hat sich das Interesse auf die Medien verschoben (478, 600, 489, 461, 468), daneben auch auf Theaterstücke, insbesondere die populäre Unterhaltung, die ein breites Publikum fand (521, 568, 574, 459, 522, 529). Alle diese kulturellen Praktiken blieben doppeldeutig: Sie drückten die Überzeugungen der Öffentlichkeit aus, und gleichzeitig lenkten sie diese.

Von den Kirchengeschichte zur Geschichte der religiösen Gefühlen

Auch im Bereich der Religionsgeschichte gab es Veränderungen; sie löste sich von der institutionellen Geschichte der Kirchen und der religiösen Gruppen, die in den sechziger und siebziger Jahren die Fragen nach dem Pazifismus und dem Scheitern der Kriegsblockade stellten. Das Thema betrifft seither weniger die Kirchen als Religiosität und Volksfrömmigkeit. Gleichzeitig verschob sich das Zentrum der Forschung von der Geistlichkeit hin zu den Gläubigen. Man ist von einer Geschichte der Institutionen zu einer Geschichte der religiösen Gefühle und der Religiosität gelangt (499, 473, 501, 531, 575, 527, 498, 533, 579).

Geschichte der Kinder als Opfer und Akteure

Die Kulturgeschichte hat die Forschung zu allen Gebieten des häuslichen Lebens durchdrungen. Insbesondere ist die Rolle der Kinder erforscht worden, um zu erkennen, was sie über die Kriegskultur verraten – und was nicht: Sie waren gleichzeitig Opfer und eigenständige Akteure des Krieges. Einerseits lieferten die Kinder ein Argument für die Mobilisierung der Erwachsenen: Diese kämpften für die Nachkommen und für ihre Zukunft. Andererseits waren die Kinder das Ziel eines spezifischen Mobilisierungsdiskurses: Sie bekamen eine patriotische Moral anerzogen, die ihnen den Feind zeigte, und sie lernten, sich der Opfer würdig zu erweisen, die für sie gebracht wurden. Träger dieser Mobilisierung waren in erster Linie die Schule und die Freizeitaktivitäten, aber auch die Religion und die Familie. Die Kinder wurden mobilisiert, um an der Kriegsarbeit teilzunehmen; sie organisierten Spendensammlungen und halfen bei der Ernte. Es ist jedoch schwierig, die Wirksamkeit und die Verbreitung dieser Mobilisierung in den Köpfen zu messen. Die Normalisierung der Gewalt konnte bei den Kindern außerdem Sättigungseffekte und Formen von Widerstand verursachen (496, 506, 458, 535, 536, 589, 488, 561).

Von der Frauenerfahrungen zu den Geschlechterbeziehungen

Die Frauen, Hauptfiguren der Heimatfront, spielten auf eine andere Weise eine zentrale Rolle für das Durchhalten der Gesellschaft. Die Historiker interessierten sich hierbei weniger für die Kriegserfahrungen der Frauen (539, 467) als für die zwischenmenschlichen Beziehungen, die mit dem Genderkonzept zusammenhängen. Die Frauen übernahmen während des Krieges Verantwortung, aber ihr Platz blieb ambivalent. Er schwankte zwischen dem Fortbestand der traditionellen Diskurse, den Strukturen und Potentialitäten des Alltagslebens und individuellen Strategien. Zu Beginn bestärkte der Krieg den Platz, der jedem Geschlecht zugeteilt wurde, und er vermännlichte die Nationen. Dann befanden sich die Soldaten im Schlamm der Gräben; die Frauen hatten Zugang zum öffentlichen Raum und übernahmen hier Verantwortung. Zum Zeitpunkt des Waffenstillstandes wurden sie schnell wieder verdrängt und kaum für ihr Engagement belohnt, während die Männer eine Rückkehr zur alten Ordnung anstrebten (und weitgehend erreichten). Die beobachteten Veränderungen hatten schließlich einen provisorischen oder oberflächlichen Charakter, und der Krieg konservierte die Geschlechterbeziehungen weitgehend (480, 490, 530, 487, 503, 482, 483, 505, 532, 554, 584). Abgesehen von dieser Feststellung stellt sich die Frage, weshalb sich die Darstellung einer Frauenemanzipation durch den Krieg entwickelt hat (572). Wohl auch deshalb, weil die männlichen Diskurse trotz einer konstanten Unterordnung der Frauen, real oder durch die Sprache, Angst davor zeigten, von den Frauen enteignet oder betrogen zu werden. Die Geschichte der Geschlechterbeziehung eignet sich als Prisma, durch das sich die Gesellschaft in ihrer Ganzheit analysieren lässt. Selbst wenn die Mobilisierung der Frauen die Fortführung des Kampfes erlaubt hatte, festigte die Wahrnehmung eines bedrohten Gleichgewichts schließlich eine klare Trennlinie: Die Männer kämpfen und sind für die Kriegsproduktion verantwortlich, während die Frauen Kinder bekommen und diese umsorgen.

Affektivität als Untersuchungsobjekt

Die Zahl der Arbeiten, die an die Kriegskultur anknüpfen, erklärt sich dadurch, dass dieser Begriff die Affektivität ins Zentrum der Analyse gerückt hat. Die Affektivität hat viele Forscher zur Geschichtsschreibung über den Ersten Weltkrieg geführt, da diese sie in die intimsten Aspekte des privaten und emotionalen Lebens eindringen lässt. Auch die Analyse der Frage des Durchhaltens der Kriegsgesellschaften lässt sich auf die Affektivität beziehen. Die Mobilisierung der Heimat ist zunächst als ein politisches Problem des Staates diskutiert worden. Anschließend wurde sie unter dem Blickpunkt der wirtschaftlichen Effizienz untersucht, um die Merkmale der Beziehungen zwischen Staaten und Gesellschaften besser erfassen und analysieren zu können. Diese Mobilisierung wird jedoch mehr und mehr unter der Perspektive der Kultur analysiert, und die Debatten, die diesen Ansatz antreiben, sind nicht weniger stark. In dem Bestreben, die kulturellen Gemeinschaften im Krieg zu analysieren, ermutigen die neueren Arbeiten dazu, schließlich die Geschichte der Soldaten und diejenige der Gesellschaft, für die sie in den Krieg gezogen sind, gemeinsam in Betracht zu ziehen und im Zusammenhang zu behandeln.

5. Welcher Frieden für die Nachkriegszeit?

So bemerkenswert die Durchhaltefähigkeit der Armeen und der Gesellschaften im Krieg auch war, so hatte diese schließlich doch auch Grenzen. Während des Krieges hatte jede Seite einen Konflikt auf dem Wege zu einem totalen Krieg als Erfahrungsraum und den (End-)Sieg als Erwartungshorizont, weshalb die Voraussetzungen für Friedensverhandlungen sehr ungünstig waren. Frieden zu schließen warf also mehrere Fragen auf: die nach den Voraussetzungen für einen Friedensschluss, die nach der Identität der Initiatoren dieses Friedens, die nach der Art des angestrebten Friedens – zwischen der Verteidigung von partikularen Interessen, der Möglichkeit der inneren Demobilisierung und der Stabilisierung der internationalen Beziehungen für die Nachkriegszeit – und die nach den Modalitäten seiner Ausarbeitung und seiner Anwendung. Während und nach den Friedensverhandlungen kristallisierten sich viele Unstimmigkeiten heraus; auch die Historiker sind sich bis zur Gegenwart über die langfristigen Auswirkungen dieses Friedens uneinig.

a) Das Scheitern eines während des Krieges verhandelten Friedens

Scheitern der Friedensbewegungen

Im Jahr 1914 war das völlige Scheitern der Friedensbewegungen zu beobachten, die den Ausbruch des Krieges zu verhindern versucht hatten (617, 636, 701, 611, 647). Die Pazifisten, darunter auch die der Zweiten Internationale, hatten sich mit deutlicher Mehrheit an ihr jeweiliges Heimatland angeschlossen. Anschließend dauerte es mehrere Monate, bis sich aus den sozialistischen Parteien in Europa wichtige Minderheiten zugunsten des Friedens herausbildeten. Diese initiierten die internationalen Konferenzen, die in der neutralen Schweiz – in Zimmerwald im September 1915 und in Kiental im April 1916 – stattfanden und auf denen ein sofortiger Frieden gefordert wurde. Auch verschiedene Intellektuelle versuchten, auf unterschiedliche Art und Weise und unter variablen Bedingungen, einen kritischen Diskurs über den Krieg zu führen. Sie versammelten sich insbesondere um Romain Rolland in Genf, wo sie sich bemühten, ihre Ideen mit Hilfe von Publikationen zu propagieren, deren Verbreitung allerdings sehr gering blieb.

Scheitern der staatlichen Führungen

Während des Krieges entstanden diverse Initiativen – von der Führung neutraler Staaten oder den kriegführenden Mächten selbst kommend –, um dem Konflikt ein Ende zu setzen (656). Es handelte sich dabei zunächst um die Versuche der Vermittlung durch den amerikanischen Präsident Woodrow Wilson im Frühling 1915 und im Herbst 1916, die ohne Erfolg blieben. Im Dezember 1916 rief der Reichskanzler Bethmann-Hollweg die Alliierten zu Friedensverhandlungen auf, jedoch ohne seine eigenen Kriegsziele genauer darzulegen. Der Vorstoß diente vor allem dazu, den uneingeschränkten U-Boot-Krieg zu rechtfertigen, der zu Beginn des Jahres 1917 letztlich ausgelöst wurde. Wilson scheiterte an dieser Stelle, die kriegführenden Mächte dazu zu bringen, ihre jeweiligen Kriegsziele zu veröffentlichen und das Prinzip des „Friedens ohne Sieg" zu akzeptieren. Das Jahr 1917 eröffnete neue Möglichkeiten, sowohl für geheime Verhandlungen als auch für offizielle Vorschläge. Die Thronbesteigung Karls I. in Österreich-Ungarn bot Perspektiven für einen Separatfrieden mit der Entente. Im Anschluss an die Februarrevolution erschien ein Separatfrieden der Mittelmächte mit Russland möglich; der Waffenstillstand wurde schließlich im Dezember unterzeichnet und der Frieden trat im März des darauffolgenden Jahres in Kraft. Der Friedensaufruf von Papst Benedikt XV. im August 1917 führte zu nichts Konkretem, zumal Wilson – nun an der Spitze eines Landes, das sich im Krieg befand – vor jeglicher Art von Verhandlungen eine Demokratisierung des Gegners forderte. Die Konferenz der Zweiten Internationale in Stockholm, deren wichtigste Mitglieder nicht anreisen durften, endete im September 1917 mit einem Aufruf zu einem internationalen Generalstreik, aber auch diese Konferenz konnte nicht zu einer Lockerung der Situation beitragen.

Im Grunde genommen waren die Kriegsziele beider Lager schwer miteinander in Einklang zu bringen, und jeder wartete auf den Frieden, um seine eigenen Interessen durchzusetzen. Auch Wilson wich von seiner versöhnlichen Haltung ab; es wurde zunehmend deutlich, dass er den Krieg gewinnen wollte, um danach von der finanziellen Abhängigkeit seiner Partner und der daraus resultierenden Vormachtstellung der Vereinigten Staaten in den Verhandlungen profitieren zu können (627, 601). Infolgedessen versiegten die Bemühungen um Frieden bis zu der deutschen Forderung eines Waffenstillstands im Herbst 1918.

Verschiebung des Kräfteverhältnisses

Gleichzeitig drohte sich das Gleichgewicht zu verschieben, das sich seit den Anfängen des Krieges auf den Schlachtfeldern eingestellt hatte (625, 639). Zunächst kam der Zusammenbruch Russlands Deutschland zugute; anschließend begünstigte der Kriegseintritt der Vereinigten Staaten die Alliierten. Aber die Auswirkungen dieser Ereignisse zeigten sich erst nach und nach. Im Frühling 1918 verfügte die deutsche Oberste Heeresleitung schließlich über einen – zeitlich engen – günstigen Spielraum. Die spektakulären Siege ihrer Offensiven stellten eine reale Bedrohung für die Alliierten dar, aber die strukturellen Schwächen der deutschen Armee hinderten sie daran, einen völligen Zusammenbruch der gegnerischen Front zu erreichen. Unter der strategischen Führung von Marschall Ferdinand Foch ergriffen die Alliierten im Juli wieder die Initiative und es entstand nunmehr ein wachsendes Ungleichgewicht zwischen den wirtschaftlichen, industriellen und personellen Ressourcen der beiden Koalitionen. Ab dem 8. August war sich Ludendorff der Tatsache bewusst, dass Deutschland den Krieg nicht mehr gewinnen konnte.

Die Lage verschlechterte sich danach für die Mittelmächte auf dramatische Weise bis zu dem Punkt, dass Ludendorff und Hindenburg am 29. September von der deutschen Reichsleitung die Aufnahme von Friedensverhandlungen verlangten. Ihre Hoffnung dabei war, die Armee intakt zu halten und einen gerechten Frieden zu erreichen.

Waffenstillstände oder Kapitulationen?

Der Zusammenbruch der bulgarischen Armee führte jedoch zur Unterzeichnung eines Waffenstillstands am 30. September. Die französisch-serbischen Kräfte schafften es, bis zur Donau vorzurücken, während die Briten und die Griechen Konstantinopel bedrohten. Sultan Mohammed VI. unterschrieb am 30. Oktober einen Waffenstillstand. Die Niederlage der österreichischen Truppen gegen die italienische Armee in Vittorio Veneto und der Zerfall des österreichisch-ungarischen Reiches führten zur Unterzeichnung eines weiteren Waffenstillstands am 3. November. Der allmähliche Zerfall seiner Verbündeten isolierte Deutschland und ließ der Regierung von Max von Baden keine andere Wahl, als einen Tag nach dem Rücktritt von Ludendorff am 25. Oktober 1918 Verhandlungen über einen bedingungslosen Waffenstillstand zuzustimmen. Der Waffenstillstand wurde schließlich am 11. November unterzeichnet, nachdem in Berlin die Revolution ausgebrochen war, Wilhelm II. auf die Kaiserkrone verzichtet hatte und die Republik ausgerufen worden war.

Gerd Krumeich hat verdeutlicht, inwieweit die Waffenstillstände am Ende des Krieges mehr oder weniger bedingungslose Kapitulationen darstellten (645). Sie waren in der Tat weniger der Ausdruck eines einvernehmlichen Waffenstillstands oder der Beginn von Friedensverhandlungen. Vielmehr waren sie Instrumente der Sieger zur Durchsetzung ihrer eigenen Bedingungen des Waffenstillstands, die in jedem Fall den Besiegten daran hindern sollten, die Kampfhandlungen wieder aufnehmen zu können. Diese Feststellung trifft auf beide Lager zu.

So bedeuteten die Forderungen der Mittelmächte, am 15. Dezember 1917 im Waffenstillstand von Brest-Litowsk formuliert, für die Sowjets eine Kapitulation. Diese sahen noch eine Möglichkeit, sich zu widersetzen, indem sie im Alleingang den Krieg für beendet erklärten und die Verhandlungen abbrachen. Die Fortführung des deutschen Vormarsches zwang die Sowjets jedoch schließlich, einen Frieden zu unterzeichnen, der mit enormen Verlusten für sie verbunden war. Die Deutschen hatten die Erinnerung an diesen von ihnen durchgesetzten siegreichen Frieden völlig verdrängt, als sie ein Jahr später ihrerseits einen Waffenstillstand verlangten. Der Waffenstillstand, unterzeichnet in Rethondes am 11. November 1918 (659), sah einen sofortigen Rückzug der deutschen Truppen aus Frankreich, Belgien und den linksrheinischen Gebieten und die Besetzung von mehreren Brückenköpfen am rechtsrheinischen Ufer durch die Alliierten vor. Er verlangte außerdem die Auslieferung eines erheblichen Teils der Bewaffnung Deutschlands und seiner Fahrzeuge sowie seiner Marine, während die Blockade aufrechterhalten wurde. Ein Faktor trägt dazu bei, dass dieser Waffenstillstand nicht ganz als Kapitulation angesehen werden kann: Die Deutschen konnten darauf hoffen, dass die 14 Punkte von Wilson die Grundlage der künftigen Friedensverhandlungen blieben.

Gründe des Rethonder Waffenstillstandes

Die Historiker haben weniger über die Härte der verschiedenen Waffenstillstände diskutiert, als darüber, was zu ihrer Unterzeichnung führte, vor allem zum Abschluss des Waffenstillstands von Rethondes. Wer hatte ihn gewollt, wann und wieso? Diese Fragen haben die deutsche Historiographie lange bestimmt, weil aus der Unterzeichnung dieses Waffenstillstands die Dolchstoßlegende entstand. Nach ihr stieß die Revolution, von „defätistischen Elementen" im Innern organisiert, der Armee in den Rücken, während diese angeblich noch an allen Fronten unbesiegt geblieben war.

Tatsächlich aber war es Ludendorff, der am 14. August erstmals die Notwendigkeit erwähnte, bald Frieden zu schließen. Die deutsche Führung begann einen Waffenstillstand in Betracht zu ziehen, der günstig für Deutschland wäre und die Präsenz der deutschen Armee auf dem französischen Territorium ausnutzen würde. Jedoch bestand eine große Diskrepanz zwischen ihren Vorstellungen und der Realität in dem Augenblick, in dem die militärische Lage begann, wirklich kritisch zu werden. Als Ludendorff am 29. September verlangte, dass Deutschland den Frieden selbst vorschlagen sollte, achtete er darauf, von einem „Friedensangebot" zu sprechen. Er wusste, dass trotz seiner Bekenntnisse zur Widerstandskraft der deutschen Armee ein „Antrag auf Waffenstillstand" einer mehr oder weniger bedingungslosen Kapitulation gleichkommen würde. Darüber hinaus hielt er daran fest, dass eine „parlamentarische Regierung" mit der Unterstützung der Mehrheit des Reichstags die Verantwortung eines solchen Antrags übernehmen müsste.

Genau dies trat ein, als sich die deutsche Regierung Anfang November eifrig darum bemühte, den Text des Waffenstillstandes zu unterzeichnen, um damit den Krieg schnellstmöglich zu beenden und danach mit den Revolutionsaufrufen fertig zu werden.

b) Die Kritik an den Friedenskonferenzen

Die Unterzeichnung der Waffenstillstandsabkommen bedeutete allerdings nicht das Ende des Krieges. Dieser wurde erst durch die Unterzeichnung der Friedensverträge am Ende der Konferenzen beendet, die noch mehrere Monate dauerten. Deutschland wurde von den Alliierten als der Hauptverantwortliche für den Krieg betrachtet. Da zudem die anderen Konferenzen nach dem Vorbild der Pariser Konferenz organisiert sowie die anderen Verträge nach dem Modell des Versailler Vertrags verfasst wurden und da viele ihrer Klauseln sich auf diesen Vertrag bezogen, lag der Fokus der Aufmerksamkeit von Zeitgenossen und Historikern vor allem auf der Konferenz von Paris und dem daraus hervorgehenden Versailler Vertrag (623, 629, 630, 633, 651, 654, 670, 671, 664). Ebendiese Konferenz warf die drängendsten Fragen auf, an sie wurden die meisten Erwartungen gestellt und sie rief die schärfste Kritik hervor.

Auswahl der Teilnehmer

Ein erster Kritikpunkt bezog sich auf die Organisation der Konferenz von Paris und auf die Auswahl der Teilnehmer. Der Erste Weltkrieg war ein Koalitionskrieg, der deshalb eine Konferenz für eine kollektive Ausarbeitung eines Friedensvertrags zur Neuordnung der internationalen Beziehungen erforderte. Die Effizienz des neuen Systems war aber auch von der Zahl der Staaten abhängig, die am Abschluss der Verträge beteiligt waren, weil nur durch eine hohe Anzahl der Beteiligten eine umfassende Anerkennung der Vertragsklauseln garantiert werden konnte. Jedoch wurden nicht alle kriegführenden Mächte zur Pariser Konferenz eingeladen. Russland galt als „Verräter" des Kampfes der Alliierten, die ihm das Recht verweigerten, den Verlauf des Friedensprozesses zu beeinflussen. Die westlichen Entente-Mächte waren vor allem über eine bolschewistische Herrschaft im alten Zarenreich besorgt, die sie durch die Unterstützung der Weißen Armee im Bürgerkrieg verhindern wollten. Die Besiegten wurden von allen Diskussionen ausgeschlossen. Dieser Ausschluss war zum Teil durch den Zusammenbruch der Kaiserreiche begründet und durch die Schwierigkeiten, sie zu repräsentieren, aber auch – vor allem im Fall von Deutschland – durch die Weigerung, den Forderungen der Besiegten eine Stimme zu geben, und durch die Angst, dass diese die Divergenzen zwischen den Alliierten ausnutzen könnten. Darüber hinaus führte die von den Organisatoren der Konferenz vorgenommene Unterscheidung zwischen Mächten mit allgemeinen Interessen und Staaten mit begrenzten Interessen dazu, dass zahlreiche Länder Statisten blieben. Die Entscheidungen wurden letztlich von den vier Hauptmächten (Vereinigte Staaten, Großbritannien, Frankreich und Italien) getroffen, die wiederum auf ihre vier Hauptvertreter reduziert werden können (Woodrow Wilson, David Lloyd George, Georges Clemenceau und Vittorio Emanuele Orlando). Die Konferenz, als eine Versammlung der Völker angekündigt, war in Wirklichkeit eine Zusammenkunft der Siegermächte und sehr schnell sogar der Hauptsieger.

Unvereinbare Zwecke

Eine weitere Kritik an der Pariser Friedenskonferenz betraf ihre Zwecke und die Unmöglichkeit, diese zu erreichen. Hinter dem vorgegebenen Ziel verbargen sich nämlich deutliche Divergenzen zwischen den Siegermächten wie auch gegenseitige Verdächtigungen bezüglich ihrer jeweilig verfolgten Kriegsziele. Jeder Verhandlungsführer brachte seine eigenen Forderungen mit, die mehr oder weniger gut in die 14 Punkte von Wilson eingebettet, aber noch immer von der Verteidigung nationaler Interessen geprägt waren. So wollte die französische Regierung Reparationszahlungen erhalten, mit denen alle Kriegsschäden bezahlt werden sollten, und sich absichern, dass Deutschland Frankreich nicht nochmals angreifen würde. Sie suchte deshalb ein Maximum an Sicherheit zu erreichen, und zwar durch die Abrüstung Deutschlands, die Zurückdrängung des Gegners an den Rhein und seine Schwächung durch die Errichtung neuer Staaten. Die britische Regierung stellte sich gegen jede Art von territorialen Ansprüchen, die das europäische Gleichgewicht verändert hätte. Damit Frankreich nicht der Hauptempfänger von Reparationszahlungen blieb, versuchte sie, ihre Partner davon zu überzeugen, dass zu den materiellen Schäden auch die personellen Kosten des Krieges hinzugezählt werden müssten, nämlich der Betrag der Kriegsinvalidenrente. Im Verlauf der Konferenz entwickelte sich die britische Position allerdings hin zu einer offeneren Einstellung, die auch Zugeständnisse einschloss: Ein zu harter Vertrag hätte das Risiko mit sich gebracht, dass Deutschland sich weigern könnte, den Vertrag zu unterschreiben, und hätte außerdem die Wiederaufnahme des internationalen Handels verhindern können. Es war klar, dass die Gewinne aus dem Handel sehr wahrscheinlich höher ausfallen würden als die festgelegten Reparationen, deren Auszahlung immerhin hypothetisch blieb. Die belgische Regierung betonte, dass die Neutralität Belgiens verletzt wurde und diese das Land also nicht vor dem Krieg verschont hatte. Sie verlangte daher, von dem Vertrag befreit zu werden, der die dauernde Neutralität des Landes begründete. Vier Jahre lang fast völlig besetzt, glaubte Belgien, im Hinblick auf die Reparationszahlungen eine Vorrangstellung zu haben. Das Land hatte zudem auch territoriale Ambitionen in der Region von Eupen und Malmedy. Die italienische Regierung stellte vor allem Gebietsforderungen zu Dalmatien und Fiume, Istrien und Triest; doch die Delegierten wussten, dass das späte Eingreifen Italiens in den Krieg seinem Ruf geschadet hatte. Die Vereinigten Staaten hatten in dem Konflikt zwar Tote zu beklagen, aber ihr Territorium war unberührt geblieben, und ihre Bevölkerung hatte nicht direkt unter dem Krieg gelitten. Deshalb war die amerikanische Regierung weniger an der Regelung der materiellen Konsequenzen des Krieges als an dem Ziel interessiert, den Frieden zu sichern: Wilson beharrte daher auf der Demokratie als Garant der Anwendung der Verträge und des Völkerbundes, der den Rahmen der neuen internationalen Ordnung bilden sollte. Jedoch wäre es für die Vereinigten Staaten nicht in Frage gekommen, auf die Rückzahlung der von den Alliierten bei ihnen aufgenommenen Kriegsschulden zu verzichten. Die unterschiedlichen nationalen Interessen förderten die Voreingenommenheit der jeweiligen Analysten während der Friedenskonferenz.

Um einen Bruch zwischen den Verhandlungspartnern zu vermeiden, wurde jede Frage, zu der keine direkte Antwort gefunden wurde, der jeweils betroffenen Kommission entzogen, um in einem informellen Ausschuss erörtert werden zu können. Es wurde dabei beabsichtigt, das Konfliktpotenzial zu reduzieren und Kompromisse zu ermöglichen. Die Diskussionen gestalteten sich insgesamt noch komplizierter als erwartet, weil sie die Nachkriegsordnung unter Berücksichtigung eines wichtigen Erbes regeln sollten. Dieses schloss sowohl die in geheimen Verhandlungen getroffenen Vereinbarungen während des Krieges ein (wie diejenige in London am 26. April 1915, im Gegenzug zu dem Kriegseintritt Italiens), als auch das Ausmaß von Tod und Zerstörung sowie die Klauseln eines Waffenstillstandsabkommens, das auf der Grundlage der 14 Punkte von Wilson unterzeichnet worden war.

Innere Uneinigkeit der Delegationen

Zu den Meinungsverschiedenheiten unter den Nationen kamen außerdem noch interne Konflikte innerhalb der Delegationen. In diesem Zusammenhang zogen die Hauptakteure der Konferenz die schärfste Kritik auf sich, sowohl innerhalb ihres jeweiligen Landes als auch unter ihren Verhandlungspartnern. Ihre Kritiker bedauerten besonders, dass die Standpunkte dieser einflussreichsten Akteure und ihre persönlichen Unzulänglichkeiten sich in den Verträgen wiederfanden. So reagierte Marschall Foch sehr heftig, als Clemenceau im Austausch gegen eine vorübergehende Besetzung und eine begrenzte Entmilitarisierung des rechten Rheinufers auf das linke Rheinufer verzichtete. Am 6. Mai 1919 wurde der französische Regierungschef in der französischen Presse beschuldigt, Frankreich schlecht zu verteidigen. Innerhalb der britischen Delegation war John Maynard Keynes der Auffassung, dass die Verhandlungsführer sich irrten, wenn sie das primäre Problem als ein Politisches oder Militärisches ansahen, denn in seinen Augen lag es im Wirtschafts- und Finanzbereich. Er warf Clemenceau eine zynische Härte vor, Lloyd George Wahldemagogie und Wilson Heuchelei und Schwäche gegenüber seinen Partnern (641).

Die vom Grafen Ulrich von Brockdorff-Rantzau geführte deutsche Delegation kam schließlich am 30. April in Versailles an, mit 160 Personen, mit Akten bewaffnet und bereit zu verhandeln. Am 7. Mai wurde der Text des Vertrags den deutschen Vertretern übergeben. Die Delegation formulierte ausführliche Kommentare zu jedem einzelnen Artikel, um die Prinzipien und Bestimmungen zu revidieren. Frankreich lehnte die deutschen Forderungen kompromisslos ab. Die Vereinigten Staaten wollten die Diskussion nicht wiedereröffnen; allein Großbritannien war bereit zu verhandeln. Aber abgesehen von der Problematik Oberschlesiens, dessen Zugehörigkeit einer Volksabstimmung unterworfen wurde, und der Möglichkeit, Deutschland in den Völkerbund aufzunehmen, blieb der Vertrag unverändert. Am 16. Juni wurde die endgültige Version des Textes der deutschen Regierung vorgelegt, der fünf Tage für seine Unterzeichnung blieben. Dieses Ultimatum löste eine politische Krise in Deutschland aus. Der erste Kanzler der Weimarer Republik, Philipp Scheidemann, trat am 20. Juni zurück. Ein anderer SPD-Politiker, Gustav Bauer, übernahm die Führung und die Verantwortung für die Unterzeichnung des Versailler Vertrages. Die Gefahr einer Invasion im Falle der Verweigerung der Unterschrift war groß. Sie kam übrigens erschwerend zu den vorherigen Demütigungen hinzu.

Unterzeichnung des Versailler Vertrages

Der Versailler Vertrag wurde schließlich am 28. Juni 1919 feierlich unterzeichnet, exakt fünf Jahre nach der Ermordung des Erzherzogs Franz Ferdinand in Sarajevo. Es war nunmehr der neue Außenminister, Hermann Müller, der die deutsche Delegation anführte. Die Veranstaltung im Spiegelsaal von Versailles, 48 Jahre nach der Proklamation des Deutschen Reiches am selben Ort, symbolisierte die Erniedrigung Deutschlands, während die Anwesenheit von fünf französischen Gesichtsversehrten, sogenannten *Gueules cassées*, die Schuld des Deutschen Reiches in dem Konflikt betonen sollte. Die Besiegten hatten, obwohl sie die Bestimmungen nahezu ausnahmslos abgelehnt hatten, keine andere Wahl, als dem von den Siegermächten ausgearbeiteten Vertrag zuzustimmen. Deutschland willigte sogar ein, Reparationszahlungen zu leisten, deren Höhe es noch gar nicht kannte, da die Festlegung des Betrags verschoben wurde. Dieser Unterzeichnung folgte bis zum Sommer 1920 eine Reihe weiterer Friedensverträge (Vertrag von St-Germain mit Österreich am 10. September 1919, Vertrag von Neuilly mit Bulgarien am 27. November 1919, Vertrag von Trianon mit Ungarn am 4. Juni 1920, Vertrag von Sèvres mit der Türkei am 10. August 1920).

c) Die Infragestellung der Verträge: vom Inhalt zur Umsetzung

Das Dilemma der Friedensverträge

Wie jeder Vertrag beruhten auch die Friedensverträge auf der Zustimmung der Vertragsparteien. Gleichzeitig gingen aus dem Krieg Sieger und Besiegte hervor und das Ziel der Verträge war es, gerade die Auswirkungen dieser Statusunterschiede aufzugreifen, die sich aus dem Konflikt heraus ergaben. Die neue Art des industriellen Krieges erschwerte es 1919 jedoch, beide Aspekte miteinander zu vereinbaren. Um trotz der fehlenden veritablen Zustimmung der Besiegten im Moment der Unterzeichnung der Verträge einen dauerhaften Frieden sichern zu können, musste ihre Zustimmung im Nachhinein erlangt werden, was eine große Herausforderung darstellte. Aber auch unter den Siegermächten waren die Verträge weit davon entfernt, einen breiten Konsens zu finden. Vielmehr stellte Etienne Mantoux in Bezug auf den Versailler Friedensvertrag fest: „Noch nie zuvor wurde ein Friedensvertrag nicht nur von der Seite der Besiegten, sondern auch seitens der Sieger mit solch einer vehementen und diversen Kritik konfrontiert" (652, S. 30).

Unvollständigkeit der Verträge

Die Verträge begannen mit der Verfassung des Völkerbunds, die einen ersten gemeinsamen, für alle geltenden Teil darstellte. Dieser folgten Bestimmungen, die die Konsequenzen des Konflikts regelten, nach ihren jeweiligen Zielen gruppiert: Klauseln über die Grenzen, politische Bestimmungen, Klauseln über die Verantwortung und die Reparationen, Militär-, See- und Finanzregelungen, wirtschaftliche Vereinbarungen und Bestimmungen zu den Verbindungswegen und zum Transport. Die die Arbeitswelt betreffenden Prinzipien der sozialen Gerechtigkeit tendierten zu einer Vereinheitlichung auf internationaler Ebene.

Die Verträge regelten trotz ihres Umfangs nicht alle Probleme, und viele zentrale Fragen blieben sogar unberücksichtigt. Um die Frage nach der Sicherheit Frankreichs klären zu können, bedurfte es paralleler Sicherheitsverträge mit den Vereinigten Staaten und Großbritannien, die an demselben Tag wie der Vertrag von Versailles unterzeichnet wurden. Trotz der Aufhebung der Klauseln des Vertrages von Brest-Litowsk durch die Siegermächte wurde keine Bestimmung über die westlichen Grenzen Russlands formuliert. Darüber hinaus blieben die Lösungen für die Regionen des Nahen Ostens und der ehemaligen deutschen Kolonien offen. Diese Lücken ebneten den Weg für eine erneute Kritik.

Die umstrittene Behandlung Deutschlands

Sowohl auf der Seite der Sieger als auch der Besiegten wurde im Besonderen der Umgang mit Deutschland kritisiert. Drei Bündel von Maßnahmen sollten Deutschland schwächen. Zunächst wurde das Land um einen Teil seines Territoriums gebracht, um seine Bevölkerung und seine Ressourcen zu reduzieren. Anschließend führten die militärischen Klauseln zur Zerschlagung der deutschen Macht in allen ihren Komponenten. Schließlich verankerten und verfestigten die Verträge die Kriegsschuld der Besiegten, die damit auch als rechtliche Grundlage für die Zahlung der Reparationen fungierte. Üblicherweise zahlte der Besiegte dem Gewinner eine Entschädigung, die mehr oder weniger willkürlich entsprechend der Einschätzung der Zahlungskapazitäten des Besiegten festgelegt wurde. Nach dem Weltkrieg musste nach Meinung der Siegermächte von den Schuldigen und Zahlungsleistern jedoch erwartet werden, dass sie die Kosten des Krieges vollständig übernahmen. Die Reparationszahlungen waren keine einfachen Entschädigungen mehr, sondern wurden zu Strafen. Die alleinige Kriegsschuld Deutschlands wurde im Artikel 231 des Versailler Vertrags festgehalten: „Die alliierten und assoziierten Regierungen erklären, und Deutschland erkennt an, dass Deutschland und seine Verbündeten als Urheber für alle Verluste und Schäden verantwortlich sind, die die alliierten und assoziierten Regierungen und ihre Staatsangehörigen infolge des Krieges, der ihnen durch den Angriff Deutschlands und seiner Verbündeten aufgezwungen wurde, erlitten haben.“ Dieser Artikel wurde als eine juristische Vorbedingung präsentiert; jedoch reichte er kaum über eine moralische Verurteilung hinaus.

Keynes und die wirtschaftliche Härte des Versailler Vertrages

Einige Beobachter auf der Seite der Sieger stellten fest, dass dieser Vertrag Europa schwer schadete. Die in diesem Sinne bekannteste Kritik war die des britischen Ökonomen Keynes in seinem Werk *The Economic Consequences of Peace* (641). Ursprünglich als Vertreter des britischen Finanzministeriums zu der Konferenz angereist, trat der Autor vor der Unterzeichnung des Versailler Vertrags von diesem Posten zurück und initiierte eine Kampagne, um den Vertrag zu revidieren. Seiner Meinung nach respektierte er nicht die Verpflichtungen, die von den Entente-Mächten während der Verhandlungen vor dem Waffenstillstand eingegangen worden waren. Sie hatten jegliche strafende Entschädigung ausgeschlossen. Der Vertrag von Versailles zielte demgegenüber auf die Zerstörung der deutschen Wirtschaft durch Angriffe auf ihre zentralen Branchen, einschließlich des Überseehandels (ein Teil der deutschen Handelsflotte wurde konfisziert, Deutschland wurden seine Kolonien entzogen), des Kohle- und Eisenbergbaus sowie der dazugehörigen Industrien (Verlust der Kohleminen im Saargebiet und in Oberschlesien und verbindliche Kohlelieferungen an Frankreich). Darüber hinaus wurde Deutschland aufgefordert, umfassende Reparationszahlungen zu leisten, deren Höhe noch festgelegt werden musste, die aber mit hoher Wahrscheinlichkeit seine Zahlungskapazitäten übersteigen würden. Keynes verurteilte den Geist der Rache und die Verblendung der Siegermächte. Seiner Meinung nach war ein großzügiges Verhalten auf lange Sicht zu bevorzugen: Allein die Wiedereingliederung Deutschlands in den wirtschaftlichen Austausch, die den Verzicht auf Reparationszahlungen miteinschließen sollte, würde eine Wiederbelebung der Wirtschaft auf dem europäischen Kontinent erlauben.

Dieses Argument fand allerdings in der französischen Öffentlichkeit, die mit den durch den Gegner verursachten Zerstörungen im Norden und im Osten des Landes konfrontiert war, kein Gehör. Die überwiegende Mehrheit der französischen Öffentlichkeit war der Meinung, dass der Frieden mit einer dauerhaften Schwächung Deutschlands einhergehen musste (655). Einige waren mit diesem Vertrag zufrieden; andere dagegen warfen den französischen Verhandlungsführern vor, sich zu stark den Forderungen Wilsons gebeugt und dadurch einen letztlich unbefriedigenden Frieden erlangt zu haben, der auf Kompromissen beruhte.

Bainville und die politische Schwäche des Vertrages

Einige Monate nach der Veröffentlichung des Werks von Keynes erschien das Buch *Les conséquences politiques de la paix* (Die politischen Konsequenzen des Friedens) von Jacques Bainville (605), dessen Titel direkt an die von Keynes verfasste Studie anknüpfte. Der Autor, ein royalistischer Historiker, nahm eine gegenteilige Position zu dem Werk des britischen Ökonomen ein, indem er die politischen Faktoren in das Zentrum seiner Analyse rückte. Einerseits warf er Keynes eine zu große Nachsicht Deutschland gegenüber vor. Andererseits verurteilte er Wilsons Begeisterung für das Völkerrecht. Bainville war demgegenüber der Auffassung, dass die Verhandlungsführer der Pariser Konferenz mit der Fragmentierung Mitteleuropas nach dem Grundsatz der Nationalitäten die Voraussetzungen für ein europäisches Gleichgewicht zerstört hatten, das die deutsche Macht hätte begrenzen können. Es sei nämlich viel schwieriger, Nationen unter Kontrolle zu bringen, als Staaten. Bainville antizipierte damit schon 1920, wie ein revisionistisches Deutschland darauf hinarbeiten würde, seine Macht wieder aufzubauen: durch den Anschluss Österreichs, die Eroberung Polens und die Zerstörung der Tschechoslowakei. In diesem Zusammenhang argumentierte Bainville, dass der Vertag von Versailles „ein zu sanfter Frieden [sei] für seine eigene Härte" *(„une paix trop douce pour ce qu'elle a de dur")*: Er gestand ein, dass der Vertrag harte Bestimmungen gegenüber Deutschland enthielt, bedauerte aber gleichzeitig, dass die Mittel zur Umsetzung weitaus weniger streng waren. Ihm zufolge musste man, wenn die Sieger die Macht Deutschlands wirklich zerstören wollten, dem unterlegenen Staat das Rheinland abnehmen und eine strengere Überwachung installieren. Diese Unangemessenheit der Mittel bezüglich der gesetzten Ziele gefährde letztlich einen dauerhaften Frieden.

Die Thesen Bainvilles erreichten außerhalb der französischen Grenzen nie einen mit dem von Keynes Werk vergleichbaren Bekanntheitsgrad. Die angelsächsische Öffentlichkeit interessierte sich zweifellos in erster Linie für die wirtschaftliche Perspektive. Der Erfolg des Buchs von Keynes hatte weitreichende Konsequenzen. Es diente in Deutschland als Unterstützung für den Revisionismus im wirtschaftlichen Bereich. In den Vereinigten Staaten stärkte es die Gegner des Vertrags und die Opposition gegen die amerikanische Beteiligung am Völkerbund. In Großbritannien trug es zur Rechtfertigung der Nachsicht gegenüber Deutschland und schließlich der *Appeasement*-Politik in den dreißiger Jahren bei.

Mantoux und die wirtschaftliche Kritik von Keynes' Thesen

In Frankreich löste das Buch vor allem einen Skandal aus (621, 613, 637). Aus Frankreich kam auch, wenngleich etwas verspätet, von dem jungen liberalen Ökonomen Etienne Mantoux die schlagkräftigste Kritik. Er veröffentlichte 1946 *The Carthaginian Peace or The Economic Conse-*

quences of Mr. Keynes (652). Der Autor, der das Buch während des Zweiten Weltkriegs verfasst hatte, stellte die Einschätzungen Keynes zur Zahlungsfähigkeit Deutschlands in Frage. Er zeigte, dass viele Vorhersagen von Keynes über den Rückgang der industriellen Produktion Europas sich als falsch erwiesen hatten. Mantoux behauptete weiter, dass die Reparationszahlungen für Deutschland eine durchaus überwindbare finanzielle Belastung darstellten, zumal die Wiederaufrüstung Deutschlands sieben Mal so viel gekostet hätte. Er warf Keynes vor, dass er zu stark zur Diskreditierung des Versailler Vertrags beigetragen hätte, was den Effekt der Schwächung der Demokratien gegenüber der totalitären Gefahr und letztlich einen neuen Weltkrieg mit sich gebracht habe. Karthagischer Frieden, Frieden der Schwäche oder Kompromissfrieden: Die Meinungen über den Frieden gingen unter den Siegermächten weit auseinander.

Ablehnung der Verträge durch die Besiegten

Auf der Seite der Besiegten zog der Vertrag noch stärkere Kritik auf sich. Für die große Mehrheit der Deutschen stellte der in Versailles unterzeichnete Frieden eine Schmach und Demütigung dar, zumal er nur unter Zwang unterschrieben worden war. So schrieb der Historiker Gerhard Ritter, Veteran und Kriegsverwundeter, im Juni 1919, dass der Vertrag seiner Meinung nach nichts weiter als der Versuch sei, „einem Siebzigmillionenvolk planmäßig das Lebensblut auszusaugen" (zitiert von Cornelißen in 643). Das unrühmliche Ende des Krieges und die Enttäuschung der Hoffnungen in einen Wilson-Frieden zogen neue Polarisierungen in der deutschen Innenpolitik nach sich. Als Scheidemann sich weigerte, die Verantwortung für die Unterzeichnung des Vertrags von Versailles zu übernehmen, indem er erklärte, dass die Hand, die ihn unterschreiben würde, „verdorren müsste", diskreditierte er langfristig die Revolution und die Gruppen, die sich auf einen ausgehandelten Frieden verlassen hatten. Die Rechten und das Militär ließen es sich nicht entgehen, diese öffentliche Selbstverurteilung des neuen parlamentarischen Systems zu nutzen, um ihr politisches Prestige so schnell wie möglich wiederherzustellen: Um solch einen schmachvollen Frieden zu erreichen, hätte Deutschland die Waffen nicht so früh niederlegen müssen. Diese Idee verstärkte den Verdacht des „Verrats", der nach dem Waffenstillstand und nach der Revolution seit Dezember 1918 auftauchte (657, 607, 661, 639). Die Männer der Republik trugen selbst zur Entstehung und Verbreitung der Dolchstoßlegende bei, indem sie die These übernahmen, nach der die deutschen Soldaten „im Felde unbesiegt" geblieben seien. Zweifellos erschien ihnen diese Behauptung wesentlich, um den 6,5 Millionen noch unter deutscher Flagge stehenden Soldaten Mut einzuflößen und ihren ordnungsgemäßen Rückzug sicherzustellen. So betonte Friedrich Ebert anlässlich des Empfangs der zurückgekehrten Truppen in Berlin am 10. Dezember 1918: „Kein Feind hat Euch überwunden."

Dolchstoßlegende

Damit entwickelte sich der Vorwurf des Dolchstoßes in der Zeit vom Waffenstillstand bis zur Unterzeichnung des Versailler Vertrags. Gerd Krumeich hat betont, dass diese Legende die notwendige Ergänzung des Mythos vom „Geist von 1914" darstellte: Im Lichte dieses Mythos blieb die Niederlage, wenn man keinen Verrat in Betracht zog, unerklärlich (644). Allerdings nahm die Dolchstoßlegende unterschiedliche Formen an: Die Palette reichte vom Vorwurf hinterhältigen Verrats (vor allem gegenüber den Spartakisten, Kommunisten und Juden) bis zum globaleren, immerhin weniger virulenten Vorwurf an die Heimatfront, die ihre tapfere Armee im Stich gelassen hätte. Damit wollten die deutschen Nationalisten auf die angeblich grundlegende Asymmetrie zwischen den Anstrengungen der Armee und den Bemühungen der Zivilisten abheben (604).

Im August 1919 wurde eine parlamentarische Untersuchungskommission eingesetzt, die rational und objektiv – so das offizielle Ziel – „die Gründe für den Zusammenbruch Deutschlands im Jahre 1918" bestimmen sollte. Hindenburg äußerte sich im November 1919 und sprach von einer revolutionären Infiltration in der Armee, bevor er den Vorwurf äußerte, dass jemand der deutschen Armee in den Rücken gefallen wäre. Durch seine Stimme gewann der Vorwurf des Verrats mehr Beachtung, was ihm gleichzeitig eine neue Legitimität verschaffte. In den zwanziger Jahren und vor allem während der Wahlkämpfe nutzte die Rechte ausgiebig das Thema des Dolchstoßes, während er für die Linke nur eine Legende war. Von nun an wurde die Debatte darüber geführt, ob die gesamte Linke der Beteiligung an einer antimilitaristischen Kampagne beschuldigt werden konnte, oder ob man die Mehrheitssozialisten von dem Vorwurf befreien und die Anschuldigung auf die unabhängigen Sozialisten und Spartakisten konzentrieren sollte. Mit dem Aufkommen der nationalsozialistischen Propaganda verloren diese Nuancen ihre Bedeutung: Die Ereignisse von Ende 1918 waren angeblich das Ergebnis der „November-Verbrecher". Dabei verfestigte sich der Ausdruck des „Dolchstoßes der Juden und Marxisten", der anschließend in den Sprachgebrauch der deutschen Nationalisten einging. Der Begriff der „Legende" in Hinsicht auf den Dolchstoß konnte erst ab 1945 wieder auftauchen.

Diese Debatten belasteten die Weimarer Republik: Sie trugen dazu bei, dass sich die Politik weniger auf die Zukunft und auf den Aufbau einer stabilen Demokratie als auf die Vergangenheit und die Revision des Versailler Vertrags konzentrierte. Die Notwendigkeit einer solchen Rücknahme fand einhellige Zustimmung; doch das politische Feld war gespalten über die Art und Weise, wie sie erreicht werden konnte. Versailles wurde somit zu einem Ort konfliktgeladener Erinnerung (663).

Problematische Umsetzung der Verträge

In Deutschland und den anderen Staaten stand zunächst aber die konkrete Umsetzung und Anwendung der Verträge auf der politischen Tagesordnung. Egal ob Sieger oder Besiegte, kein Land war mit den Verträgen zufrieden. Jeder glaubte, dass alles, was bei der Ausarbeitung des Vertrags nicht errungen worden war, im Prozess der Umsetzung erreicht werden konnte.

Eine Vielzahl von Verhandlungsführern, die die Verträge ausgearbeitet oder akzeptiert hatten, verlor die Macht, als es darum ging, die Verträge anzuwenden. In den Vereinigten Staaten erlangte Wilson nicht einmal die für die Ratifizierung des Versailler Vertrags nötige Zweidrittelmehrheit im Senat. Die Vereinigten Staaten wurden vom Motor zum Hindernis des Friedens: Sie verweigerten ihre politische und militärische Beteiligung am Völkerbund und hielten sich weder an ihre vorher abgegebenen Zusagen noch an die Mandate, die ihnen vom Völkerbund anvertraut wurden. In Frankreich kam Poincaré 1922 als Regierungschef an die Macht, nachdem er als Präsident der Republik von Clemenceau von den Friedenskonferenzen ausgeschlossen worden war. Er vertrat gegenüber Deutschland eine harte

Durchsetzung der Bestimmungen. Mit dieser Entschlossenheit suchte er einen als zu wohlwollend angesehen Vertrag zu korrigieren. Die Besetzung des Ruhrgebiets war Ausdruck dieser Bemühungen (640). In Italien gab Orlando ein paar Tage vor der Unterzeichnung des Vertrags von Versailles die Macht ab. Die große Mehrheit der Italiener fühlte sich verraten, weil die Alliierten, indem sie ihnen die Stadt Fiume verweigerten, ihren Verpflichtungen von 1915 nicht nachkamen. Mussolini vergrößerte seine Anhängerschaft mit der Parole des „verstümmelten Sieges" *(vittoria mutilata)*. Es gelang ihm schließlich, die Angliederung der Stadt Fiume an Italien durchzusetzen. Sie basierte auf dem mit Jugoslawien im Januar 1924 abgeschlossenen Abkommen von Nettuno.

Das bolschewistische Russland verurteilte die Verträge, hoffte aber auf eine Spaltung der siegreichen kapitalistischen Mächte und auf die Ausdehnung der Revolution nach Mitteleuropa, um aus dieser Situation einen Nutzen ziehen zu können. Die Staaten Mitteleuropas waren vor allem mit der Abgrenzung und Sicherung ihres Territoriums befasst; es war nicht groß genug für die Gewinner, zu klein für die Verlierer. Die Letzteren versuchten zudem, so weit wie möglich den Abrüstungsverpflichtungen und den Reparationszahlungen zu entkommen. Von der verweigerten Umsetzung bis hin zur tatsächlichen Änderung kam es zu einer mehr oder weniger umfassenden Rücknahme der militärischen, territorialen, finanziellen und wirtschaftlichen Bestimmungen der Verträge.

In Deutschland ging der Revisionismus von der empfundenen Demütigung aus. Er konzentrierte sich auf den Vorwurf der alleinigen Kriegsschuld Deutschlands und die daraus resultierenden Maßnahmen (649, 653, 658). In finanzieller Hinsicht setzte sich der deutsche Widerstand letztlich durch. Die Neuplanungen der Zahlungstermine für die Reparationen 1924 (Dawes-Plan) und 1929 (Young-Plan) verlängerten die Zeit für die Abschreibung der Schulden. Auch die Fristen für die Schuldentilgung und die Beträge wurden revidiert. Im Kontext der Weltwirtschaftskrise seit 1929 und des Zusammenbruches deutscher Banken seit 1931 wurde im Juli 1932 auf der Konferenz von Lausanne der definitive und pauschale Restbetrag der Reparationen auf drei Millionen Deutsche Mark festgelegt – die allerdings nie bezahlt wurden. Insgesamt hat Deutschland 17 Prozent der durch die Kommission für Wiedergutmachung im Mai 1921 festgelegten Reparationen beglichen. Die Bestimmungen über die Demilitarisierung Deutschlands blieben z.T. Makulatur. Die anderen Verträge wurden in der Regel ebenso wenig angewendet, sodass der Vertrag von Sèvres in der Türkei zu einem Krieg führte und anschließend durch den Vertrag von Lausanne im Jahre 1923 ersetzt werden musste.

Die Umsetzung der Verträge war geographisch betrachtet zwar sehr unterschiedlich, blieb aber insgesamt weitestgehend unvollständig. Zunächst dominierte die andauernde Logik des Konflikts die Diskussion über die Umsetzung der Verträge, und sie verursachte heftige Spannungen (606). Danach leitete die Entspannung der europäischen Beziehungen, initiiert von Aristide Briand und Gustav Stresemann, eine ruhigere und friedlichere Phase ein. Diese Entspannung gründete allerdings auf einer pragmatischen Politik, die auch zu einer Unterhöhlung des Vertrags beitrug. Im Juni 1919 wurde die Aufnahme Deutschlands in den Völkerbund davon abhängig gemacht, wie der Verliererstaat seinen Verpflichtungen nachkommen würde; im September 1926 gelang Deutschland jedoch die Aufnahme in den Völkerbund, obwohl es seine Pflichten keineswegs vollständig erfüllte. Die Verträge fungierten letztlich als Instrumente, deren Formalismus weder dafür ausreichte, den Frieden aufzubauen, noch ihn zu garantieren (622).

d) Rückblicke der Historiker auf die Friedensverträge

Wechselhafte Zusammenhänge der Geschichtsschreibung

In den Analysen der Friedensverträge, die dem Ersten Weltkrieg ein Ende setzen sollten, wurden fortwährend neue Schwerpunkte gesetzt. Sofort nach der Unterzeichnung der Verträge zeigten die Beobachter sich ihnen gegenüber allenfalls skeptisch, schlimmstenfalls sehr pessimistisch im Hinblick auf die Zukunft des Friedens. Vor dem Hintergrund eines stets konfliktreichen Friedens war die Geschichtsschreibung zwischen den beiden Weltkriegen vor allem kontrovers und vertrat häufig die von den nationalen Interessen oder der politischen Öffentlichkeit vorgegebenen Standpunkte. Mit dem Ausbruch des Zweiten Weltkriegs stellte sich heraus, dass der aus dem vorherigen Krieg hervorgehende Frieden nur zwanzig Jahre angehalten hatte. Dieses Scheitern des Friedens wurde zum größten Teil den Verträgen zugeschrieben: Weit davon entfernt, einen wahren Frieden etabliert zu haben, wurden sie sogar für die Errichtung des Nationalsozialismus in Deutschland und schließlich für den darauffolgenden Krieg verantwortlich gemacht (635, 668, 620, 628).

Die Kritik an den Verträgen richtete sich vor allem auf die Klauseln über die Verantwortung der Besiegten in dem Konflikt. Infolgedessen trugen die Thesen von Fischer (vgl. Kapitel 1), die die maßgebliche Verantwortung des imperialen Deutschlands für den Konflikt bestätigten und den deutschen Sonderweg kritisch wendeten, daher dazu bei, dass die Interpretation in Frage gestellt wurde, den Versailler Vertag als Ursache des deutschen Revisionismus in seiner extremsten Form zu betrachten. In der Perspektive von Fischer war Versailles nicht die Ursache für den Aufstieg des Nationalsozialismus, sondern einfach ein rhetorisches Instrument der nationalsozialistischen Propaganda. Auch außerhalb Deutschlands trat der erste globale Konflikt allmählich aus dem Schatten des Zweiten Weltkriegs. Überdies brachten die Schwierigkeiten der internationalen Abrüstung oder auch die Probleme, mit denen die Vereinten Nationen im Bereich der Friedenssicherung konfrontiert waren, die Historiker dazu, sich erneut mit den Konferenzen und den Verträgen zu befassen, die den Ersten Weltkrieg beendet hatten.

Karthagischer Frieden oder bestmöglicher Kompromiss

Eine Reihe von ihnen hält nun den Versailler Vertrag weiterhin für einen karthagischen Frieden, verantwortlich für internationale Ungleichgewichte, die noch nach dem Ende des Kalten Krieges spürbar und sichtbar sind (602, 626, 632, 648). Andere hingegen haben eine mildere Sicht auf den Frieden und betonen weniger das spätere Werden der Verträge als die Dynamik ihrer Entstehung. Sie versuchen die Verträge dabei aus ihrem eigenen Kontext heraus zu erklären.

So sind immer mehr Historiker der Auffassung, dass die Verhandlungsführer der Friedenskonferenzen das getan haben, was in ihrer Macht stand, als sie noch stark unter den Kriegsfolgen litten und mitten in schwierigen Konfliktsituationen steckten (616, 608). Der Frieden von Versailles sei nicht verschenkt worden, aber er war nach dieser Auffassung ein Zwitterwerk, das die Widersprüche seiner Anstifter und der Nachkriegszeit wiederspiegelt (646, 629, 650). Die Öffentlichkeit in den Ländern der Alliierten habe diese Härte gegenüber Deutschland gefordert, das für den Krieg bezahlen sollte. Noch lange nach Mantoux wurde das Werk von Keynes mit ständig wiederkehrender Kritik konfrontiert (494), die zeigen sollte, dass Deutschland die Reparationen in der Tat hätte bezahlen können.

Einige Autoren haben den Versailler Vertrag sogar als den bestmöglichen Kompromiss in diesem schwierigen Kontext bezeichnet (666). Die dringenden Probleme der Notwendigkeit einer schnellen Demobilisierung der Soldaten, der Versorgung der Bevölkerung und der Unterdrückung der revolutionären Bewegungen erlaubten es demnach nicht, länger zu warten. Die Verhandlungsführer hätten es nicht besser machen können. Auf den Friedenskonferenzen hätten jedoch aus dem Krieg resultierende Einstellungen nicht beseitigt werden können: einerseits die Überzeugung der Sieger von der Verantwortung ihrer Gegner in dem Konflikt, andererseits die Überzeugung der Besiegten, dass die ihnen auferlegten Strafen zutiefst ungerecht waren. Mehr als der Vertrag selbst habe vor allem seine Rezeption durch die öffentliche Meinung, besonders in Deutschland, den Frieden bedroht. Auch wenn die Verträge als Sprungbrett für die Bestrebungen nach Revanche gedient und die Angriffe auf den Versailler Vertrag den Nationalsozialisten nachhaltig Auftrieb verliehen hätten, könne nicht allein den Friedensverträgen zugeschrieben werden, was anschließend geschah.

Frieden zwischen objektiven Realitäten und subjektiven Wahrnehmungen

Hinter dieser positiven Einschätzung der Friedensverträge steckt oft die Absicht, die sachliche Realität zu berücksichtigen (vor allem, was die Verantwortung für den Krieg oder die Höhe der Reparationen angeht), und zwar in Abgrenzung zu den Mythen und Legenden, die um sie herum existieren (612). Diese Vorgehensweise ist der Gefahr ausgesetzt, die sozialen und kulturellen Folgen und vor allem das jeweilige Verständnis des Versailler Vertrags durch die Bevölkerungen außer Acht zu lassen. Ihr steht deshalb ein Ansatz gegenüber, nach dem die Verträge aus der Perspektive der kulturellen Kontexte untersucht werden (643). Anstatt die Mythen bei der Beurteilung der Verträge unberücksichtigt zu lassen, sollen sie für ein besseres Verständnis der Vergangenheit herangezogen werden. Somit werden Wahrnehmung und Erfahrungen Gegenstand der Analyse, in der die Empörung wie auch die Hoffnung der Zeitgenossen eingeschlossen sind. Gerd Krumeich hat verdeutlicht, inwieweit der Krieg „in den Köpfen" weitergeführt wurde, und zwar wegen der andauernden Kluft zwischen den verschiedenen Wahrnehmungen und Erfahrungen des Krieges. Während die Franzosen sich immer wieder auf die Besetzung bezogen, blieben die Deutschen davon überzeugt, einen defensiven Krieg geführt zu haben, den z.B. die Seeblockade zu erkennen gab. Was von den Franzosen als deutsche Arroganz empfunden wurde, war aber auf deutscher Seite vor allem eine Verkennung der Art und Weise, wie die Franzosen den Krieg erlebt hatten. Krumeich hat außerdem betont, dass die folgenden Ereignisse weniger von der juristischen Bedeutung des Artikels 231 beeinflusst wurden, als vielmehr von der durch die Artikel verstärkten, von den Deutschen empfundenen Stigmatisierung. Diese wurde vor allem mit der Forderung der Entente-Mächte verbunden, den Kaiser und alle wegen Kriegsverbrechen beschuldigten Personen auszuliefern.

In einem Kontext, der nunmehr eine kritische Auseinandersetzung mit dem Frieden erlaubt, bemüht sich die Geschichtsschreibung schließlich, die Vielfalt der Optionen und Möglichkeiten in der Nachkriegszeit zu rekonstruieren, sowohl in materieller Hinsicht als auch in Bezug auf die Einstellungen und Darstellungen. Der Krieg war so hart und lang, dass die Erwartungen an den Frieden enorm hoch ausfielen. Die Verträge waren zweifellos Ausdruck eines Siegfriedens, weicher, als die Armeen und die öffentliche Meinung in den Siegerländern ihn gewollt hätten, aber viel härter, als es sich die Führung und die Öffentlichkeit in den besiegten Ländern erhofft hatte. Deshalb stellten die Verträge ebenso Innovationen dar, wie sie auch zu Unzufriedenheit führten: Ihre Revision wurde zu einer Forderung mit einem hohen Mobilisierungspotential.

6. Der Totenkult zwischen Trauer und Politisierung

Während des Ersten Weltkriegs waren die vielfältigen Begegnungen mit dem Tod ständig bedeutsam. Dies galt sowohl an der Front als auch in der Heimat: Es betraf einerseits den Tod der anderen, der Kameraden, Landsleute, Alliierten und Feinde und auch den gefürchteten eigenen Tod. Andererseits betraf es den Tod von mobilisierten Verwandten und Freunden sowie das Sterben von Zivilisten durch Krankheiten, Hunger und Bombenangriffe. Deshalb nahm das Totengedenken einen besonders wichtigen Platz in den Gesellschaften während und nach dem Krieg ein.

Um dieses Thema zu erörtern, bieten sich zwei Herangehensweisen an. Die erste bezieht sich auf die Trauer. Aus dieser Perspektive spiegelt der Anstieg der Trauerfeierlichkeiten vor allem die Schwere des Kriegstraumas wider. Diese Herangehensweise beleuchtet das innerste menschliche Bedürfnis der Individuen, ihre Toten zu betrauern. Der zweite Zugang bezieht sich hingegen auf unterschiedliche Funktionalisierungen des Totengedenkens. Die Trauer ist in der Tat nicht ohne weiteres vom politischen Aspekt des Totenkultes zu trennen, denn dadurch, dass man die Toten nicht vergisst, werden die Hinterbliebenen ermahnt, den Kampf der Verstorbenen fortzusetzen oder sich ein Beispiel an ihnen zu nehmen. Diese beiden Herangehensweisen entsprechen z.T. der Unterscheidung zwischen privater Trauer und öffentlichem Totenkult, die bis zum Ersten Weltkrieg zurückreicht und sich besonders an dessen Ende feststellen lässt. Allerdings wurde dieser Gegensatz erst ab den siebziger Jahren von der Geschichtsschreibung eingehender systematisiert.

a) Ein Massensterben in unbekannten Dimensionen

Das Kriegssterben war, in welcher Form auch immer es auftrat, in jedem Fall außergewöhnlich: wegen seines Ausmaßes, der Gewalt, der betroffenen Bevölkerung und der auferlegten Trauerumstände.

Unerhörte Opferzahl

Zwischen 1914 und 1918 erreichte der zum Dienst eingezogene männliche Bevölkerungsanteil zwischen 15 und 49 Jahren ein Rekordniveau für einen militärischen Konflikt langer Dauer. In Frankreich, Deutschland und Österreich-Ungarn wurden sogar mehr als drei Viertel dieser Bevölkerungsschicht eingezogen. Darüber hinaus erreichte die Gesamtzahl der Kriegsopfer mit beinahe zehn Millionen Gefallenen und Vermissten bei 74 Millionen eingesetzten Soldaten unvorstellbare Ausmaße. Diese Opferzahlen unterlagen aber zahlreichen Schwankungen, wobei diese zum Teil chronologisch zu erklären sind. Die ersten Kriegswochen waren die verlustreichsten. Mit dem zunehmenden Stellungskrieg in den Schützengräben kam es dann zu einem kontinuierlichen Anstieg der Zahl der Gefallenen, Verletzten, Vermissten und Kriegsgefangenen, was insbesondere auf den verstärkten Artillerieeinsatz zurückzuführen ist. Zum Kriegsende verdoppelte sich die Anzahl der Gefallenen aufgrund der im Sommer 1918 einsetzenden Grippe-Epidemie sogar. Das Fluktuieren der Opferzahlen lässt sich auch geographisch analysieren: Die höchsten Verluste wurden an der Ostfront verzeichnet, was zum einen auf die Kriegsführung, zum anderen auf die miserablen sanitären Bedingungen zurückzuführen ist. Die Schwankungen unterscheiden sich darüber hinaus nach den jeweiligen Nationen: Die Verluste auf französischer Seite waren absolut zwar niedriger, relativ gesehen jedoch höher als die der Deutschen. Schließlich sind sie sozial erklärbar: Der Anteil der Opfer, die der sozialen Elite entstammten, war anfangs höher als der Anteil aus der durchschnittlichen Bevölkerung. Dieses Ungleichgewicht glich sich im Laufe des Krieges jedoch aus (759).

Spezifische Sterblichkeit

Über einen quantitativen Zugang hinaus kann der Kriegstod anhand qualitativer Merkmale untersucht werden. So war das Sterben geschlechterspezifisch unterschiedlich, denn es waren größtenteils Männer, die fielen, und Frauen, die trauerten. Der Krieg verkehrte außerdem die Ordnung der Generationen: Es starb vorrangig die junge Generation und nicht die ältere, also eher Verwandte in absteigender als in aufsteigender Linie. Auch die Trauer mitsamt ihren Formen war außergewöhnlich. Riten, die auf dem hinterbliebenen Körper beruhten, verloren in Kriegszeiten an Bedeutung, da die Toten oft einfach abwesend, unauffindbar oder nicht identifizierbar waren. Auch wurden Trauerriten, die eigentlich eine intime Auseinandersetzung mit dem Tod erforderten, auf die politische Bedeutung des Gefallenen beschränkt, denn sein Tod galt oft als freiwilliges Opfer zum Wohlergehen der Nation. Zudem hatte die Außergewöhnlichkeit des Kriegstodes durch den Fortlauf des Krieges längere Zeit Bestand. Somit wurde diesen außergewöhnlichen Toten in außerordentlicher Weise gedacht.

Anerkennung und Zählung

Insgesamt gesehen löste die Auseinandersetzung mit dem Ausmaß des Kriegstodes in den Nachkriegsgesellschaften keine intensiven Debatten aus. Wenn Opferstatistiken erstellt wurden, dann lediglich aus finanziellem Interesse, da die Ausgaben für die Kriegshinterbliebenenfürsorge erfasst werden mussten (für Frankreich: 737). Hierbei reichten grobe Schätzungen aus, weil offensichtlich war, dass der Krieg ein menschliches Drama in grausamer Dimension hervorgerufen hatte.

Infolgedessen war es den Überlebenden wichtiger, die materielle und moralische Schuld gegenüber den Kriegsopfern anzuerkennen, als die exakten Gefallenenzahlen zu ermitteln. Deshalb waren die Zeitgenossen mehr daran interessiert, die Gefallenen namentlich zu identifizieren und zu verzeichnen, um niemanden zu vergessen oder auszuschließen, als sie genau zu zählen, um eine präzise Bilanz des Krieges zu ziehen. Das Massensterben bestand aus vielen einzelnen Schicksalen, deren individuelle Spuren bewahrt werden mussten. Diese Feststellung verweist auf brisante Fragen in den Nachkriegsgesellschaften.

b) Kriegserfahrungen zwischen privater Trauer und öffentlichen Ehrungen

Individualisierung der Leichenbehandlung

Sowohl für den Staat als auch für die gesamte Gesellschaft drückte sich der Respekt gegenüber den Gefallenen im Umgang mit der jeweiligen Leiche aus. Zu Beginn des Krieges stellten die individuelle Auseinandersetzung mit dem Toten und die Identifizierung jeder Leiche jedoch keine Priorität dar, denn auch wenn die sterblichen Überreste bewahrt werden sollten, wurden sie zumeist lediglich in Massengräbern bestattet. Es war daher auf die Initiative der Soldaten zurückzuführen, dass eine individuelle Bestattungsform aufkam. Dies lässt sich auch dadurch erklären, dass viele Armeen nicht aus Berufssoldaten, sondern aus eingezogenen ehemaligen Zivilisten bestanden und sich somit zivile Riten besser entwickeln konnten (689). Im Krieg waren die Kameraden des Gefallenen die erste Trauergemeinschaft. Hieraus gingen Praktiken wie das Schließen der Augen des Verstorbenen, das Zusammentragen seiner persönlichen Gegenstände und sein Begräbnis in einem namentlichen Grab hervor. An diesen Gräbern wurden gegebenenfalls Andachten abgehalten oder Blumen niedergelegt. Diese Gesten ermöglichten den Ausdruck einer gewissen Solidarität – oder sogar Freundschaft und Zuneigung – für den Toten, die es wiederum den Soldaten erleichterte, ihre Angst vor dem eigenen Tod aufgrund des Versprechens von Gegenseitigkeit zu überwinden (333). Schließlich standen diese Riten für den Versuch, eine Pflicht gegenüber der Familie des Gefallenen zu erfüllen, da man ihr in einem Brief oder bei einem Fronturlaub über die erwiesene Ehre berichtete.

Aus dem Krieg resultierten so viele Leichen, dass sich die Regierungen einfach mit ihnen befassen mussten. Dies geschah zuallererst unter hygienischen und materiellen Aspekten. Konfrontiert mit Riten aus der zivilen Gesellschaft, sahen sich die Regierungen gezwungen, zu reagieren: Sie mussten die Forderungen der Soldaten und ihrer Familien nach elementaren Bestattungsriten mit ihren politischen und sanitären Interessen verbinden (707, 723). In Frankreich versuchte die Regierung aufgrund der naheliegenden Front besonders stark, spontane Rückführungen des Gefallenen durch die Familie zu verhindern, da sich diese der Kontrolle der militärischen Verwaltung entzogen. Letztlich waren die Regierungen in allen Ländern gezwungen, ihrem Volk Zugeständnisse hinsichtlich der individuellen Bestattung der Leichen einzuräumen. Dies umfasste auch die Errichtung und Erhaltung von individuellen Grabstellen. Während der Gefechtsphasen und Frontbewegungen jedoch waren Beerdigungen nur schwer möglich, und wenn diese stattfanden, blieben die Grabstätten prekär.

Schwierigkeiten der Leichenidentifizierung

Zudem trafen Bestrebungen für eine individuelle Beerdigung der Leiche auf Identifizierungsprobleme, da die Erkennungsmöglichkeiten der Gefallenen ungenügend blieben. In den meisten Ländern wurden die Soldaten nur langsam mit Erkennungsplaketten, sogenannten Hundemarken, ausgestattet. Darüber hinaus trugen die Männer diese Marken nicht ständig, und auch ihre Verwendung nach dem Tod der jeweiligen Soldaten war unterschiedlich: Einige Marken wurden zum Wehrpass des Gefallenen gelegt, um die Aufbewahrung seiner Daten beim Standesamt zu gewährleisten, während andere bei der Leiche verblieben, um seine spätere Identifizierung zu ermöglichen. Trotz vielfältiger Bemühungen, die Personalien der Gefallenen zu erfassen, blieb ein großer Anteil der Toten am Ende des Ersten Weltkriegs nicht identifizierbar.

Demgegenüber mussten die Behörden aber in der Lage sein, jede Familie über das Schicksal ihres Nahestehenden zu informieren und zu beruhigen. Daher waren die Behörden auf präzise Daten über die Frontsoldaten angewiesen. Deshalb entwickelten die Staaten bürokratische Verfahren, um Daten zu sammeln und zu zentralisieren. Damit sollten die großen Informationsmengen verarbeitet werden. Diese bürokratischen Verfahren dienten letztlich dazu, die Soldaten und die Gefallenen zu lokalisieren und somit den Trauernden die Möglichkeit zu geben, die letzte Ruhestätte ihrer Nahestehenden besuchen zu können. Dies war eine große Herausforderung, denn die Staaten waren verpflichtet, die sterblichen Überreste ihrer patriotischen Verteidiger für die Zukunft zu erhalten, und darüber hinaus hofften sie, dadurch ihre symbolische Legitimität erneuern zu können. Hierbei mussten die Regierungen die Bedürfnisse der Zivilgesellschaft berücksichtigen, die individuelle Riten und Bestattungen der Leichen verlangte. Dieses Aufeinanderprallen von staatlichen und privaten Interessen hinsichtlich der Bestattung der Gefallenen war besonders prägnant in der Phase der Demobilisierung, denn hierbei waren sowohl die Lebenden als auch zu einem gewissen Grad die Toten betroffen.

Unzugängliche Leichen

Während des Krieges mussten viele Familien fern der jeweiligen Grabstätte trauern, da administrative, materielle und militärische Erwägungen Trauer vor Ort erschwerten. Sobald der Krieg jedoch beendet war, glaubten viele Trauernde, dass ihre Trennung von den Gefallenen nunmehr überwunden werden konnte, denn nun waren sie in der Lage, Zugang zu den Grabstätten zu erlangen. Andernfalls drohte die Trauer der Familien in ein Gefühl der Enteignung umzuschlagen. Doch der Umgang mit den Gefallenen warf einige Fragen auf: Sollten die Kriegstoten dort verbleiben, wo sie gefallen waren, und die Gräber durch den jeweiligen Staat gepflegt werden? Oder sollten die Toten in Familiengräber zurückgeführt werden? Die Antwort hing davon ab, ob patriotisch-politische oder familiäre Zwecke hinsichtlich der Bestattung betont wurden, wobei in den verschiedenen Ländern ähnliche Argumente hinsichtlich dieser Frage zu finden waren (710).

Staatliche Kriegsgräberfürsorge

Die Bestattung von Leichen in nationalen Kriegsgräberfriedhöfen nahe der Front oder gar in Beinhäusern im Falle einer ausbleibenden Identifizierung geschah aus praktischen und ideologischen Überlegungen. Aus praktischer Sicht verhinderte die Gruppenbestattung die Anlage einzelner Gräber auf fruchtbaren Ackerflächen oder den Rücktransport Tausender Leichen in die Heimat. Aus ideologischer Perspektive spiegelten nationale Kriegsgräberfriedhöfe die Vorstellung wider, dass nunmehr die gefallenen Kameraden ein Familiengrab ersetzten. Hierbei sorgte der Staat durch Aufrechterhaltung der Soldatenfriedhöfe für ein „ewiges Überleben" in der kollektiven Erinnerung, wohingegen individuelle und verstreute Gräber allmählich vernachlässigt werden würden. Schließlich garantierten die einheitlichen Kriegsgräber die Gleichheit der Gefallenen. Als Gegenleistung dieser Egalität verblieben die Gefallenen in gewisser Weise mobilisiert, denn die Kriegsgräberfriedhöfe nahe der Front bildeten eine symbolische Grenze, auf der eine Armee von Toten weiterhin Wache zu halten schien.

Im Falle des Todes auf nationalem Boden oder demjenigen eines Verbündeten fiel die Grabfürsorge in die Aufgabenpflicht der Regierungen oder der nationalen Gräberkommissionen. Die US-Regierung beispielsweise führte ihre Gefallenen, deren Zahl aufgrund des späten Kriegseinstieges relativ gering blieb, in großen Soldatenfriedhöfen zusammen. Die britische *Imperial War Graves Commission* verteilte hingegen die Gräber weitläufig und nahe dem Ort, an dem die Soldaten jeweils gefallen waren. Die britische Kommission versuchte allerdings, die vielen Friedhöfe durch eine einheitliche Architektur auf die britische Kultur auszurichten, wobei gleichzeitig Raum für nationale Unterschiede durch die Einfügung von Pflanzen wie dem australischen Eukalyptus oder die Anfertigung nationaler Gravuren wie dem kanadischen Ahornblatt gelassen wurde.

Im Falle des Todes auf feindlichem Boden trat Artikel 225 des Versailler Vertrages in Kraft, der Folgendes vorsah: „Die alliierten und assoziierten Regierungen und die deutsche Regierung werden dafür Sorge tragen, dass die Grabstätten der auf ihren Gebieten beerdigten Heeres- und Marineangehörigen mit Achtung behandelt und instandgehalten werden." Aufgrund dieser Regelung verließ sich die deutsche Regierung auf ihre französischen Kollegen, die die deutschen Gefallenen in riesigen Kriegsgräberfriedhöfen mit schwarzen Kreuzen beerdigten. Wegen finanzieller Schwierigkeiten des *Zentralnachweisamts für Kriegsverluste und Kriegergräber* trat der private *Volksbund Deutsche Kriegsgräberfürsorge* (VDK) an die Stelle des deutschen Staates. Der Volksbund griff sowohl Änderungen der Kriegsgräber zwecks „Germanisierung" der Friedhöfe als auch spezielle Änderungswünsche der Familien auf.

Forderung der Hinterbliebenen für einen privaten Umgang mit den Leichen

Die Verantwortlichkeit der öffentlichen Hand für die Kriegstoten rief jedoch den Widerstand der betroffenen Familien auf den Plan. So forderten manche Hinterbliebenen schon bald nach Kriegsende eine Rückführung der Gefallenen in die Familiengräber. Wenn die Kriegsgräber relativ nahe und zugänglich waren, wie beispielsweise in Frankreich, kam es sogar zu illegalen Exhumierungen der Leichen zwecks Rückführung (732). Das Absuchen der Schlachtfelder wurde demnach durch zwei gegensätzliche Akteure vorgenommen: Die Staaten durchforsteten offiziell und mit großem Aufwand das Terrain, um die zigtausenden Gefallen zu identifizieren und zusammenzuführen, während die trauernden Familien heimlich, aber mit starker Motivation aufgrund ihres persönlichen Schmerzes die Leiche des jeweiligen Angehörigen suchten. Letztlich jedoch blieb die Zahl der Familien, die eine solche Suche und eventuelle Rückführung finanzieren konnten, überschaubar, zumal die Kosten mit der Entfernung zur Front stiegen. Daher beschränkte sich die Mehrzahl der Familien auf einen Besuch des Grabes an der Front, was oft für ihre Unzufriedenheit sorgte.

Partielle Rückführung in die Heimat

Die Debatte über die Rückführung der Toten wurde in allen kriegsbeteiligten Ländern mit je unterschiedlichen Ergebnissen geführt. In Frankreich erlaubten die Behörden unter dem starken Druck der Bevölkerung im Juli 1920 die Überstellung der Gefallenen aus der Frontzone. Damit die Verwaltung die Kontrolle behielt und Ungleichheit im Tod vermieden wurde, übernahm der Staat selbst die Kosten dieser Rückführung. Am 4. Oktober 1920 schrieb *Le Temps* hierzu: „Auch die Demobilisierung der Toten ist im Gang." Zwei Jahre nach Kriegsende fand Frankreich damit eine Antwort auf die Problematik der Rückführung, wobei die Gefallenen zwischen dem Vaterland und den Familien aufgeteilt wurden (732). So erhielten Familien rund 240.000 Leichen zurück. Dies entspricht 30 Prozent der identifizierten französischen Gefallenen (707). In den Vereinigten Staaten von Amerika wurden im Jahr 1920 mehr als 45.000 Leichen zurückgeführt, was etwa 70 Prozent der identifizierten amerikanischen Gefallenen in Europa darstellte (726).

Die britische Regierung hingegen entschied sich, grundsätzlich auf die Rückführung zu verzichten, da die Kosten und die Gleichheit (viele Gefallene waren nicht identifizierbar) dagegen sprachen (756). Sie zog es vor, die Gelder für die Lebenden auszugeben. Dies lässt sich auch durch die anglikanische Religion erklären, die durch eine distanzierte Beziehung zu Leichnamen geprägt ist (711). Vor diesem Hintergrund zog man Gedenkfahrten an die ehemalige Front, also an den Ort, wo der Gefallene zuletzt gelebt hatte, einer Rückführung vor (721).

In Deutschland vertrat die republikanische Regierung die zivile Sicht der Kriegstoten, den wiederholten Aufrufen der militärischen Behörden zu einer Heroisierung der Gefallenen an der Front zum Trotz. So eröffnete die republikanische Gesetzgebung den Familien die Möglichkeit, die Leichen der Gefallenen ins eigene Land zurückholen zu können. Allerdings bewirkten die schwierigen Zugangswege zur ehemaligen Front, die schlechten Transportmöglichkeiten und die hohen finanziellen Kosten, dass eine umfassende Rückführung ausblieb. Daher verblieben die deutschen Gefallenen in der Regel auf fremdem Boden. Einige Stimmen warnten davor, dass die Abwesenheit der Kriegsgräber im eigenen Land dazu führen könnte, neue Kriege vorzubereiten (710).

Der Umgang mit den Leichen zeigt die ständigen Auseinandersetzungen zwischen Staat und Familie über den Umgang mit den Toten. So verdeutlichen diese Auseinandersetzungen eine grundsätzliche Entwicklung seit den Kriegsjahren, denn der industrielle Massenmord im Ersten Weltkrieg verhinderte keineswegs eine spezifische Berücksichtigung der einzelnen Verstorbenen und ihrer Leichen. Ganz im Gegenteil, die individuellen Riten wurden sogar verstärkt. Es scheint, als ob ein Bekenntnis zu individuellen und persönlichen Werten nötig war, um das anonymisierte Sterben und die unzähligen Todesfälle bewältigen zu können.

c) Der politische Totenkult in der Diskussion

In der Zwischenkriegszeit setzten sich die Akteure der Debatten über den Umgang mit den Gefallenen vor allem aus führenden Politikern, Veteranen und Familien zusammen: Sie drückten ihre Trauer aus und entwickelten Gedenkpraktiken. Mit dem allmählichen Tod der Personen, die den Krieg unmittelbar erlebt hatten, wurde das bisherige kommunikative durch ein kulturelles Gedächtnis verdrängt (675, 676). Gedenkfeierlichkeiten fanden weiterhin statt, aber sie wurden nun ebenfalls zu Untersuchungsobjekten für Historiker: Ab den siebziger Jahren wurden sie immer mehr als Gedenkrituale interpretiert, die heilige und politische Elemente kombinierten. Die Historiker widmeten sich aus diesem Blickwinkel Themen, die einem politischen Totenkult entsprangen, wie Kriegerdenkmälern, Gedenkfeiern und der Ehrung unbekannter Soldaten.

Funktionen der Kriegerdenkmäler

Obwohl Kriegerdenkmäler seit dem 19. Jahrhundert errichtet worden waren, befassten sich Historiker erst seit den siebziger Jahren mit ihnen. Seitdem interessierten sie sich vor allem für die unterschiedlichen Botschaften der Denkmäler und dafür, wie die verschiedenen Gemeinschaften das Gedenken an den Krieg pflegten. Antoine Prost war ein Pionier auf diesem Gebiet, indem er sich mit den Kriegerdenkmälern in den französischen Gemeinden und den Gedenkriten zum 11. November beschäftigte. Er stellte fest, dass die Veteranen, die an solchen Gedenkriten teilnahmen, den Krieg kategorisch ablehnten und für einen republikanischen Pazifismus eintraten (735, 736). Im Anschluss an seine Untersuchungen erschienen Dutzende von fundierten wissenschaftlichen Arbeiten zu den Denkmälern und den unterschiedlichen Gedenkriten in den meisten der am Krieg beteiligten Ländern (714, 715, 716, 723, 753, 697, 713). Das wahrscheinlich umfassendste von ihnen ist das Werk von Kenneth Inglis, der alle in Australien errichteten Kriegerdenkmäler untersuchte (704). Vor allem in Frankreich gingen einige Studien über die untersuchten Denkmäler der Gemeinden hinaus und zogen auch Kriegerdenkmäler in Kirchen, Schulen oder an Arbeitsorten in Betracht. Sie ergänzten so die Arbeiten von Prost (679, 680, 730), während die meisten Studien einen regionalen Fokus beibehielten. In Großbritannien hat das *Imperial War Museum* eine Bestandsaufnahme aller Kriegerdenkmäler auf den britischen Inseln vorgenommen. Diese Datenbank hat lokale Recherchen über Gedenkformen des Krieges erleichtert. Die Fülle von Studien über Kriegerdenkmäler auf nationaler und lokaler Ebene zeigt, wie weit sich dieser historiographische Trend verbreitet hat. Nichtsdestotrotz ist nur eine Minderheit der nach dem Krieg errichteten Denkmäler untersucht worden. Daher ist es wahrscheinlich, dass diese Art kulturgeschichtlicher Forschung weiterhin geführt werden wird.

Heute wissen wir, dass sich der Totenkult direkt nach dem Kriegsende herausbildete. Dies geschah entweder auf den ehemaligen Schlachtfeldern oder in den Herkunftsorten der Gefallenen. Diese räumliche Dichotomie war umso ausgeprägter, als die meisten Soldaten (so Briten und Soldaten aus dem Commonwealth, US-Amerikaner und Deutsche) weit entfernt von ihrer Heimat in den Krieg zogen und im Ausland fielen. Deshalb galt diese Dualität für die früheren Kriegsparteien, ob Sieger oder Besiegte, denn die

Gedenkstätten wurden sowohl an der ehemaligen Front – d.h. an den Orten, wo die Toten lagen – als auch in der Heimat angelegt, in Räumen, wo die Lebenden sich weiterhin bewegten. Einerseits wurden dabei einige Orte der ehemaligen Front jeweils von verschiedenen Nationen für sich beansprucht, da sie dort ihre Kriegsgräber errichtet hatten. Andererseits brachte der Totenkult den Krieg auch in Gebiete, die nicht von den Kämpfen berührt worden waren (zum Beispiel in die Vereinigten Staaten, in das *Commonwealth* oder in vom Krieg verschonte Gebiete in Europa). So pflanzten Australier 1934 eine große, aus den Dardanellen stammende Pinie vor das *Australian War Memorial* in Canberra. In Frankreich waren Urnen mit Erde aus Verdun vor Denkmälern und in Rathäusern platziert. Durch diese Rituale wurden Bruchstücke der Fronterfahrungen ins Heimatland getragen.

Um eine Vorstellung vom Ausmaß des Gedenkens zu bekommen, muss die Zahl der sichtbaren Denkmäler im öffentlichen Raum multipliziert werden, denn der Name eines jeden Gefallenen konnte sowohl an zentraler Stelle in seinem Heimatort als auch in seiner Schule, Kirchengemeinde und Arbeitsstätte eingraviert sein. Diese Denkmäler wurden von verschiedenen „fiktiven Verwandtschaften" errichtet, also Akteursgruppen, die nicht durch Blut, sondern durch Lebenserfahrung miteinander verbunden waren (757). Für diese Akteure erleichterte ein Denkmal einige Aspekte der Erinnerungsarbeit, indem es das Gedenken auf sich fokussierte, einen Rahmen für Gedenkfeiern anbot und einen rituellen Austausch ermöglichte, der den Gefallenen auf symbolische Weise etwas für ihre Aufopferung zurückgab. Auf den Denkmälern der Gefallenen wurden meist Namenslisten in alphabetischer Reihenfolge angebracht, sodass eine gewisse Gleichförmigkeit erreicht wurde. Sie ähnelte der Anordnung von Gräbern auf Soldatenfriedhöfen. Dabei war die Benennung der Gefallenen ein Hauptbestandteil der Erinnerungsarbeit, denn die Namen erinnerten an die jeweiligen Menschen und gaben ihnen gleichsam eine Existenz zurück, die ihnen auf dem Schlachtfeld geraubt worden war (745). Kriegerdenkmäler können daher als ein fundamentales Element eines Bandes der Erinnerung gesehen werden, das die ehemalige Front mit der Heimat, die Leiche mit dem Namen, die Gefallenen mit den Lebenden und die Vergangenheit mit der Gegenwart verknüpfte. In Deutschland, Italien, Frankreich, aber noch mehr in den angelsächsischen Ländern, wurden direkt nach dem Krieg sogar „nutzbringende" Denkmäler in Form von Stiftungen für Kriegsinvalidenfürsorge, Bildungsstipendien, Sportanlagen, Bibliotheken oder Wohnheimen errichtet.

Siegesfeier und Trauertage

Mit dem Ende des Krieges organisierten die Gesellschaften in den kriegsbeteiligten Staaten Feierlichkeiten zu Ehren der heimkehrenden Soldaten. Sowohl bei den Siegern als auch bei den Besiegten waren Parademärsche und Triumphbögen als Anerkennung und Ehrung durch die Zivilbevölkerung gegenüber ihren Verteidigern zu finden. Die Sieger widmeten ihnen sogar nationale Feiertage, um die Opferbereitschaft der Frontkämpfer zu würdigen, so in Paris am 14. Juli 1919 oder in London am 19. Juli 1919. Aber auch angesichts des Triumphes blieb der Tod allgegenwärtig: In Paris wurde eine Totenwache zu Ehren der Gefallenen abgehalten, die noch vor dem Siegeszug der heimkehrenden Soldaten stattfand, während man in

London die Siegesparade um einen Kenotaph – ein Scheingrab, der keine Überreste enthielt – herum organisierte.

Erfindung des Unbekannten Soldaten

Nach den Siegesfeierlichkeiten hielten viele Staaten zusätzliche nationale Trauertage ab, an denen symbolisch der unbekannte Soldat beerdigt wurde. Gedenkfeiern für den unbekannten Soldaten waren übrigens eine Erfindung *par excellence* aus dem Ersten Weltkrieg. Am 11. November 1920 fanden die beiden ersten Zeremonien in London und Paris statt. Dieser Brauch wurde daraufhin in anderen Hauptstädten übernommen, 1921 in Washington und Rom, 1922 in Prag, Brüssel und Belgrad, 1923 in Bukarest und daraufhin in Lissabon, Warschau und Athen (690). Ein solcher auf dem Totenkult basierender Gründungsritus war für die jungen Staaten, die während und aufgrund des Krieges entstanden, besonders wichtig, denn so konnten sie ihre soeben erlangte nationale Identität inszenieren. In den Staaten des *Commonwealth* hielt die politische Bedeutung dieses Ritus weit über die Trauer der Nachkriegszeit hinaus an. So wurden der australische unbekannte Soldat aus dem Ersten Weltkrieg erst 1993 in Canberra, der kanadische 2000 in Ottawa und der neuseeländische 2004 in Wellington beigesetzt.

Streben nach jährlichen Feierlichkeiten

Über jene gelegentlichen Gedenkveranstaltungen hinaus bemühten sich die Staaten, jährliche Feierlichkeiten zu etablieren. Belgien wählte hierfür den 4. August, den Tag, an dem 1914 das deutsche Ultimatum abgelehnt worden war, während die Staaten der ANZAC *(Australia New Zealand Army Corps)* am 25. April feierten, also am Jahrestag der Landung auf Gallipoli 1915 (733). In anderen Ländern wurde vorrangig dem Ende des Krieges in Form der Waffenstillstände gedacht: am 4. November in Italien, am 11. November in Frankreich, Großbritannien und den Vereinigten Staaten. Der nationale Teil dieser Gedenkfeiern wurde durchweg am Grab des unbekannten Soldaten vollzogen, was den öffentlichen und politischen Totenkult, der bereits ausgeprägt war, noch verstärkte. Das Gedenken des Waffenstillstandes war insbesondere ein Tag der Besinnung. Die zweiminütige Gedenkzeit in Großbritannien, während der die gesamte Öffentlichkeit unbeweglich innehält, war und ist ihr wohl spektakulärster Ausdruck (700). In den Siegerstaaten vereinten lokale Festzüge in Stille trauernde Veteranen und Teile der Bevölkerung, besonders Kinder, um die Gedenkstätten. Reden, die bei solchen Veranstaltungen gehalten wurden, dienten der moralischen und staatsbürgerlichen Erziehung. Andere liturgische Elemente konnten hinzugefügt werden, wie Beleuchtung, Bankette oder gar Sportveranstaltungen. All diese Gedenkformen sollten an Geselligkeiten und Praktiken aus der Zeit vor dem Krieg anknüpfen. Offen bleibt die Frage, wie diese offiziellen Gedenkaktionen von den einzelnen Menschen empfunden wurden.

Sieger und Besiegten

In den besiegten Nationen waren Gedenkfeierlichkeiten wesentlich komplizierter, auch wenn die bulgarischen Behörden versuchten, ein offizielles Begräbnis des unbekannten Soldaten nahe der Sophienkirche in Sofia zu organisieren oder die österreichischen Behörden eine nationale Gedenkstätte am Heldentor in Wien. Vor allem in Deutschland setzte sich die Vorstellung des unbekannten Soldaten nicht durch, auch wenn dieses Konzept von den Parteien der Weimarer Koalition unterstützt wurde. Sie hofften, dass ein solches egalitäres Symbol dazu beitragen würde, ein republikanisches Gedenken und eine Demokratisierung der Gesellschaft zu erreichen. Doch monarchistische und nationalistische rechte Parteien lehnten einen solchen Kult ab. Er war aus ihrer Sicht zu abstrakt und für unterschiedliche Interpretationen offen. Stattdessen musste Deutschland nach der Niederlage ihrer Meinung nach eindeutig die Richtung gewiesen werden, damit die zahlreichen Gefallenen nicht umsonst gestorben waren. Daher lag für den Staat die größte Herausforderung darin, nämlich eine Gedenktradition zu konzipieren, die die Kriegserfahrung und die Gründung der Republik miteinschlossen, bevor er überhaupt versuchen konnte, die Dankbarkeit des Landes gegenüber den Gefallenen auszudrücken.

Deutsche Kontroversen

Aufgrund der Spaltung der deutschen Gesellschaft war es allerdings sogar schwierig, einen jährlichen nationalen Gedenktag des Krieges zu bestimmen (760). Verhandlungen und Kontroversen hielten über Jahre an, ohne letztlich zu einem schlüssigen Ergebnis zu führen. Daher bestanden gegen Ende der zwanziger Jahre eine Vielzahl unterschiedlicher Gedenktage, die gegensätzliche ideologische Positionen bezeichneten: So wurden das Allerheiligenfest und der Totensonntag von der katholischen und evangelischen Kirche vertreten; der 28. Juni verblieb ein Tag des Protestes gegen die dem Land aufgezwungenen harten Friedensbedingungen, der für einige als Tag der Revanche galt; der 3. August diente dazu, an den Mythos von 1914 und die Kaiserzeit zu erinnern, während dies für pazifistische Milieus der Tag war, um gegen den Krieg zu protestieren; der von der VDK vorgeschlagene Volkstrauertag im Frühjahr diente der symbolischen nationalen Wiedergeburt (710). Das Totengedenken wandelte sich somit von einem Ziel zu einem politischen Instrument (692).

Diese gesellschaftliche Spaltung hinsichtlich des Totengedenkens ist auch in Anbetracht des Denkmals von Tannenberg in Ostpreußen interessant (748). In der Mitte eines achteckigen architektonischen Ensembles befand sich ein Grab mit zwanzig unbekannten Soldaten. Dabei zeugte diese Gedenkform von einem politischen Totenkult, der nur zum Teil das Leitbild des unbekannten Soldaten aufgriff. Vor allem erinnerte dieses Denkmal an die Schlacht von Tannenberg, in der ein bedeutender Sieg gegen das russische Reich errungen worden war; die letztendliche Niederlage Deutschlands wurde demgegenüber ausgeblendet. Das Gebäude war in Gestalt einer mittelalterlichen Festung entworfen, dessen martialische Erscheinung eine heroische Interpretation der dort beigesetzten Gefallenen sicherstellte. Besonders interessant war hierbei, dass die gemeinsame Grabstelle der zwanzig unbekannten Soldaten eine Inszenierung der Frontgemeinschaft darstellte und somit keine individuelle Würdigung der Gefallenen zuließ. Ab 1934 jedoch verlor der Bezug zu den Soldaten an Bedeutung, denn diese wurden umfunktioniert und galten nun lediglich als Leibwächter für einen – im Gegensatz zu ihnen – weitbekannten Soldaten. Es handelt sich um Hindenburg, der dort als Sieger von Tannenberg und weniger als Präsident der Weimarer Republik vom NS-Regime begraben wurde. Dieses Denkmal, paradigmatisch für die nationale Rechte, wurde von den Nationalsozialisten bruchlos übernommen und im Jahr 1935 zu einem „Reichsehrenmal" erklärt.

Toteninstrumentalisierung

Die politische Vereinnahmung der Gefallenen war allgegenwärtig, nahm aber je nach Kontext unterschiedliche Ausformungen an. Sieg oder Nieder-

zwischen Sieg und Niederlage

lage beeinflussten besonders stark die verfügbaren narrativen und symbolischen Mittel, um den Krieg – und somit auch den Kriegstod – zu interpretieren. Daher wurden die Gedenkfeiern nach dem Ende des Krieges zu einer Möglichkeit, die politischen Debatten, die während des Konfliktes mehr oder weniger ausgeklammert worden waren, in die Öffentlichkeit zurückzuholen.

In diesem Zusammenhang half ein Sieg, die Konflikte und Spannungen innerhalb der Gesellschaft zu lösen und, wenn auch unvollkommen, das Opfer von Millionen gefallener Soldaten zu rechtfertigen. Die staatlichen Behörden waren dann besser in der Lage, gesellschaftlich akzeptable Symbole zu schaffen. Diese konnten aufgrund ihrer Flexibilität unterschiedlich interpretiert werden und ermöglichten es somit, durch einen Minimalkonsens den Kriegsgefallenen die Ehre zu erweisen. Auch wenn es Gegensätze in den Siegergesellschaften gab, waren Gedenkfeiern die Gelegenheit, die nationale oder lokale Einheit zu behaupten.

Im Falle einer Niederlage war es hingegen schwieriger, einen Kompromiss in der Gesellschaft zu finden und somit den Kriegsopfern eine konsensfähige Interpretation zu verleihen. Die verschiedenen politischen Lager verstanden die Niederlage auf unterschiedliche Weise, falls sie diese nicht gar schlichtweg leugneten. Daher war es nach dem Krieg für die besiegten Staaten jeweils schwierig, eine gemeinsame politische Identität zu finden, obwohl oder sogar weil der Krieg an das Leid erinnerte. Diese Unfähigkeit, dem Schmerz der Bevölkerung eine einheitlich heilende Richtung zu geben, erleichterte radikalere Interpretationen durch verschiedenste politische Lager, die ihre Version der Bedeutung der Gefallenen verbreiten wollten. Die Errichtung von Denkmälern in diesen Ländern geschah daher weniger systematisch und langsamer, und auch ihre Formen spiegelten die unterschiedlichen politischen Positionen wider, was bei Denkmalseinweihungen vereinzelt sogar zu gewaltsamen Konflikten führte (740). Generell ähnelte die Verdrängung der Niederlage von 1918 in Deutschland und Österreich dem Prozess in Frankreich nach 1871. Die Niederlage wurde auch nun wieder verschwiegen, um den eigenen Helden besser gedenken zu können, die wegen der feindlichen Übermacht oder gar aufgrund von Verrat starben (715). Dadurch, dass den Taten der Helden nachgeeifert wurde, sollte eine kollektive Revanche ermöglicht werden.

Abweichende Sinngebungen des politischen Totenkultes

Die Forschungsstudien zum Totengedenken verdeutlichen insbesondere seine Instrumentalisierungen (709). In diesem Zusammenhang ist die Arbeit von George Mosse hervorzuheben. Er beschrieb, wie sehr das Totengedenken der Gefallenen aus dem Ersten Weltkrieg zur kulturellen Vorbereitung des Zweiten Weltkriegs instrumentalisiert wurde (727, 728), besonders in den besiegten Nationen. Demgegenüber haben andere Historiker wie Prost die pazifistischen Positionen der Veteranen betont, besonders in den Siegernationen (735). Diese Thematik hat einen hohen Stellenwert, denn eine auf einer Brutalisierung der Frontkämpfer und der Gesellschaften basierende Deutung, die vom Ersten zum Zweiten Weltkrieg führt, setzt sich der Gefahr aus, die zahlreichen pazifistischen Veteranen zu vernachlässigen, die an ihre toten Kameraden und Kriegstraumata erinnerten, um ähnliche Grausamkeiten für ihre Nachkommen zu verhindern. Diese unterschiedliche Einschätzung der Gefallenen als politisches Instrument unterstreicht, wie notwendig eine genaue Kontextualisierung und Einordnung in der wissenschaftlichen Analyse des Totenkults ist.

d) Die Berücksichtigung der intimen Trauer

Schwierige Wahrnehmung der privaten Trauer

Die alleinige Berücksichtigung der öffentlichen und politischen Instrumentalisierungen der Kriegstoten reicht jedoch nicht aus, um die individuellen und gemeinschaftlichen Konsequenzen des Gemetzels zu erfassen. Die intensive Auseinandersetzung mit dem Gedenken nach dem Krieg verdeutlicht die Bedeutung dieser Frage für die Gesellschaften zwar indirekt. Doch auch wenn der Totenkult das Sterben im Krieg darstellt, beleuchtet er nur unzureichend die privaten Aspekte der Trauer und den Einfluss auf das soziale Leben der Individuen. Einige Historiker wie Stéphane Audoin-Rouzeau und Annette Becker haben argumentiert, dass bisher bevorzugt politische und quantifizierte Bewertungen des Gedenkens vorgenommen wurden, anstatt die psychologischen Aspekte der Trauer stärker zu berücksichtigen. Nun aber führten die ungeheuerlichen und traumatischen Opfer zu individueller Trauer und bitterer Einsamkeit (3).

Gewiss, das Verlustgefühl stand notwendigerweise im Hintergrund der Analysen der politischen Gedenkfeiern. Dennoch drückte sich durch solche kollektiven Ehrungen auch Trauer aus, einschließlich ihrer individuellen Form. Von diesem Standpunkt aus hatten die Gedenkfeiern nach dem Krieg einen unbestreitbaren spirituellen Inhalt, der auch die persönliche Trauerarbeit erleichterte. Sie boten einerseits etwas Heiliges, das den Trauernden die Kraft geben konnte, ihr Leben trotz des Schmerzes fortzuführen. Andererseits ermöglichten sie eine gemeinsame Deutung des Kriegstodes, die es den Trauernden leichter machte, ihre individuelle Situation kollektiv zu verarbeiten.

Verschleierung des intimen Schmerzes

Doch die öffentliche Trauer um die Toten und ihre Heroisierung führten gleichzeitig zu einer Verschleierung des inneren Schmerzes, was die Überwindung der Trauer erschweren konnte. So wurde durch die Verehrung und Überbewertung der Gefallenen manchmal verhindert, dass sich die Hinterbliebenen von ihnen psychisch trennten. In diesem Fall führten die Gedenkfeiern zu einer Art Zensur des Schmerzes und schließlich zu einer Trauerblockade (3, S. 256). Die Instrumente, die eigentlich dem Kriegstod Sinn verleihen sollten, funktionierten dann nicht mehr, sodass der Tod für die Hinterbliebenen zum Skandal der Sinnlosigkeit wurde. Dies bewog Audoin-Rouzeau dazu, diese langen Trauerformen als „endlos" zu bezeichnen (2).

Nach dem Kriegsende rückte die Trauer in das Zentrum einer zukunftsorientierten Sozialpädagogik, deren Dimension moralischer und nicht psychologischer Natur war. Dabei wurden der innere Schmerz und das psychische Leiden nicht berücksichtigt. Deshalb müssen Historiker zurückblickend arbeiten, denn sogar Fachbegriffe und Quellen für die wissenschaftliche Untersuchung dieser Phänomene fehlen. Infolgedessen wurde die Trauer als ein schwer, wenn nicht gar unmöglich zu untersuchendes historisches Objekt beschrieben (731).

Trauergemeinschaften und Trauerkreise

Der Erste, der dieses Problem ernsthaft analysierte, war Jay Winter (756). Er erarbeitete das Konzept der „Trauergemeinschaften", um auszudrücken, wie sehr die Trauer – sei es explizit oder implizit – kollektiv im Rahmen sozialer Strukturen ausgedrückt wurde, die darauf abzielten, den Überlebenden Kraft zu geben. Dieser Ansatz blieb allerdings starr und verengt auf einen Schmerz, der sich nur schwer aufspüren lässt. Daher haben Audoin-Rouzeau und Becker ihn durch den Begriff der „Trauerkreise" ergänzt, deren Grenzen nach außen hin schwächer werden: Beginnend bei Verwandten, Kindern, Ehefrauen, Brüdern und Schwestern, hin zu Onkeln und Tanten, Neffen und Nichten, Cousins und Cousinen, Schwager und Schwägerinnen über Verwandte aus der weiteren Familie zu Freunden und Freundinnen. Hierbei wird weniger eine Hierarchie oder eine Skala der Nähe ausgedrückt, sondern vielmehr das Ausmaß und die Abstufungen der Trauer (3, S. 232–239).

Letztlich liegt die größte Schwierigkeit für Historiker darin, die Intensität des inneren Schmerzes und die Dimension des persönlichen Verlustes zu erfassen. Gleichwohl sind Auswirkungen des inneren Schmerzes wie die hohe Alterssterblichkeit während des Krieges in London, Paris und Berlin identifizierbar, die mehr auf die Umwälzung der Gefühlswelten der Greise als auf materielle Einflüsse zurückgehen (738). Auf das Ausmaß des persönlichen Verlusts weist außerdem die Entdeckung eines „lebenden unbekannten Soldaten" in Frankreich hin, der in Wirklichkeit an Amnesie litt und seine Identität verloren hatte. Sie führte dazu, dass Hunderte von Menschen überzeugt waren, in ihm ihren Sohn, Verlobten oder Vater wiederzuerkennen (532). Darüber hinaus können weitere Auswirkungen der inneren Trauer festgestellt werden: der langlebige Mythos der *lost generation* in Großbritannien, die starke Präsenz des Todes in der Kunst (Film, Literatur und Malerei) oder auch das Erstarken des Spiritismus, der für das Aufkommen von übernatürlichen Mitteln zur Aufrechterhaltung des Kontakts zu den gestorbenen Verwandten stand (756).

Anwendung der Mikrogeschichte

Um über diese Ansätze hinauszugelangen, ist es notwendig, die Erfahrungen der Trauernden zu untersuchen und dafür den Fokus der Untersuchung konsequent auf die Mikro-Geschichte zu legen. Dafür gäbe es noch immer verfügbare Quellen wie die Untersuchungen zu Kriegswaisen (696). Audoin-Rouzeau wiederum hat biographische Quellen wie Briefe und Tagebücher ausgewertet, um die Spuren der Trauerarbeit nachzuzeichnen und somit ihre progressive Verarbeitung ans Tageslicht zu bringen (677). Diese Geschichtsarbeit ist jedoch aufgrund der lückenhaften Informationen äußerst schwierig, da mehr Tagebücher von den Geschehnissen an der Front handeln als von den Zuständen daheim. Zudem waren es in erster Linie Frauen und Kinder, die von der Trauer betroffen waren, und diese Personen haben erst seit kurzem das Interesse der Historiker/innen auf sich gezogen (vgl. Kapitel 4). Ihre Quellen sind außerdem selten publiziert und somit schwer zugänglich. Darüber hinaus stammen diese Schriften zumeist von Angehörigen höherer sozialer Schichten (678). Wie viele trauernde Mütter werden daher wohl von der Geschichtsschreibung ignoriert, da ihre Zeugnisse nicht so frei zugänglich sind wie das Tagebuch einer Käthe Kollwitz? Dabei erzählen gerade auch die vielen individuellen Trauerfälle, die von unverarbeiteten Traumata bis hin zu Widerstandskraft zeugen, die Geschichte der Nachkriegsgesellschaften.

Verbindung kollektiver und intimer Aspekte

Unter historiographischen Gesichtspunkten ergänzt die Tendenz, sich zunehmend der privaten Trauer zuzuwenden, den kollektiven und politischen Zugriff. Gegenwärtige Untersuchungen berücksichtigen beide Dimensionen. Denn auch wenn die Trauer, die als Schmerz und Verlust empfunden wurde, den Gesellschaften gemeinsam war, müssen ihre Bedingungen berücksichtigt werden.

Im Fall der jungen Britin Vera Brittain, die ihren Verlobten 1915 sowie ihren Bruder 1918 und zahlreiche Freunde verlor, zeigt Audoin-Rouzeau eine stetige Schmerzlinderung auf. Zudem verdeutlicht er, dass die Überwindung des Verlustes mit einem sozialpolitischen Engagement einherging, das in diesem Fall pazifistisch und feministisch geprägt war (677). Oliver Janz hat hingegen das italienische Bürgertum untersucht. Hier lagen Gefallenendenkschriften als Quellen vor, in denen Kriegsgefallene heroisiert wurden. Damit hatte man eine regelrechte Strategie zur Verarbeitung des Verlustes beschritten. Dennoch wirkte die Trauer in Italien generell destabilisierend, da sich kein Konsens über die Kriegsteilnahme herausgebildet hatte. In der Regel half der politische Totenkult, die Trauer zu lenken, indem die Wut in einen gewissen Vaterlandsstolz umgewandelt wurde. Allerdings konnte die Instrumentalisierung der Gefallenen ebenfalls Konflikte hervorrufen, wenn Trauernde dieser ablehnend gegenüberstanden und aus ihrer Trauer ein staatsgefährdender Umsturz wurde (706). Ähnliche Prozesse sind in Deutschland zu beobachten. So hat Sabine Behrenbeck gezeigt, dass die Trauersymbole auf den Denkmälern, die unmittelbar nach dem Krieg errichtet wurden, innerhalb von wenigen Jahren zugunsten einer homogenisierten und heroisierenden Darstellung des Todes verschwanden. Dadurch wurde das Opfer ein Wert an sich, der die Nation wiederbeleben sollte (682). Susanne Brandt hat hinzugefügt, dass im Gegensatz zur Trauer, die tröstende und politisch-neutrale Formen annehmen konnte, die Mythologisierung des Krieges zu einer Konfrontation unterschiedlicher Totenkulturen führte (684).

Unter dem Aspekt des Schmerzes ist das Thema der Gefallenen und der Trauer besonders für die transnationale Kulturgeschichte aufschlussreich. So sind im Hinblick auf die Erfahrungen des Verlustes und der Suche nach dem Sinn des Kriegstodes auffallende Ähnlichkeiten feststellbar, weshalb die Geschichte der Trauer vorrangig eine vereinigende Erfahrung ist. In den Nachkriegsjahren entwickelte sich in allen Staaten eine Erinnerungskultur, die mehr existenziellen als politischen Geboten gehorchte (756). Obwohl es zu kurzsichtig wäre, zu behaupten, die Erinnerung an die Gefallenen sei ausschließlich eine unmittelbare Antwort auf den Schmerz gewesen, sollte die Bedeutung der Trauer auch nicht auf ihre politische Instrumentalisierung reduziert werden. Der Totenkult rührt vielmehr aus dem Schmerz der Individuen her und ist gleichzeitig ein sozialer Akt des öffentlichen Gedenkens, der *per se* nicht politisch neutral sein kann: Letztlich ergibt sich der Totenkult aus einer ständigen Auseinandersetzung zwischen diesen beiden Aspekten.

7. Der Erster Weltkrieg im 20. Jahrhundert

Seit dem Krieg war die Überzeugung vorherrschend, dass es sich bei den Kriegsjahren um eine im eigentlichen Sinne *historische* Epoche handelte. Allerdings variierten die Interpretationen in Bezug auf ihre historische Sinnhaftigkeit: Sie wurde als Warnung vor Chaos und Barbarei gesehen, als das erwiesene Ende der Zivilisation oder als das Versprechen einer erlösenden Gewalt. Nach 1918 versuchten die Zeitgenossen, diese bisher nie dagewesene Form kriegerischer Auseinandersetzung in ein weitreichenderes Geschichtsverständnis einzuordnen. Einerseits sollte dies dem Ausmaß des geschichtlichen Bruchs gerecht werden, andererseits sollte es ermöglichen, Elemente historischer Kontinuität zu betonen. Diese Bemühungen wurden zwanzig Jahre später durch den Ausbruch eines neuen, noch verheerenderen Krieges unterbrochen. Der Erste Weltkrieg erschien danach als erster Akt eines mehr als dreißigjährigen Dramas, dessen Rolle sich jedoch im Schatten des darauffolgenden Krieges relativierte. Mit der Zeit wurden der Erste Weltkrieg und seine historische Bedeutung mehr und mehr in den Rahmen einer Betrachtung längerfristiger historischer Prozesse eingeordnet und neu bewertet. Da der weitere Verlauf des Jahrhunderts ohne den Bezug auf dieses Ereignis fortan nicht mehr denkbar erschien, gilt es noch heute als kognitive Matrix für das Verständnis des Jahrhunderts. In allen Abschnitten dieser Entwicklung jedoch trug der Krieg dazu bei, das klassische Schema der Dar- und Vorstellung historischer Perioden neu zu strukturieren.

a) Den Zeitenumbruch überwinden: zwischen Modernismus und Tradition

Tiefer Zeitenumbruch

Nach 1918 versuchten führende Politiker, Veteranen wie auch breite Bevölkerungsgruppen, den Krieg in den globalen Verlauf der Geschichte einzugliedern und einzuordnen. Er hatte den Rahmen kollektiver Wahrnehmung, die Erfahrungsräume und die Erwartungshorizonte der Menschen dergestalt verändert, dass er in ihrem Empfinden einen veritablen Zeitenumbruch darstellte. Diese Zäsur drückte sich ebenso nachhaltig im technologischen Fortschritt und im Wandel der Regierungsformen aus wie in einem künstlerischen Bildersturm. Gleichzeitig jedoch waren zahlreiche Bestrebungen zu beobachten, diesen empfundenen Umbruch zu verringern und den Krieg aus einem umfassenden, weitreichenderen Blickwinkel zu betrachten. Solche Bestrebungen trugen häufig zu einer mythischen, von einer gewissen Sentimentalität geprägten Rekonstruktion der Jahre vor 1914 bei, was sich vor allem in der Gegenüberstellung von Begriffen wie „Vorkriegszeit" und *Belle Époque* einerseits sowie „Nachkriegszeit" und *lost generation* andererseits ausdrückte. Dieser Prozess der Rekonstruktion der Geschichte spiegelte die nostalgischen Anwandlungen, zu den „guten alten Zeiten" zurückkehren zu wollen: Die Tradition wurde als direkter Vorwand genutzt, um die Macht der regierenden Politiker und deren Politik zu rechtfertigen. Die Konfrontation zwischen einer aufstrebenden, avantgardistischen Moderne und dem Festhalten an einer konservativen Nostalgie war insbesondere in der Sphäre der Kunst spürbar.

Der Krieg als Faktor der Modernität

Diese Konfrontation ist seit dem Beginn der siebziger Jahre zu einem expliziten Forschungsgegenstand geworden. Paul Fussel, amerikanischer Experte für englische Literatur, veröffentlichte im Jahr 1975 mit *The Great War and Modern Memory* ein Pionierwerk der Forschung in Bezug auf die spezifisch kulturhistorische Dimension des Krieges (788). Das Werk ist dem Infanterie-Unteroffizier gewidmet, unter dessen Befehl Fussel am Ende des Zweiten Weltkriegs diente. Er wurde getötet, während Fussel überlebte. Dieses willkürliche Ende veranlasste den Autor, über die Absurdität des Überlebens in der Schlacht und über die immanente Ironie der aus dem Krieg hervorgegangenen Diskurse zu reflektieren.

Fussel verdeutlichte die verschiedenen Bedeutungen und Funktionen, die die Ironie in diesem Kontext an- und übernimmt: Sie bot sich an, um mit dem krassen Gegensatz zwischen dem Angekündigten und den realen Resultaten umzugehen wie auch mit der Diskrepanz zwischen der moralischen Rechtfertigung des Konflikts und deren konkreten Konsequenzen. Die Ironie erschien als Mittel, die Unmöglichkeit der direkten Schilderung eines ebenso neuartigen wie anormalen Ereignisses – eines industriellen Krieges – zu umgehen. Für Fussel ist die Ironie somit eine Sprache, die aus und in der Auseinandersetzung mit dem Krieg entstand. Sie stellte dabei eine vollständige Umkehrung der Vorkriegssprache dar, die die Erfahrungen der Schützengräben nicht mehr angemessen darzustellen vermochte. Diejenigen, die während des Krieges und danach schrieben, schufen im Zuge dieses Prozesses eine „moderne Erinnerung" *(modern memory)*, die als völlig neue Art der Sprache anzusehen war. Diese schloss sowohl Syntax als auch Grammatik und Vokabular ein und erlaubte es somit, die Erlebnisse des Krieges – und den Krieg als Erlebtes – im Laufe des 20. Jahrhunderts zu artikulieren und jene grausame, absurde und von Gewalt geprägte Welt mit Worten zu erfassen.

Diese Vorstellung eines tiefgreifenden Umbruchs findet sich in den neunziger Jahren vor allem im Werk Samuel Hynes' wieder. Dieser ebenfalls aus Amerika stammende Literaturwissenschaftler betont die multiplen Veränderungen, die der Krieg in Großbritannien – vom Bereich der Künste bis zu den sozialen Beziehungen – hervorrief. Er zeigt dabei auf, wie sich die gesamte Kultur an die Notwendigkeit anpasste, sich dem Sterben im Krieg zu stellen. Dabei änderte sich letztlich sogar die Art und Weise selbst, den Krieg zu denken (801). Hynes erforscht darüber hinaus die Entstehung spezifischer, kriegsbezogener und kriegsimmanenter „Mythen". Diese hatten ihren Ursprung in den Diskursen derjenigen, die den Kampf führten. Sie bildeten in ihrer Gesamtheit eine Art Meistererzählung, die sich aus allen Soldatenberichten zusammensetzte. Diese *soldier's tales* hatten zum Ziel, den Kampf in all seiner Eigenheit und Unmittelbarkeit auch für diejenigen begreifbar zu machen, die ihn nicht direkt erlebt hatten (802).

Der kanadische Historiker Modris Eksteins schließlich präzisiert die Idee der „Moderne": Für ihn markiert der Krieg den Anbruch des Zeitalters der Moderne in der Kunst (781). Vor diesem Hintergrund stellen die Werke von Ikonoklasten wie Igor Strawinsky eine hellsichtige Ankündigung seines zerstörerischen Charakters dar. Strawinskys 1913 in Paris uraufgeführtes Ballet „Die Frühlingsweihe" (so auch der von Eksteins für sein Buch gewählte Titel) wird somit zum Zeugnis der Vorahnung einer neuen, furchterregenden Ära der menschlichen Geschichte. Eksteins zufolge wurde der Krieg im selben Maße zu einer Form der modernen Kultur, wie die Kultur selbst – insbesondere verkörpert durch die und in der Revolte der Avantgardisten – zu einer Form des Krieges wurde: Der gesamte Krieg könne als Choreographie betrachtet werden, genauso wie der Tanz in künstlerischer Manier den Kampf und die Schlacht imitiert habe. Der Krieg bestätigte aus dieser Sicht lediglich den Modernismus, da er als großes spirituelles Abenteuer erlebt wurde, als letzte Etappe einer Revolte gegen Konformismus und Tradition. Die Jahre zwischen 1914 und 1918 könnten demnach zu Recht als irreversibler Einschnitt betrachtet werden. Bestimmte wiederkehrende Themen erscheinen dabei als Determinanten der Evolution der modernen Kunst: der Sensualismus, der Kult des Ichs, die Suche nach dem Neuen, die Revolte gegen ästhetische und moralische Konventionen, die Faszination für Technik. Eksteins sieht in diesem Streben nach einer „neuen Ordnung" einen der Gründe für den Erfolg des NS-Regimes und der nationalsozialistischen Ideologie, die er auf nicht mehr als eine populäre Spielart der großen avantgardistischen Strömungen zu reduzieren neigt. Zudem vermischt er sämtliche avantgardistischen Bewegungen zu einer eindimensionalen Sichtweise, ohne jedoch der Tatsache Rechnung zu tragen, dass sich der italienische Futurismus und der deutsche Expressionismus auf gegensätzliche Ideologien stützten oder der Nihilismus eines Dada eine Form der Revolte gegen die Glorifizierung des Krieges darstellte – eine Vermischung, die sich als ignorant gegenüber den politischen, sozialen und ökonomischen Faktoren erweist, die diese künstlerischen Bewegungen begründeten und antrieben.

Letzten Endes betrachten all diese Autoren den Ersten Weltkrieg jedoch als Kraft der Innovation und der Modernität. Sie betonen insofern seine Bedeutung als eine essentielle Etappe der Kulturgeschichte des 20. Jahrhunderts. Der italienische Historiker Emilio Gentile schließt sich ihnen mit seinen Überlegungen zur „Apokalypse der Moderne" an, die der Erste Weltkrieg seiner Meinung nach verkörpert (790). Diejenigen, die eine solche modernistische Interpretation ablehnen und im Krieg eher eine Rückkehr zur „alten Ordnung" oder wenigstens ein Hindernis für die Kreativität sehen, teilen dennoch die Position, die dem Krieg eine zentrale Rolle einräumt.

Der Krieg als Rückkehr zur Tradition

Kenneth Silver, ein amerikanischer Kunsthistoriker, nimmt einen Gegenstandpunkt zu den Thesen Eksteins' ein. Seine Forschung konzentriert sich auf die Pariser Avantgarde, um dadurch die klassizistische Wende hervorzuheben, der sich viele Künstler nach dem Ausbruch des Krieges und über dessen Ende hinaus in ihrem Schaffen bewusst widmeten (830). Diese Wende resultierte nach Silver aus einer Verinnerlichung – sei sie beabsichtigt oder nicht – der konservativen und nationalistischen, auf Ordnung und nationale Reinheit gerichteten Rhetorik. In der Reaktion auf die Gräuel des Krieges wandte sich die modernistische Pariser Avantgarde schließlich von den Experimenten des Kubismus und des Futurismus ab, um sich von neuem auf traditionelle bildliche Darstellungsweisen zu besinnen. Diese waren vom klassizistischen Erbe des antiken Griechenlands und der italienischen Renaissance inspiriert, aus denen die Künstler Bilder voller Fülle und Harmonie schöpften.

Philippe Dagen, ein französischer Kunsthistoriker, setzt sich mit den Reaktionen insbesondere avantgardistischer Maler auf den Krieg auseinander (778). Er betont dabei, dass die Maler – egal in welcher realen Distanz zur Front sie sich befanden – einer tatsächlichen Darstellung des Krieges auswichen, den Symbolismus einem Realismus vorzogen und das Geschehene und Geschehende eher durch Anspielungen sowie Andeutungen (zum Beispiel durch Ruinen oder Verwundete) als mit Hilfe offen kriegerischer Motive auszudrücken versuchten. Was den explizit dokumentarischen Wert der Kunst betrifft, hatten sie angesichts der Konkurrenz durch die Fotografie offensichtlich große Schwierigkeiten, einen modernen Stil zu erfinden, der den nie dagewesenen Krieg in angemessener Weise abbilden konnte. Sogar die Kubisten wandten sich vom Spektakel des Todes und des Leidens ab – obwohl sie auf der Suche nach einer „neuen Ästhetik" waren, die eine solche Veranschaulichung des Krieges ermöglichen sollte. Grundsätzlich drängte sich allerdings die Frage nach der Möglichkeit einer Darstellung des Krieges überhaupt auf. Diese Frage ließ sich keineswegs auf rein technische Schwierigkeiten reduzieren, sondern sie verwies auf eine weit essentiellere Problematik: auf das Problem der Darstellung des Nicht-Darstellbaren. Sollte sich der Erste Weltkrieg tatsächlich als das Entstehungsmoment der modernen Kunst erweisen, dann sicherlich deshalb, weil er diese Frage aufwarf, die im Laufe des 20. Jahrhunderts tatsächlich eine Vielzahl von Künstlern jeder Couleur weit über den Kreis der Maler hinaus beschäftigte.

Zum Zeitpunkt des Kriegsendes stellt Dagen zwei generelle Tendenzen bei den Malern fest: zum einen die „Rückkehr zur alten Ordnung" in Richtung eines verstärkten Akademismus, aber zum anderen auch das „Ausschweigen" über den Krieg, was schließlich gar die Züge einer Art von kollektiver Amnesie annahm, da der Konflikt zu Anfang der zwanziger Jahre in den Kunstwerken fast gar nicht thematisiert wurde. Während Dagen vor dem Hintergrund dieser geradezu reaktionären Anpassung die These einer Art „Kapitulation" der künstlerischen Avantgarde unterstrich, betont Silver jedoch den lindernden, beruhigenden Effekt dieser Rückbesinnung auf bekannte kulturelle und ästhetische Ausdrucksformen – eine Retrospektive, die gleich einem Balsam helfen sollte, die durch den Konflikt verursachten Wunden zu heilen (831).

Hier liegt auch eines der zentralen Argumente von Jay Winters Buch *Sites of Memory, Sites of Mourning* (756). Der Autor erkennt die durchaus instruktiven Einsichten Fussels, Hynes' oder Eksteins' zu der Art und Weise an, wie die Menschen der Epoche den Krieg verstanden haben müssen. Er vertritt aber eine andere These als sie: Die Sprache der Moderne wurde aus seiner Sicht durch eine Sprache der Tradition kontrastiert, die er als ebenso mächtig erachtet. Die Tradition definiert Winter als ein Ensemble gemeinsamer, geteilter Bezugssysteme und ideeller Konzepte, die einem klassizistischen, romantischen oder christlichen Repertoire entstammten. Demzufolge stellte die Tradition eine Rückkehr zum Bekannten, Vertrauten dar – und war insbesondere deshalb effizient, weil sie Trägerin einer Sprache und Ausdrucksform war, in der die Trauer formuliert und artikuliert werden konnte. Auch wenn die „moderne Erinnerung" schockierte, stimulierte, erfreute, sei sie dennoch oftmals ohnmächtig geblieben angesichts der Aufgabe, das Geschehene zu überwinden. In der direkten Folge der Gräueltaten des Krieges jedoch habe vorrangig das Heilen der kollektiven Wunden auf der Tagesordnung gestanden.

Obgleich sich die beschriebenen Konzeptionen gegenseitig ergänzen, muss genau zwischen den verschiedenen künstlerischen Strömungen unterschieden werden: Der Großteil der bedeutenden avantgardistischen Bewegungen des 20. Jahrhunderts, wie der Kubismus, der Expressionismus, der Futurismus oder der Vortizismus, war vor Ausbruch des Krieges entstanden, und der Konflikt war somit eher ihr Schwanengesang denn ihr Höhepunkt. Die Entstehung der Dada-Bewegung hingegen, die 1916 in der Schweiz begonnen hatte, ging direkt auf den Ausbruch des Krieges zurück. Sie war eine Revolte gegen die vorherrschende Kunst ihrer Zeit, schon vor der surrealistischen Revolution. Die Bewegung entstand jedoch nur deshalb – und konnte auch nur deshalb entstehen –, weil sie sich als Gegenentwurf zu einer Kunst positionieren konnte, die während dieser Zeit tatsächlich eine Art Rückkehr zur alten Ordnung erfuhr. Somit entstand im Zuge der Darstellung der Kriegserfahrungen ein organisches Nebeneinander der Rückbesinnung auf traditionelle Ausdrucksformen einerseits und andererseits dem Versuch, mit ebendiesen zu brechen. Für den britischen Historiker und Kunstkritiker Richard Cork liegt all diesen verschiedenen künstlerischen Bestrebungen jedoch der gleiche Imperativ zugrunde: die „bittere Wahrheit", die Charakteristika des modernen Krieges durch eine adäquate Sprache auszudrücken zu müssen, ohne dass dabei die Modernität *per se* dieser Aufgabe zwangsläufig besser gewachsen wäre als der Akademismus (775).

Unabhängig davon, ob sie das Hauptaugenmerk auf modernistische Bestrebungen oder die Flucht in die Tradition legen, teilen die unterschiedlichen Analysen zur Kunst die Beobachtung, dass der Erste Weltkrieg der Moment war, in dem sich alle vorhergehenden Ausdrucks- und Darstellungsformen zu zersetzen begannen. Die Sprache und die konzeptionellen Bezugsrahmen, mit denen die Frontkämpfer 1914 in den Krieg gezogen waren, wurden allmählich durch andere, weitaus finsterere ersetzt, in denen der Tod die dominierende Position einnahm. Der Krieg mutierte damit auch zu einem Schlüsselmoment in der und für die Geschichte künstlerischer und kultureller Darstellungsformen in ihrer Gesamtheit. Die Feststellung von einem „kritischen Moment" besitzt überdies auch eine allgemeinere Gültigkeit: Durch den Krieg kristallisierten sich diverse historiographische Interpretationen heraus, die jede für sich von entscheidender Bedeutung für den weiteren Verlauf des 20. Jahrhunderts waren.

b) Vom einen Krieg zum nächsten: ein neuer Dreißigjähriger Krieg?

Aus jeweils unterschiedlichen Kontexten heraus haben Geschichtswissenschaftler verschiedene Konzeptionen und Interpretationen sowohl des Krieges an sich als auch in Bezug auf seine Einordnung in einen größeren geschichtlichen Zusammenhang entwickelt.

Ende des 19. Jahrhunderts

Eine erste Deutung versteht den Krieg grundlegend als gewaltsame Konfrontation zwischen Nationen. Aus diesem politischen und nationalen Blickwinkel heraus betrachtet markierte die militärische Auseinandersetzung zunächst insofern das Ende des 19. Jahrhunderts, als er einen Abschluss der fundamentalen Tendenzen darstellte, die sich in dessen Verlauf entwickelt und diesen geprägt hatten: die allmähliche Bestätigung und Konsolidierung des Völkerrechts und nationalstaatlicher Prinzipien, der Aufstieg des Nationalismus, die Umwandlung des Untertanen zum Bürger und schließlich des Bürgers zum Soldaten, oder die europäische koloniale Expansion und die durch sie ausgelösten Rivalitäten. Vor diesem Hintergrund schuf der Krieg vor allem ein Bewusstsein dafür, dass ein bedeutendes welthistorisches Kapitel endgültig abgeschlossen war. Auf der einen Seite war Europa nach dem Krieg regelrecht ausgeblutet, sodass weder die Konsolidierung der amerikanischen Vorherrschaft noch die sowjetische Revolution eingedämmt werden konnten. Auf der anderen Seite führte auch der Organisationsmodus der bestehenden internationalen Beziehungen in eine Sackgasse, aus der man durch die Schaffung des Völkerbundes – und somit dem Einläuten einer neuen Ära – herauszufinden hoffte. Die generelle Auffassung, dass der Krieg den definitiven Abschluss des 19. Jahrhunderts bildete, kann sogar noch präzisiert werden: In Frankreich wurde der Konflikt zuallererst in Bezug auf die Niederlage von 1870 verarbeitet, gewissermaßen als zweiter Akt derselben Partie, als eine Form der Revanche.

Anfang eines neuen Dreißigjährigen Krieges

Nach einigen Jahren allerdings veränderte sich diese Konzeption: Die Auffassung, dass die wichtigsten Konflikte durch den Versailler Vertrag nicht beigelegt werden konnten und dieser letzten Endes sogar den Zündstoff für eine erneute kriegerische Auseinandersetzung liefern könnte, setzte sich immer mehr durch. In den dreißiger Jahren entwickelte sich in Frankreich somit die Furcht vor einer „Revanche für die Revanche" der Furcht vor, und 1918 erschien vor diesem Hintergrund immer weniger als ein Ende. An dieser Auffassung zeichnete sich die Periodisierung eines neuen Dreißigjährigen Krieges ab, der spätestens 1914 seinen Anfang nahm (795, 816). In Deutschland unterstrichen die Nationalsozialisten ihrerseits die Kontinuität, die zwischen dem Weltkrieg und dem von ihnen geführten Kampf bestand. Diese Rhetorik beschränkte sich jedoch nicht auf eine rein deutsch-französische Dimension, sondern fügte sich in den größeren Kontext eines Kampfes des deutschen Volkes gegen den Rest der Welt. Die Nationalsozialisten bedienten sich hierbei der Wiederbelebung einer Vorstellungswelt aus der Zeit des Ersten Weltkriegs: des Mythos einer Einkreisung Deutschlands durch den Zusammenschluss verfeindeter Nationen. Sie erweiterten diesen jedoch um eine ideologische Dimension, die den Vernichtungskrieg zu rechtfertigen suchte, durch den Deutschland schließlich den totalen Sieg erringen sollte.

Mit dem Ausbruch eines neuen Weltkriegs erhoben sich hier und da auch Stimmen, die den 1914 begonnenen Krieg nun für endgültig abgeschlossen erklärten. Um die deutschen Siege in Belgien und in Frankreich zu feiern, veröffentlichte der *Völkische Beobachter* am 12. Juni 1940 eine Karikatur, auf der ein Wehrmachtssoldat auf französischem Boden eine Reichskriegsflagge mit dem Hakenkreuz-Emblem aufpflanzt. Die Bildunterschrift ist den deutschen Soldaten des Ersten Weltkriegs gewidmet: „Und ihr habt doch gesiegt" (zitiert von 54, S. 308). Im Herbst 1940 organisierte das NS-Regime in Langemarck und in Verdun sogar Zeremonien, die das Ende des Weltkriegs symbolisieren sollten.

Im darauffolgenden Jahr bekräftigte seinerseits Charles de Gaulle erneut den dezidiert deutsch-französischen Charakter eines Dreißigjährigen Krieges, der nun endlich beendet werden müsse. Am 18. September 1941 wandte er sich von London aus an seine Landsleute: „Der Krieg gegen Deutschland hat bereits 1914 angefangen; der Versailler Vertrag hat ihn tatsächlich in keinerlei Weise beendet. (...) In Wahrheit führt die Welt einen neuen Dreißigjährigen Krieg: für oder gegen die Vorherrschaft des Germanismus. (...) Die vergangene, aktuelle und zukünftige Rolle Frankreichs in der Erfüllung dieser großen Aufgabe kann durch nichts erniedrigt oder gar gedemütigt werden." De Gaulle bediente sich dieser Idee einer germanischen Vorherrschaft umso leichter, als sie politisch für ihn in doppelter Hinsicht von Bedeutung war: Innenpolitisch erlaubte sie ihm die Fiktion eines fortdauernden Ersten Weltkriegs und der *Union sacrée* gegen den deutschen Feind. Dagegen blieb die Realität des Vichy-Regimes und der Kollaboration ausgeblendet. Außenpolitisch diente die Inszenierung der Rolle Frankreichs an der Spitze der freien Völker dazu, de Gaulles Legitimität zu untermauern und sich gegenüber den Alliierten als rechtmäßiger Vertreter der Interessen Frankreichs zu positionieren.

Einzigartigkeit oder Parallelität der beiden Weltkriege?

Nach dem Zweiten Weltkrieg standen sich somit zwei konträre Sichtweisen gegenüber: Auf der einen Seite insistierte die Historikergemeinschaft in weiten Teilen auf der einzigartigen Sonderstellung, die der letzte Konflikt und der mit ihm einhergehende, nie dagewesene Genozid einnahmen. In diesem analytischen Bezugsrahmen ließ der Zweite Weltkrieg die Erinnerung an den Ersten gewissermaßen verblassen. Auf der anderen Seite war aber die Parallelität der beiden Weltkriege geradezu frappierend. In beiden Fällen hatte sich ein anfangs begrenzter Konflikt zu einem weltweiten Krieg auf Schlachtfeldern entwickelt, die mit denen der ersten Kämpfe nichts mehr gemein hatten; in beiden Fällen traten die Vereinigten Staaten nach mehr als zwei Jahren in die Auseinandersetzung ein, wobei sich ihre Intervention als entscheidend für den Ausgang des Krieges erweisen sollte; und schließlich war in beiden Fällen der real stattfindende Krieg nicht der, den die Kriegsbefürworter selbst erwartet hatten. Dieser Parallelismus unterstrich die Idee einer veritablen historischen Einheit und Kontinuität – auch deshalb, weil einzelne Teilnehmer des ersten Konflikts (so Churchill, Eden, Attlee, Pétain, de Gaulle, Mussolini, Hitler) im darauffolgenden eine entscheidende Rolle spielten und die Frage nach dem Platz Deutschlands in Europa vom einen zum anderen Krieg als die zentrale Herausforderung bestehen blieb.

Der liberale französische Historiker Raymond Aron – während des Krieges ein Vertrauter de Gaulles – entwickelte schließlich die erste wirklich wissenschaftliche Nachkriegsversion der These eines neuen Dreißigjährigen Krieges zwischen 1914 und 1945. In einem 1951 erschienenen Essay betitelte er dessen ersten Teil mit „Von Sarajevo nach Hiroshima" (762). Seine Interpretation bleibt dennoch nuanciert: Sie räumt dem oft zufälligen Charakter der Verkettung der Ereignisse einen bedeutenden Stellenwert ein und weist dennoch die Idee eines verhängnisvollen Abrutschens in den

Krieg entschieden zurück. Eine solche Analyse des Ersten Weltkriegs als erster Episode eines Dreißigjährigen Krieges stellt jedoch nicht unbedingt das Paradigma eines Krieges zwischen Nationen in Frage, denn der Völkerbund hatte die nationalen Souveränitätsbestrebungen politisch nicht überwinden können, und die wirtschaftliche Krise hatte diese noch verschärft. Für Aron war diese Vorstellung eines erneuten Dreißigjährigen Krieges außerdem sogar eine praktische Möglichkeit, im Zuge einer klassischen liberalen Doktrin einem *ersten* 20. Jahrhundert, dem der nationalen Auseinandersetzungen, ein *zweites* gegenüberzustellen, das bereits durch die aufkommenden ideologischen Konfrontationen des Kalten Krieges geprägt war.

Urkatastrophe des 20. Jahrhunderts

Diese Lesart der politischen Geschichte fand jedoch durchaus noch andere Ausdrucksformen, wobei die bei weitem berühmteste die des amerikanischen Historikers und Diplomaten George Kennan ist. Er war es, der Ende der siebziger Jahre einer These zur Anerkennung verhalf, wonach der Erste Weltkrieg – obwohl durch die unmittelbare Erfahrung des darauffolgenden Krieges in den Hintergrund gedrängt – in vielerlei Hinsicht die „Urkatastrophe des 20. Jahrhunderts“ *(the great seminal catastrophe of this century)* darstellte (68). Für ihn bilden die Jahre von 1914 bis 1918 eine Periode der ursprünglich-konstitutiven und somit prägenden Gewalterfahrung, deren Intensität und Dauer eine langfristig destabilisierende Wirkung entfalten sollten.

Deutscher Sonderweg

Aus dieser Prämisse einer historischen Kontinuität des 20. Jahrhunderts, die sich im bruchlosen Übergang von einem Krieg in den anderen manifestierte, gingen divergierende Interpretationen hervor, die sich schließlich zu bedeutenden Kontroversen entwickelten. In Deutschland schrieben die Interpretationen Fritz Fischers (vgl. Kapitel 1) dem „deutschen Sonderweg“ eine dezidiert politische Dimension zu. Er untersuchte, inwieweit die nationalistische und imperialistische Dynamik als Hauptursache des Ersten Weltkriegs gewertet werden kann und inwiefern diese – durch die Niederlage gewissermaßen ihres Sinns beraubt und durch die Rhetorik der Nationalsozialisten dennoch erneut befeuert – einige Jahre später den Ausbruch des Zweiten Weltkriegs provozierten (159). Aus der Fischer-Kontroverse resultierte schließlich eine radikale Neubetrachtung des NS-Regimes in Bezug auf die Erfahrung des Ersten Weltkriegs.

Europäischer Bürgerkrieg

Ernst Nolte versuchte indessen in einer diametral entgegengesetzten These, die Epoche der Weltkriege in einen globalen welthistorischen Kontext einzuordnen. Was er einen „europäischen Bürgerkrieg“ nannte, war zuerst lediglich ein deutsch-sowjetischer Krieg. Dieser habe jedoch nicht schon 1914, sondern erst 1917 begonnen. Damit schrieb Nolte der bolschewistischen Revolution eine Art absoluter zeitlicher und ideeller Priorität zu und betrachtete sie als ursprüngliches Radikalisierungsmoment der Gewalt – ohne letztere mit den Ereignissen der Periode von 1914 bis 1917 in Verbindung zu bringen (93). Nolte vertrat vor diesem Hintergrund letztlich, dass sich das deutsche Volk angesichts der bolschewistischen Bedrohung durchaus begründet dem Nationalsozialismus verschrieb. Indem er den „Rassenmord“ der NS-Konzentrationslager als rein defensive Reaktion auf den „Klassenmord“ in den stalinistischen Gulags darstellte, schob er der russischen Revolution allein den ursprünglichen Vernichtungswillen zu.

Diese These bildete den Ursprung und Kern des „Historikerstreits", der sich 1986 besonders an der Frage nach der Rolle der Judenvernichtung in der deutschen Geschichte und deren möglicher Singularität entzündete (827, 793, 811). Der *Historikerstreit* war somit das Ergebnis einer anderen, jedoch bei weitem nicht weniger radikalen Neubetrachtung des Nationalsozialismus vor dem Hintergrund des Ersten Weltkriegs.

c) Am Ende eines tragischen Jahrhunderts: auf der Suche nach einer Erklärungsmatrix?

Auf der Suche nach einer gesellschaftlichen Genealogie der beiden Weltkriege

Dennoch wurden die beiden Weltkriege fortan nicht mehr nur unter rein politischen Gesichtspunkten und als Kriege ausschließlich zwischen Nationen analysiert. Mit den Widerstandsbewegungen entwickelten sich parallel mehr oder weniger offen erklärte Bürgerkriege zwischen Kollaborateuren und Oppositionellen. Auch wenn die Trennlinie zwischen Zivilbevölkerung und Militär bereits während des Ersten Weltkriegs überschritten worden war, verlor sie während des Zweiten – in dessen Verlauf gerade die Zivilbevölkerung oftmals zu einem bevorzugten Ziel wurde – noch einmal deutlich an Schärfe. Der bisher geltende Verhaltenskodex des Krieges wurde geradezu zerstört, und das Grauen der Gewalt nahm auf dramatische Weise bis hin zur Ausführung eines veritablen Vernichtungsprojektes zu. Auch wenn diese Dynamik in erster Linie den Zweiten Weltkrieg kennzeichnete, prägte sie im Rückblick doch gleichzeitig auch die Betrachtungsweise des Ersten Weltkriegs. Letzterer wurde somit mehr und mehr im Sinne einer Auseinandersetzung zwischen Gesellschaften, zwischen Gruppen mit verschiedenen materiellen und moralischen Interessen und zwischen Individuen gedacht. Insofern erweiterte sich der Krieg als Gegenstand wissenschaftlicher Untersuchung beträchtlich.

Wenn die Gründe für Sieg oder Niederlage somit in der Ausdauer sowohl der Zivilbevölkerung als auch der Armeen zu suchen waren, mussten auch Faktoren wie die wirtschaftlichen Grundlagen des Krieges, die Produktion, die verfügbare Arbeitskraft, die Versorgung und die Einkommen in die Analyse einfließen. Zusätzliche Akteure – ob individuell (Industrielle, Financiers, Gewerkschaftler) oder kollektiv (Arbeiter, Zivilisten, Soldaten) – kamen ins Spiel. Diese Art, die Geschichte zu denken, erlaubte die Herstellung von Verbindungen und sogar die Konstruktion eines Zusammenhangs zwischen den Erfahrungen der beiden Weltkriege. Auf der anderen Seite forderten die während des Zweiten Weltkriegs verübten Massentötungen die Geschichtswissenschaft dazu auf, den Ausgangspunkt, den Keim jener Barbarei zu finden. Eine solche Herangehensweise setzte sich zwangsläufig intensiver mit den Opfern und Tätern auseinander und versuchte Gründe für Massentod und Blutbad zu finden, um schließlich deren Triebfeder und Folgen erkennen zu können. Es ging hierbei weniger um eine Analyse bereits konstituierter Gruppen und öffentlicher Institutionen als um die eingehende Betrachtung von Individuen – oft ganz normalen Menschen –, die eine extreme Situation erlebten und erlitten, in der sie nur sehr schwer handeln und auf die sie kaum reagieren konnten.

Retrospektive Kohärenz des Jahrhunderts nach der Wende

Allerdings sind auch der Zusammenbruch des „Ostblocks" und das Ende des Kalten Krieges für die retrospektive Betrachtung und geschichtliche Interpretation des 20. Jahrhunderts im Allgemeinen und den Stellenwert des Ersten Weltkriegs im Besonderen nicht ohne Folgen geblieben. Der Niedergang der kommunistischen Regime im Osten drängte zu einer neuerlichen Auseinandersetzung mit der Frage des Kommunismus und konsequenterweise mit der nicht leichter zu beantwortenden Frage nach den Ursachen und Merkmalen des Totalitarismus. Zudem ist nach 1990 der Zugang zu zahllosen Dokumenten erleichtert worden, die aufgrund rechtlicher Verzögerungen bei der Offenlegung – aber auch aufgrund der ideologischen Konfrontation, die den Kontinent bis dahin gespalten hatte – über lange Zeit hinweg unter Verschluss gehalten worden waren. Diese Zugänglichkeit erlaubte völlig neue Studien über die Besatzungspolitik NS-Deutschlands sowie über die Gewalt insbesondere der Einsatzgruppen und den Genozid in Osteuropa. Diese Studien wirkten sich auch in thematischer Hinsicht auf die etablierte Forschung zum Ersten Weltkrieg aus. Auch das Aufkommen erneuter, übersteigerter Nationalismen und neuerlicher Gewalt im ehemaligen Jugoslawien spielte keine unerhebliche Rolle dafür, dass damals diese Thematiken auch in Bezug auf den Ersten Weltkrieg wieder auf gesteigertes Interesse trafen. Die Präsenz Sarajevos in der tagespolitischen Aktualität verlieh der gesamten Region Sichtbarkeit und führte dazu, dass sich die Geschichtswissenschaft erneut den Balkankriegen des Jahrhundertbeginns sowie dem Ersten Weltkrieg widmete.

Dieser neue politische und wissenschaftliche Kontext brachte diverse unterschiedliche Betrachtungsweisen und Bilanzen der Geschichte des 20. Jahrhunderts hervor. In den neunziger Jahren versuchten Wissenschaftler verstärkt, Gesamteinschätzungen und übergreifende Theorien zu dieser Epoche zu entwickeln. Jacques Rupnik, ein französischer Politikwissenschaftler und Balkan-Experte, vertrat beispielsweise die These eines äußerst kurzen 20. Jahrhunderts, das sich zeitlich „von Sarajevo nach Sarajevo" (826) erstreckte. Der kommunistische britische Historiker Eric Hobsbawm hingegen präsentierte eine Lesart des 20. Jahrhunderts als einer kurzen, durch einen Zyklus extremer Gewalt geprägten Epoche. Diese nahm mit dem Ersten Weltkrieg ihren Anfang und wurde schließlich mit dem Niedergang des Kommunismus wieder durchbrochen (siehe auch 787). Aus diesem Grund bezeichnet Hobsbawm das Jahrhundert als „Das Zeitalter der Extreme" (57). Wie bereits andere vor ihm unterteilt er die Epoche. Dem „Katastrophenzeitalter" folgten das „Goldene Zeitalter" und der „Erdrutsch". Hobsbawm jedoch gibt dieser klassischen Einteilung in seiner Interpretation einen neuen Sinn. Für ihn war der Erste Weltkrieg insofern singulär, als er – in moralisch-ideeller ebenso wie in wirtschaftlicher, politischer und kultureller Hinsicht – den Zusammenbruch der gesamten abendländischen Kultur verkörperte. Dieser Kollaps ließ 1917 mit der Sowjetunion eine neue Großmacht entstehen, deren Aufstieg und Existenz sich im Zuge des darauffolgenden Weltkriegs paradoxerweise als rettend für die etablierten Demokratien erweisen sollte, um ihnen dann allerdings eine radikale Alternative entgegenzustellen. Wie Nolte sieht Hobsbawm somit hinter den Ereignissen von 1914 bis 1918 vor allem die Revolution von 1917, auch wenn er ihre Bedeutung fundamental anders als Nolte begründet. Ohne das Ereignis des Krieges bleiben die ihm nachfolgenden Ereignisse und Entwicklungen in dieser Lesart undenkbar; der Erste Weltkrieg stellt also in jeder Hinsicht auch für Hobsbawm das Schlüsselelement für das Verständnis des 20. Jahrhunderts dar.

Matrix eines dunklen Zeitalters

Seit den neunziger Jahren haben sich einige der Synthesen zum 20. Jahrhundert vermehrt darauf konzentriert, die Rolle des Faschismus und des Nationalsozialismus neu zu bewerten und einzuordnen. Für diese Analysen ist das Jahr 1914 als Anfangspunkt des Ersten Weltkriegs wichtiger als das Jahr 1917. Für Mark Mazower beispielsweise bilden die Kriegsjahre den Anfang einer Entwicklung des Kontinents in „das Dunkel" (818). Im Gegensatz zu Hobsbawm begreift er den Zweiten Weltkrieg vornehmlich als das konfliktgeladene Aufeinandertreffen dreier großer politischer Ordnungen, die zugleich Wertesysteme darstellten: die der Demokratie, des Kommunismus und des Faschismus. Er unterstreicht in diesem Zusammenhang vor allem die mangelnde Unterstützung, die die Demokratie von Seiten der europäischen Völker erfuhr. Aus diesem Blickwinkel waren die Auswirkungen des Kommunismus weniger direkt und vor allem weniger bedrohlich als die des Faschismus – vor allem des Nationalsozialismus. Für Omer Bartov, Experte für die deutsche Armee im Zweiten Weltkrieg, gibt es einen starken Zusammenhang zwischen Krieg, Völkermord und einer auf Gewalt beruhenden „modernen Identität" im 20. Jahrhundert (765). Die europäische Gesellschaft wurde demnach zuerst durch die Gewalt der Schützengräben des Ersten Weltkriegs geformt, bevor sie von den Konzentrationslagern des Zweiten Weltkriegs und von der ethnischen Säuberung im ehemaligen Jugoslawien geprägt wurde. 1914 erscheint dabei als bedeutsamer Präzedenzfall mit Auswirkung auf den gesamten Verlauf des Jahrhunderts. Für Enzo Traverso markieren die Jahre 1914–1918 eindeutig den Beginn eines „europäischen Bürgerkrieges" (835). Anders als Nolte jedoch benutzt er diesen Begriff zur Bezeichnung eines Bruches innerhalb des juristischen Ordnungssystems, an dessen Ende der Feind in einem Raum des Nicht-Rechts verortet wurde, um seine Vernichtung dadurch legitim erscheinen zu lassen. Dem Autor geht es darum, den grenzenlosen, kumulativen und letztlich totalen Charakter der Gewaltakte herauszustreichen, die das Europa der Jahre von 1914 bis 1945 prägten.

d) Der Erste Weltkrieg und die Radikalisierung der Gewalt

Gewaltpraktiken im Ersten Weltkrieg

Jenseits dieser globalen historischen Synthesen sieht sich die Geschichtswissenschaft mit der generellen Frage nach der Gewalt und deren Radikalisierung konfrontiert (814). In einem Werk mit dem Titel *Absolute Destruction* stellt Isabel Hull eine signifikante Steigerung extremer Gewalttaten innerhalb der deutschen Streitkräfte fest. Diese Gewalt beschränkte sich jedoch nicht auf den Umgang mit verfeindeten Soldaten, sondern machte auch vor Zivilisten nicht Halt (800). Die Gewaltpraktiken, die zur Zeit der Jahrhundertwende während der Kolonialkriege entwickelt worden waren, wurden schließlich im Zuge des Weltkriegs systematisiert. Für die Autorin erklärt sich diese Entwicklung in gleichem Maße durch den Einfluss einer von militärischer Doktrin dominierten politischen Kultur, die immer wieder die Notwendigkeit eines erbarmungslosen Krieges für den „absoluten Sieg" unterstrich, und durch die Organisationsstruktur der Armee, die die gewaltsamen Praktiken zur Routine erhob. Diese Beobachtungen sind für Hull eine wahrscheinliche Erklärung des Verhaltens der deutschen Truppen während des Zweiten Weltkriegs.

Alan Kramer zeigt in seiner komparativen Synthese *Dynamics of Destruction* jedoch seinerseits, dass sich die Radikalisierung der Gewalt keineswegs auf die deutsche Armee beschränkte (810). Für ihn bildet sie einen langen, kontinuierlichen Prozess, der 1912 mit den Balkankriegen begann und der sich nach dem Ersten Weltkrieg sowohl im Kommunismus als auch im Faschismus fortsetzte. Diese Entwicklung betraf dabei die Armeen Österreich-Ungarns, Italiens, Russlands und des Osmanischen Reiches ebenso wie das deutsche Heer und machte auch vor den Armeen Frankreichs und Großbritanniens nicht Halt (vgl. auch Kapitel 3). Die neuesten Arbeiten zu den Gewalttaten gegenüber Kriegsgefangenen bestätigen die These einer solchen Radikalisierung während des Ersten Weltkriegs (797, 821, 832, 805). Das Aufkommen einer neuen historiographischen Thematik verleiht dem darüber hinaus noch eine weitere Dimension: die Entwicklung einer radikalen Kriegsrhetorik, mit deren Hilfe der Feind stigmatisiert und vor allem seine ethnische Herkunft abgewertet werden sollte. Diese Rhetorik, zuerst von Wissenschaftlern erarbeitet und formuliert, entwickelte sich anfangs im und durch den direkten Kontakt zu Kolonialtruppen und -arbeitern, bevor sie sich schließlich in ganz Europa verbreitete (784, 783, 779). Da generell die gesamte Gesellschaft in die Mobilmachung einbezogen wurde, erfasste dieser Prozess der Radikalisierung auch die Zivilgesellschaft, sodass letzten Endes sämtliche europäische Gesellschaften davon betroffen waren (vgl. auch Kapitel 4).

Phasen der Invasion

Spezifische Situationen und gesellschaftliche, politische und militärische Konfigurationen während der Kriegsperiode verdienen in diesem Zusammenhang besondere Aufmerksamkeit, da sie zu jenem Zeitpunkt als besonders günstiger Nährboden für die Entwicklung und Normalisierung der Gewalt erschienen. Eine erste solche Konfiguration bildeten die Phasen der Invasion. In ihrer Pionierstudie über die Gräueltaten der Deutschen veranschlagten John Horne und Alan Kramer die Zahl der belgischen und französischen Zivilopfer allein während des deutschen Einmarsches von 1914 mit über 6.000; die Zahl der in der Region zerstörten Gebäude wird von den beiden Wissenschaftlern mit 20.000 beziffert (386). Sie erklären diese Bilanz mit der Einstellung und Gesinnung der deutschen Soldaten, deren exorbitante Gewaltanwendung aus dem Zusammenspiel mehrerer Faktoren entstand: dem unerwarteten Widerstand seitens der Bevölkerung, der irrtümlichen Überzeugung, vor allem mit feindlichen Freischärlern konfrontiert zu sein, und schließlich einer militärischen hierarchischen Organisationsstruktur, die sie in diesem Handeln noch bestärkte – vor allem durch die Anordnung unerbittlicher Repressalien wie Brandstiftungen, summarische Exekutionen und kollektive Deportationen. Überdies wurden Vergewaltigungen verübt, ohne dass jedoch Klarheit darüber herrscht, ob diese von der deutschen Armeeführung offiziell toleriert wurden (763). Die Invasionen der Jahre 1914/15 in anderen Regionen wiesen dieselben Tendenzen zur ideologischen Verteufelung des Feindes und zu gewaltsamen Ausschreitungen im reellen Umgang mit ihm auf, wenn auch in geringerem Ausmaß. Der österreichische Einmarsch in Serbien 1914 forderte den Tod von 1.000 bis 2.000 Zivilisten. Demgegenüber arteten die russischen Invasionen – ebenso wie die Gegenoffensiven der Mittelmächte – in Ostpreußen, Galizien und Polen nicht in ähnliche Massaker aus (789, 812, 813).

Phasen der Besatzung

Nach den Phasen der Invasion setzte sich die Gewalt gegenüber der Zivilbevölkerung verfeindeter Staaten während der gesamten Dauer des Konflikts fort, vor allem unter der Besatzung. Die Kontrolle der Mittelmächte über die verschiedenen europäischen Territorien sowohl an der Westfront (767, 804, 768, 820, 833, 780, 815) als auch an der Ostfront (812, 794, 799, 50, 817, 838) nahm dabei von reiner, rigoroser Militärherrschaft (wie zum Beispiel in Ober Ost) bis zu Kollaborationsversuchen mit den lokalen Eliten (wie im flämischen Teil Belgiens) verschiedenste Formen an. Die Phasen der Besatzung durch alliierte Staaten, nämlich Italien und Russland, waren hingegen bedeutend kürzer (794). Diese Bandbreite von Besatzungsregimen wurde mit jeweils unterschiedlichen Methoden der Repression in Verbindung gebracht: kollektive Geldbußen, Geiselnahmen, Deportation von Notabeln und verdächtigen Zivilisten, Prozesse vor Militärtribunalen. Dennoch drückte sich die Logik einer veritablen Totalisierung des Krieges auch – und vor allem – durch ihre wirtschaftliche Dimension aus. Da ausnahmslos alle verfügbaren Ressourcen für den Krieg mobilisiert wurden, war die Zivilbevölkerung der verfeindeten Mächte ein bevorzugtes Ziel von Angriffen, während sie zugleich eine wichtige Ressource darstellte. Zum Ziel wurde sie, wenn sie die Kapazitäten des Feindes für den Widerstand stärkte: Die strategischen Bombenangriffe zielten auf wichtige Produktionsstätten, und die von Großbritannien organisierte Seeblockade hatte als oberstes Ziel, die zivil- und militärwirtschaftlichen Kapazitäten der Zentralmächte zu verringern. Der als Reaktion hierauf eröffnete U-Boot-Krieg wiederum forderte seinerseits eine hohe Zahl an Zivilopfern. Als Beispiel hierfür sei die Torpedierung der *Lusitania* im Jahr 1915 angeführt. In Deutschland nutzte die Regierung die britische Seeblockade zur Propaganda: Sie wurde für die Verschlechterung der Lebensbedingungen nicht nur auf deutschem Boden, sondern vor allem auch in den besetzten Gebieten – insbesondere in Belgien – verantwortlich gemacht. Dennoch stellte die Zivilbevölkerung unter Besatzungsbedingungen ebenso eine potentielle wirtschaftliche und militärische Ressource dar. So organisierte die deutsche Regierung die gezielte Ausbeutung der besetzten Gebiete. Es ging darum, das Ungleichgewicht zwischen der Verknappung sämtlicher Ressourcen auf Seiten der Mittelmächte und des Überflusses an Reserven zu verringern, zu denen die Alliierten Zugang hatten. Die Einführung der Zwangsarbeit in den besetzten Gebieten oder gar die Deportation wurde vor diesem Hintergrund als Verstoß gegen international geltendes Recht erlebt und bot somit Anlass für neuerliche Ausschreitungen. Alles in allem zeigen die auf die Besatzung spezialisierten Studien, dass der Erste Weltkrieg sowohl in logistischer als auch in kultureller Hinsicht einen wichtigen Präzedenzfall für den Ablauf von Okkupationen im nachfolgenden Weltkrieg darstellte.

Innere Feinde

Eine letzte, vor allem politisch wichtige Konfiguration betrifft schließlich die Gewalt gegenüber inneren Feinden. Vor dem Hintergrund eines allgemeinen, überall vorherrschenden Klimas der Spionagehysterie überstieg die Zahl der internierten Verdächtigen und der präventiven Verhaftungen ausländischer Zivilisten aus den verfeindeten Staaten die der Verhaftungen der Mobilisierungsphase bei weitem. Außerdem überwachten die Regierungen aller Länder gezielt ihre Minderheiten. Hierbei wollte man sich ebenso ihrer Staatstreue versichern wie sie als eventuelle Sündenböcke für kritische Momente und Niederlagen funktionalisieren: Rückzüge der Truppen im Feld, militärische Fehlschläge oder der generelle Kriegsüberdruss innerhalb der Bevölkerung. Besonders in Russland verschärften sich durch die Ausnahmesituation des Krieges die ohnehin sensiblen Reaktionen des zaristischen Regimes gegenüber seinen nationalen und religiösen Minderheiten noch einmal deutlich (so gegen die deutsche, polnische, ukrainische und vor allem die jüdische Minorität); insbesondere in den Grenzregionen, so beim Rückzug aus Galizien im Frühjahr 1915 (812, 813, 823, 809). In Deutschland ließ der preußische Kriegsminister 1916 eine Judenzählung vornehmen: eine statistische Erhebung über die Dienstverhältnisse aller deutschen Juden im Kontext einer unerwarteten Verlängerung des Kriegsgeschehens und eines starken Antisemitismus (825).

Völkermord an den Armeniern

Erst seit kurzem findet im Rahmen dieser Diskussion auch die Verfolgung der Armenier in der osmanischen Türkei im Jahr 1915 Beachtung (776, 777, 761). Die Armenier waren gleich in dreifacher Hinsicht verdächtig: erstens aufgrund ihres Status als Christen in einer vornehmlich muslimischen Gesellschaft, zweitens aufgrund ihrer Situation als nationale Minderheit, die sich in geographischer Nähe zu Russland auf nationalem Territorium konzentrierte, und nicht zuletzt aufgrund ihrer sozioökonomischen Zusammensetzung, die in bedeutendem Maße durch Händler und Intellektuelle geprägt war. Aus einer militärisch schwierigen Lage heraus setzten die Jungtürken 1915 schließlich eine radikale Lösung in die Tat um: die Massendeportationen von Armeniern in die syrische Wüste sowie Massaker an den Angehörigen dieser Bevölkerungsgruppe, die ebenso sehr auf den Schutz der nationalen Sicherheit wie auf die gezielte Vernichtung der armenischen Minorität zielte. Die Mehrheit der Deportierten wurde ermordet oder auf den erzwungenen Märschen dem Hunger- oder Kältetod überlassen. Der zeitgenössische Begriff der „Massaker" beschönigt und verdeckt in diesem Fall die Logik (und damit das gezielte, forcierte Projekt) einer radikalen Auslöschung der armenischen Gemeinschaft in der Türkei 1915/16: Mindestens eine Million Menschen fielen dieser ethnischen Säuberung zum Opfer, und dies bei einer Bevölkerung von insgesamt 1,8 bis zwei Millionen. Die Begriffe „Völkermord" und „Genozid" entstanden jedoch erst dreißig Jahre später im Zusammenhang mit einem Unternehmen, das sich sowohl aus dem Blickwinkel der ihm zugrunde liegenden ideologischen Prinzipien als auch in seinem Ausmaß als noch radikaler erweisen sollte. Während die „Massaker" an den Armeniern über lange Zeit als kriegsimmanentes, singuläres Ereignis betrachtet wurden, hat die Einbeziehung des armenischen „Völkermordes" in die historische Analyse und Geschichte des Krieges letztlich zu einer Neubetrachtung des Ersten Weltkriegs als essentielle Etappe eines kontinuierlichen Prozesses der Radikalisierung der Gewalt gegenüber Zivilisten geführt. Für manche beeinflusste diese mörderische Innovation gar den gesamten weiteren Verlauf des Jahrhunderts, auch wenn die Verbindung zum Völkermord an den Juden letzten Endes heftig umstritten bleibt (808, 836).

Von einem Weltkrieg zum anderen: ein kulturelles Vermächtnis?

Vor diesem Hintergrund gewinnt die Frage nach einer generellen Brutalisierung der europäischen Gesellschaften (vgl. Kapitel 3) während des und durch den Ersten Weltkrieg an zeitlicher Tiefenschärfe. Sie erweitert zugleich die Thesen einer historischen Kontinuität zwischen den beiden Weltkriegen und einer ständigen Radikalisierung der Gewalt über das gesamte Jahrhundert hinweg um eine dezidiert kulturelle Dimension. So hat vor allem George Mosse die Deutung vertreten, dass die Menschen, aber auch die europäischen Gesellschaften insgesamt infolge des Krieges brutaler geworden seien (90). Diese Entwicklung vollzog sich seiner Ansicht nach auf zwei Ebenen: Zum einen hebt er in diesem Zusammenhang die direkten Kampferfahrungen und deren Auswirkungen auf das Verhalten besonders der ehemaligen Soldaten nach dem Krieg hervor. Zum anderen führt er als weiteres Argument eine generelle Verbreitung gewaltsamer Praktiken und Darstellungen innerhalb der vom Krieg betroffenen Gesellschaften an. Diese Entwicklung setzt für Mosse jedoch nicht unbedingt voraus, dass die betroffenen Akteure selbst an der Front kämpften. Die Verbreitung der Gewalt erfolgte in erster Linie durch die Prozesse der Mystifizierung und Banalisierung von Gewalt. Diese Mystifizierung bezeichnet und beschreibt hier die Art und Weise, in der politische, militärische oder soziale Akteure den Krieg zu einem Mythos erhoben, der mit dessen Realität nicht mehr viel zu tun hatte. Vielmehr vermittelte dieser Mythos ein geschöntes, verklärtes Bild des Krieges und setzte sich in zahlreichen Manifestationen des Totenkultes fort, um dadurch eine Alternative zur bitteren Realität der Nachkriegszeit zu bieten. Die Banalisierung wiederum erlaubte es, Krieg und Tod ohne ideelle Verherrlichung und Glorifizierung gewissermaßen zu zähmen. Der Krieg wurde hier durch eine Masse von mit kriegerischem Kitsch behafteten Objekten in die vertraute Alltagswelt integriert: Spielzeuge, Nippfiguren, humoristische Souvenirs. Dies trug dazu bei, das Ausmaß des Horrors auf ein gewöhnliches – und somit zu bewältigendes, erträgliches Maß – zu reduzieren.

Die wissenschaftliche Diskussion über die Brutalisierung konzentrierte sich hier anfangs auf die Gruppe der Veteranen und auf deren Fähigkeit oder Unfähigkeit, sich wieder an die Normen einer in Frieden lebenden Gesellschaft zu gewöhnen und sich ihr anzupassen. Robert Gerwarth unterstreicht die entscheidende Rolle der politisch rechts orientierten deutschen Veteranen für die politischen Morde in Deutschland, Österreich und Ungarn. Aus diesem Blickwinkel heraus argumentieren Horne und Gerwarth, dass das permanente Bewusstsein der paramilitärischen Gewalt in Zentraleuropa die Chronologie des Ersten Weltkriegs bis ins erste Drittel der zwanziger Jahre hinein verlängerte (791). Im Gegensatz zu ihnen zeigen Antoine Prost und Benjamin Ziemann, dass gerade die Veteranen vor allem nach einer friedlichen Gesellschaft strebten (735, 456). Für die Spezialisten der deutschen Geschichte sind jedoch die Milieus der langfristigen politischen Sozialisierung der Veteranen mindestens genauso, wenn nicht gar noch entscheidender als die direkte Erfahrung der Front, um die Brutalität zu erklären, die sich sowohl in ihren politischen wie auch in ihren sozialen Einstellungen und Aktivitäten offenbarte (822). Bei der Entwicklung dieser geistigen Orientierung fielen die Nachkriegsereignisse mindestens ebenso sehr ins Gewicht wie der Krieg als solcher (829). Darüber hinaus waren es eben nicht die Veteranen, die ab dem Ende der zwanziger Jahre den Großteil der nationalistischen und nationalsozialistischen Aktivisten bildeten, sondern vielmehr junge Menschen, die den Krieg lediglich aus und in der Retrospektive erlebt hatten (824, 337, 837).

Auch wenn bestimmte Formen von Brutalität in den Jahrzehnten nach dem Ersten Weltkrieg durchaus verbreitet waren und sich ohne die Erfahrung des Krieges nicht verstehen lassen, zeigen diese Studien, dass die erwähnten Formen der Gewalt dennoch nicht zwangsläufig auf der direkten Gewalterfahrung an der Front basierten. Vielmehr gründeten sie auch – und in weit grundlegenderer Weise – auf dem von Mosse beschriebenen Prozess der Mystifizierung und Banalisierung. Die reale Fronterfahrung hatte letzten Endes weniger Bedeutung als ihr Bild, das retrospektiv gezeichnet und bewahrt wurde; die Kriegsmythen polarisierten das öffentliche Leben und dienten schließlich als Katalysatoren einer semantischen, geistigen und praktischen Radikalisierung (769, 773). In Abhängigkeit von den jeweiligen sozialen Strukturen und dem politischen Kontext der Nachkriegszeit machten sich diese direkten und indirekten Effekte des Krieges nicht überall auf dieselbe Art und Weise bemerkbar. Frankreich und Großbritannien erfuhren in den Jahren nach dem Ersten Weltkrieg keine Welle der Gewalt, die derjenigen in Deutschland und Italien, ganz zu schweigen von Russland, ähnelte.

Der Erste Weltkrieg als Übergangsepoche

Schließlich ist es also üblich geworden, bei der retrospektiven Betrachtung des Jahrhunderts den Ersten Weltkrieg als dessen Anfangspunkt anzusehen. Dennoch darf man ihn dabei nicht von den Ereignissen isolieren, die ihm vorausgegangen waren. Der Erste Weltkrieg war sicher in erster Linie ein Schlüsselmoment. Zum einen hilft er, das Verständnis für bestimmte Entwicklungen des 19. Jahrhunderts zu vertiefen. Zum anderen erlaubt der Krieg gleichzeitig, in den historischen Ereignisse neue Trends zu erkennen. Er verkörperte nämlich ein mörderisches Aufeinandertreffen der zerstörerischen Gewalt einer industrialisierten Kriegsführung mit den jeweiligen Kapazitäten der Nationalstaaten, mobilzumachen. Daraus ergab sich ein neuartiger Konflikt, der sich durch eine intrinsische Logik der Totalisierung auszeichnete: ökonomische und soziale Mobilmachung, Mobilisierung sämtlicher nationalen Ressourcen, Verbreitung der Gewalt. Diese ebenso ideologischen wie realen Entwicklungen – zwischen 1914 und 1918 bei weitem nicht in ihrem vollen Umfang umgesetzt – bereiteten darüber hinaus einer Reihe von Prozessen den Weg, die sich in der Folge, insbesondere während des Zweiten Weltkriegs, noch ausweiten sollten (834, 785, 774). Dennoch bleibt ein essentieller Unterschied zwischen den beiden Weltkriegen hinsichtlich der Dimension und des Ausmaßes bestehen, nämlich was die technischen Möglichkeiten, die Angriffsstärke, die geographische Ausdehnung sowie die Zahl und Art der Verluste angeht. Diese Differenzen verleihen beiden Konflikten ihren jeweils eigenen Charakter. Was also zählt, ist die generelle Logik der Totalisierung, die sich trotz aller Unterschiede – wenn nicht gar aufgrund dieser Unterschiede – durch beide Kriege hindurchzog. Jeder der beiden globalen Auseinandersetzungen erfuhr eine Eskalation der Gewalt und eine Überschreitung der Grenzen dessen, was zuvor als normal, moralisch oder verwerflich angesehen wurde. Vor allem hierin liegt die Beziehung zwischen den beiden Konflikten und ihre Verbindung zu den Kriegen, die im Verlauf des Jahrhunderts auf sie folgten. Dennoch dürfen diese Betrachtungen nicht darauf hinauslaufen, die Bedeutung des Ersten Weltkriegs zu unterschätzen: Auch wenn er nicht den Ursprung aller Dinge darstellte, war er doch ein Laboratorium für die Dynamiken, die das 20. Jahrhundert konstitutiv prägten und deren Widerhall auch einhundert Jahre später noch immer deutlich zu spüren ist.

IV. Schluss

Der Überblick über die Geschichtsschreibung zum Ersten Weltkrieg veranschaulicht, wie sehr die historiographischen Kontroversen in diesem Bereich auf einem breiten Korpus von Forschungen beruhen. Er ist über mehrere Generationen hinweg entstanden: Aus dieser Perspektive und angesichts der Erweiterung der Historikergemeinschaft, der Entwicklung der Interessen, Ziele und Perspektiven sowie des Zugangs zu neuen Quellen resultieren die historiographischen Kontroversen sicher zum Teil aus unterschiedlichen diachronischen Herangehensweisen. Nach einem Jahrhundert bleibt allerdings die historiographische Produktion zum Krieg zersplittert: Die Kontroversen resultieren auch aus unterschiedlichen, wenn nicht sogar antinomischen Interpretationsschemen und verschiedenen Weisen, den Krieg zu „denken" (99).

1. Die Bedeutung der nationalen Interpretationsrahmen für die Analyse eines internationalen Ereignisses

In erster Linie muss man berücksichtigen, dass der Krieg weitestgehend in nationalen Interpretationsrahmen betrachtet worden ist. Grund dafür ist zunächst das Untersuchungsobjekt an sich: Der Erste Weltkrieg war ein internationales Ereignis, gleichwohl jedoch auch eine Konfrontation von Nationen. Er kann daher nicht von ihnen getrennt betrachtet werden. Ein zweiter Grund liegt in der Betrachtung der Historiker: Oft unbewusst schreiben sie aus Blickwinkeln, die stark von nationalen Wahrnehmungen und Deutungsparadigmen beeinflusst sind. Daher können einige grundlegende Tendenzen bei den wichtigsten nationalen Kriegsgeschichtsschreibungen unterschieden werden.

Großbritannien

Das nationale Interesse Großbritanniens war aufgrund seiner Lage (in Europa, jedoch in relativer Distanz zur Front) weniger direkt auf den Krieg fixiert als das der Kontinentalstaaten, da sein Territorium keiner direkten Bedrohung ausgesetzt war. Dennoch führte der Krieg zu enormen Verlusten an Menschenleben und zu einer massiven Desillusionierung hinsichtlich der Bewahrung der britischen Weltmacht. Daher wird die Perspektive der Briten von den Ausmaßen des Konflikts, die seine Bezeichnung als *Great War* rechtfertigen, und von seiner Vergeblichkeit geprägt. Die Kriegsliteratur ist reich an Ironie, die als spezifischer Erzählstil eine besondere Sichtweise des Krieges darstellt (119, 497). Die ironische Distanz, die man in Kriegsberichten, aber auch in der wissenschaftlichen Geschichtsschreibung findet, ging aus der Sensibilität für die Diskrepanz zwischen den Kriegserwartungen und seiner Realität hervor. Ein wiederkehrender Begriff ist der der „Belanglosigkeit" (*futility*) des Krieges, der spezifisch das Nutzlose und Absurde der Kämpfe hervorhebt. Begleitet wurde diese Belanglosigkeit von dem Gefühl, dass die Toten auf dem Schlachtfeld eine *lost generation* bildeten. Diese Wahrnehmung prägte die Zeitzeugnisse und warf schließlich historische Fragestellungen auf. Nach 1945 verstärkte sich diese pazifistische Perspektive noch: Obwohl er jeglichen neuen Konflikt verhindern sollte, hatte der Erste Weltkrieg dieses Ziel verfehlt. Auch das Bild eines sinnlosen Massakers beeinflusste die populäre Erinnerungskultur und die akademische Geschichtsschreibung. Die politische Geschichte problematisierte unter anderem die (oft als zweifelhaft angesehenen) Gründe des Kriegseintritts Großbritanniens. Demgegenüber konzentrierte sich die Militärgeschichtsschreibung auf die Fehlschläge und die Inkompetenz der militärischen Führer, insbesondere auf Douglas Haig. Er wurde für die enormen britischen Verluste während der Schlacht an der Somme oder der Schlacht von Passchendaele verantwortlich gemacht. Die Kulturgeschichte befasste sich währenddessen mit den Vorstellungen einer *lost generation.*

Diese auf einer pazifistischen Historiographie gründende Interpretation des Krieges ist seit den neunziger Jahren kritisiert worden. Stattdessen dominiert nun eine vergleichsweise revisionistische Perspektive, die den Erfolg der britischen Armee, die Bedeutung der strategischen Entscheidungen und das Heldentum der Soldaten hervorhebt. So hätten die Generäle die Bevölkerung davon überzeugen können, dass das Land einen gerechten Krieg führe und dass dieser durch einen verdienten Sieg beendet worden sei. Die 2,5 Millionen Freiwilligen seien ein Ergebnis des Patriotismus, obgleich Religion, paternalistische Verhältnisse in der Gesellschaft und die Qualität der Versorgung in der Armee die Gewinnung der Männer erleichtert hätten. Dabei handelt es sich jedoch um die vereinfachte Wiedergabe von Aussagen zeitgenössischer Führungskräfte, die die Vielfältigkeit der Beweggründe ignoriert. Auch Haig ist im Rahmen dieses historiographischen Trends rehabilitiert worden (380, 443). Der Aufstieg einer solchen revisionistischen Perspektive muss jedoch über den Ersten Weltkrieg hinaus betrachtet werden: Gegenüber der vermeintlichen Dekadenz britischer Geschichte soll die Geschichte des 20. Jahrhunderts wie eine positive Geschichte neu interpretiert und im Rahmen einer spezifischen nationalen Agenda als ein Vermächtnis aufgewertet werden (60).

Frankreich

In Frankreich verhinderten die Lage des Landes und die direkt auf dem Territorium vorhandene und wahrgenommene deutsche Bedrohung jegliche Ironie: Eine Belustigung über den Krieg, den die Zeitgenossen schon während des Konflikts als *Grande Guerre* bezeichneten, war nicht möglich. Der Krieg wurde als ein Drama erlebt, bei dem es um das Überleben der Nation ging. Diese Perzeption hat nicht nur die Köpfe, sondern auch die Geschichtsschreibung nachhaltig geprägt. Die Historiker interessierten sich anfangs vor allem für die Frage nach der Verantwortung (mit dem Ziel nationalpolitischer Legitimation) und der Darstellung militärischer Operationen. Sie wechselten jedoch zusehends von einer Geschichtsschreibung, in der die Kriegsursachen unter dem Aspekt der Verantwortung betrachtet wurden, zu einer Historiographie, die die Gesinnung der Völker und das Gewicht der nationalen Gefühlslagen hervorhob. Ebenfalls wurde eine von militärischen Operationen geprägte Geschichtsschreibung zugunsten einer Historiographie überwunden, in der die Frontkämpfer, die Frontlinien und die Heimatfront im Zentrum standen. Diese Berücksichtigung der menschlichen Perspektive drückte sich zusätzlich aus durch den Wechsel von einer traditionellen Sichtweise des Krieges zum neuen Typ des industriellen Krieges und seiner Konsequenzen für die Frontkämpfer und die Bevölkerung.

Seit einigen Jahren verblasst die nationale Perspektive angesichts der Infragestellung des Nationalstaates durch die Entwicklung einer europäischen Supranationalität und der Konzentration auf die menschlichen Dimensionen. Dabei hat die Deutung vom zwecklosen Tod der Soldaten und ihrer Opferrolle Auftrieb erhalten, die in überwältigenden politischen, wirtschaftlichen und sozialen Interessen gründete. Die Historiker bestehen jedoch auf der notwendigen Erforschung der Gründe für die Teilnahme von Zeitgenossen am Krieg, ob es sich nun um patriotische oder politische Beweggründe oder Motivationen handelt, die durch ihre Stellung in unterschiedlichen Systemen sozialer Verhältnisse entstanden. Daher sind in Bezug auf den Begriff der Kriegskultur die deutlichsten Diskrepanzen zu erkennen (vgl. Kapitel 4).

Deutschland

In Deutschland wurde die Ausprägung der Geschichtsschreibung zum Krieg sehr viel später erkennbar. Die Historiker der zwanziger Jahre hatten die Forschung über den Ersten Weltkrieg vernachlässigt (54). Militärs und Politiker dominierten daher eine Geschichtsschreibung, die unter einem Mangel an Objektivität litt. Es erscheint ungleich schwieriger, die Geschichte eines Krieges zu verfassen, der durch eine abgelehnte, sogar geleugnete Niederlage beendet wurde. Zusätzlich verhinderten die „Dolchstoßlegende" und insbesondere die nationalsozialistische Interpretation des Konflikts eine realitätsgebundene Aufarbeitung der Niederlage. Obgleich sich die Bedingungen der Geschichtsschreibung nach 1945 änderten, wurde der Erste Weltkrieg von zwölf Jahren Nationalsozialismus und dem Zweiten Weltkrieg überschattet. Er war von geringem Interesse, bis die Fischer-Kontroverse ihm eine brennende Aktualität verlieh: Die Frage nach dem Ersten Weltkrieg warf auch das Problem der Wurzeln des Nationalsozialismus auf. Die Historiographie zum Krieg reihte sich vollständig in eine allgemeine deutsche Geschichtsschreibung ein, die in ihrer Gesamtheit besonders nachhaltig durch die Idee des „Sonderwegs" geprägt war und ist. Die Entwicklung der Sozialgeschichte in den siebziger Jahren ermöglichte zudem die Wiederbelebung und Stärkung der deutschen Geschichte des Ersten Weltkriegs sowie der Geschichte des Alltags im Krieg (11).

Italien

Die italienische Geschichtsschreibung des Krieges grenzt sich davon ab. Dort war sie vorrangig von der Frage nach dem Prozess der Nationsbildung geprägt. Die Kriege des *Risorgimento* hatten nicht zu einer klaren Nationalstaatsbildung geführt, weshalb der Weltkrieg als Katalysator für das Verhältnis der Italiener zu ihrer Nation angesehen wurde. Daraus folgte eine zustimmende und patriotische Einstellung zum Krieg: Für die Elite, die politische Klasse und die meisten Historiker war der Erste Weltkrieg ein großer Triumph der italienischen Geschichte. Der Krieg hatte dem gesamten Land eine erste kollektive Erfahrung beschert und ihm zugleich einen Platz unter den großen Mächten vermittelt. Mussolini instrumentalisierte diesen patriotischen Konsens, um die „faschistische Revolution" als Vollendung der nationalen Wiedergeburt erscheinen zu lassen, die der Krieg entfacht hatte. Die Antifaschisten ihrerseits urteilten, dass die Frontkämpfer für die liberalen Ideen des *Risorgimento* gestorben waren, den der Weltkrieg erfolgreich abgeschlossen hatte. Auch wenn sich Faschisten und Antifaschisten in ihrer

Definition der Nation unterschieden, waren sie sich im patriotischen Verständnis des Krieges als Motor der inneren Nationalstaatsbildung einig. Dies sicherte der Deutung auch nach dem Zweiten Weltkrieg Stabilität (97). Erst am Ende der sechziger Jahre kam es zur Entwicklung einer kritischen Perspektive, die das Legitimationsdefizit des liberalen Italiens, die politische Polarisierung während des Kriegseintritts oder die vom Krieg akzentuierten sozialen Spannungen hervorhob. Diese Sicht ist in den letzten Jahren jedoch zugunsten von Deutungen relativiert worden, die den Zusammenhalt der Truppen und die Stabilisierung der Heimatfront betont haben. Die italienische Geschichtsschreibung bleibt schließlich von der Idee einer Nationalisierung durch den Krieg geprägt, wobei dieser Prozess traumatisch, gegebenenfalls auch gegen den Willen der Menschen erfolgt sei. Daher ist der Krieg mit dem Faschismus verbunden, indem er als dessen Vorstufe interpretiert wird (61).

Russland

In Russland ist der Erste Weltkrieg weitestgehend ein vergessener Krieg. Lange hatte die sowjetische Geschichtsschreibung den Ersten Weltkrieg marxistisch interpretiert und als imperialistischen Krieg abgewertet. Darüber hinaus wurde der Krieg durch die neuentflammenden Kämpfe nach 1917 und ihre Verlängerung bis in die frühen zwanziger Jahren sowie durch den Bürgerkrieg und die Konflikte an der Peripherie des ehemaligen Zarenreiches ausgeblendet. Der Krieg markierte im Rückblick daher den Anfang einer Serie von Katastrophen, die mit dem Sieg über Nazi-Deutschland endete. Die Niederlage von 1917 wurde letztlich erst 1945 wiedergutgemacht: Der Zweite Weltkrieg, als „Großer Patriotischer Krieg" bezeichnet, verdrängte den Ersten Weltkrieg. Erst nach dem Ende des Kalten Krieges galt das Interesse der Historiker wieder dem ersten weltweiten Konflikt. Die neueste Geschichtsschreibung berücksichtigt jedoch weiterhin Kontinuitäten von Weltkrieg, Revolution und Bürgerkrieg. Diese sind zeitlich sowie in einigen Fällen auch kausal gefasst worden, und sie sind mit einem wachsenden Interesse für die Alltagserfahrungen der Menschen und die Verhaltensweisen im Krieg einhergegangen (798, 18).

Vereinigte Staaten

In den Vereinigten Staaten ist der Erste Weltkrieg weniger präsent als in Europa: Der Krieg galt aufgrund seiner Spaltungsgefahr in der Migrationsgesellschaft der USA bald als eine europäische Angelegenheit, von der es sich zu distanzieren galt. Unter der Einwirkung von Wilson gewannen jedoch idealistische und kommerzielle Perspektiven nach einigen Jahren schließlich die Oberhand. Der Kriegseintritt der Vereinigten Staaten war ohne Zweifel ein Wendepunkt in ihrer Politik und Geschichte: Es handelte sich um eine nationale Erfahrung, die die internationale Interventionspolitik des Landes im 20. Jahrhundert bestimmen sollte. Gleichwohl erscheint der erste globale Konflikt heute, nach dem Zweiten Weltkrieg, dem Kalten Krieg und angesichts der gegenwärtigen Herausforderungen als weit entfernt und weitestgehend vergessen – selbst wenn dieser Konflikt unerwartet als politischer Bezugspunkt wiederauftauchen kann, wie bei der jüngsten Reaktivierung des *Espionage Act* von 1917.

Varianz der kollektiven Erfahrungen und der historiographischer Voraussetzungen

Insgesamt muss hervorgehoben werden, dass die Rahmen, in denen der Krieg gedacht wird, von Nation zu Nation höchst unterschiedlich sind. Dies liegt in der Varianz der kollektiven Erfahrung des Krieges begründet: Er erscheint beispielsweise als ein schmerzhafter Sieg für Frankreich, als eine geleugnete Niederlage für Deutschland oder auch als ein weitentfernter Zeitabschnitt für die Vereinigten Staaten bzw. als ein sogar weitestgehend vergessener Zeitabschnitt für Russland. Zudem geht diese Unterschiedlichkeit aus der Varianz kultureller Traditionen und historiographischer Voraussetzungen hervor, die die Spannbreite der Interpretationen für jede Nation bestimmen. Dies wird darin ersichtlich, dass die nationalen Geschichtsschreibungen je nach ihren Anliegen zu differenten Periodisierungen gelangen, sobald der Krieg in eine breitere Kontinuität integriert werden muss. Die französische Chronologie beginnt traditionell ab 1871 und findet ihre Bezüge in den Wendepunkten 1914–1918, 1939/40 und 1944. Die deutsche Chronologie kann weder die Revolution von 1918/19, den politischen Wendepunkt von 1933 noch die Gründung der zwei deutschen Staaten 1949 vernachlässigen. Dagegen nehmen die Jahre 1917 und 1941 eine zentrale Stellung in der Geschichte Russlands und der Vereinigten Staaten ein. Die Begegnung und Verflechtung der nationalen Geschichten zwischen 1914 und 1918 hat die relative Autonomie dieser Geschichten nicht beseitigt. Ausgehend von solch national strukturierten Interpretationsrahmen kann die Geschichte des Ersten Weltkriegs nur eingeschränkt als globale Geschichte verstanden werden.

Schließlich können diese nationalen Unterschiede auch in der unterschiedlich starken Präsenz des Krieges im öffentlichen Raum – gewaltig in Großbritannien und in Frankreich, sehr viel bescheidener in Deutschland – beobachtet werden sowie in den bereits geplanten (oder eben nicht geplanten) Erinnerungsfeiern in Hinsicht auf das hundertjährige Jubiläum des Krieges[3].

2. Neue Ansätze, neue Forschungsgebiete

Die nationalen Prägungen sind so unterschiedlich, dass es problematisch erscheint, sie einfach harmonisieren zu wollen: Es ist schwierig, den Krieg zugleich als einen Sieg und als eine Absurdität zu verstehen. Dagegen kann die Gegenüberstellung dieser Sichtweisen dazu beitragen, ihre jeweiligen impliziten Inhalte offenzulegen. Dabei rücken diese impliziten Inhalte zum einen in das Zentrum der Fragestellung; zum anderen können sie dann anhand einer transnationalen Perspektive überwunden werden, ganz

3 Unter den offiziellen Internetseiten sind die von Großbritannien und den *dominions*, sowie die von Frankreich und Belgien am bemerkenswertesten. Folgende Internetseiten können besucht werden: Für Großbritannien http://www.1914.org/; für Australien http://www.anzaccentenary.gov.au/; für Kanada http://ww100.govt.nz/; für Frankreich http://centenaire.org/; für Belgien http://www.commemorer14-18.be/ und http://www.100jaargrooteoorlog.be/ (beiderseits einer sprachlichen und kulturellen Trennungslinie). Es existiert keine vergleichbare Internetpräsenz für die Staaten, die aus den ehemaligen Mittelmächten und dem ehemaligen russischen Reich hervorgegangen sind. In Deutschland wird die offizielle Erinnerungsfeier von den Ländern übernommen; einen nationalen Gedenktag spezifisch für den Ersten Weltkrieg gibt es nicht.

gleich ob diese aus der vergleichenden Geschichte, der Verflechtungs- oder der Globalgeschichte hervorgeht.

Weiterentwicklung der europäischen Perspektive

Auf dieser Grundlage hat sich seit dem Ende der achtziger Jahre die europäische Perspektive entwickelt. Die Eröffnung des *Historial* und die Aktivitäten seines Forschungszentrums haben zur Weiterentwicklung dieser Perspektive stark beigetragen. Eine europäische Öffnung wird weiterhin gefordert, da sie nur in Teilen umgesetzt ist.

Es liegen erstens Sammelbände vor, die nationale Studien über verwandte Themen einander gegenüberstellen (594, 27, 517, 643, 821 u.a.). Deutlich seltener sind vergleichende Publikationen, in denen die unterschiedlichen nationalen oder bereits transnationalen Beiträgen in einen methodologisch und konzeptuell kohärenten Rahmen gestellt werden und in denen Diskussionen zwischen Historikern mit dem Ergebnis gemeinsamer Schlussfolgerungen stattfinden: Die internationalen Arbeiten unter der Führung von Leopold Haimson über Streiks (508, 507) oder der Vergleich von Paris, London und Berlin in der Kriegszeit unter der Führung von Jay Winter und Jean-Louis Robert (570, 571) ragen in dieser Hinsicht hervor. Diese Vorhaben setzen umfassende Forschungsgruppen voraus, die Teamarbeit betreiben und von nachhaltiger Finanzierung sowie von festen Forschungsstrukturen abhängen – unabdingbare Voraussetzungen, die jedoch selten bleiben. Das aktuelle Kollektivprojekt unter der Führung von Oliver Janz mit dem Namen „1914-1918-online. International Encyclopedia of the First World War“ entspricht einer anderen Herangehensweise. Es ist durch breitere thematische und geographische Themenschwerpunkte gekennzeichnet und zugleich mehr auf Vernetzung ausgelegt denn auf den eigentlichen Vergleich. Trotzdem erfüllt es einen Großteil der gleichen Anforderungen wie die oben beschriebenen vergleichenden Studien (siehe http://www.1914-1918-online.net/).

Diese großen Vorhaben sind seit dem Ende der neunziger Jahre mit der Entfaltung einer Reihe von komparativen Dissertationsarbeiten einhergegangen (zu denen sie sicherlich beigetragen haben). Die meisten von ihnen vergleichen zwei europäische Länder miteinander (846, 320, 387, 503, 435, 416, 341, 720, 699, 452, 409, 710, 579, 805, 567 und viele andere laufende Studien). Die Autoren dieser Arbeiten repräsentieren eine Generation von Forschern, die zum Austausch von Wissen, dem Transfer von Problemstellungen und der Inanspruchnahme von historiographischen Ansätzen von einem Land zum anderen beitragen.

Unausgewogenheit der Forschung auf weltlicher Ebene

Außerdem sind Synthesen veröffentlicht worden, deren Ansatz global ist, darunter die einem breiteren Publikum zugänglichen Publikationen mit mehr oder weniger narrativen Darstellungen (849, 67, 116). Darüber hinaus ist auf Publikationen hinzuweisen, deren eingegrenzte Problemstellungen eine Gesamtdarstellung des jeweiligen Themas ermöglichen und die zudem den Vergleich nationaler Geschichten berücksichtigen (29). Dennoch lässt sich feststellen, dass die Forschung nur zögerlich eine globale Perspektive aufnimmt beziehungsweise die Gesamtheit der vom Krieg betroffenen Regionen in der Welt beachtet. So werden die Staaten Lateinamerikas oder Asiens, darunter die Kriegsbeteiligten Japan und China, in Studien oft als marginale Länder behandelt, wenn sie nicht sogar völlig übergangen werden. Ausnahmen sind selten (115) und die Monographien zu solchen Ländern bleiben isoliert, zumal die sprachlichen Barrieren oft eine Verbreitung von historischem Wissen verhindern. Charles Townshend berücksichtigt jedoch Mesopotamien (848), während Guoqi Xu die Auswirkungen des Krieges auf China (792) und Frederick Dickinson die Folgen für Japan (840) darstellen; das Institut „A Trans-disciplinary Study of the First World War" der Universität Kyoto umfasst seit 2007 eine Forschungsgruppe über den Ersten Weltkrieg. Afrikanische Länder werden erst seit einigen Jahren und nur zögerlich behandelt (844, 845). Die Beachtung afrikanischer Völker wurde durch die Berücksichtigung von Kolonialtruppen und ihre Betrachtung durch die Militärführungen sowie die Bevölkerungen der Mutterländer erneuert, sei es mit Blick auf die französischen (786, 784), die britischen (847) oder die deutschen Streitkräfte (842, 843).

Innerhalb Europas bleibt die Ostfront sowohl in Bezug auf die Militärgeschichte als auch hinsichtlich der betroffenen Gesellschaften gegenüber der Westfront weiterhin vernachlässigt. Dies wird besonders in Studien über die dortigen Erinnerungskulturen des Krieges deutlich, die bis auf einige Ausnahmen (819, 695) weitgehend unerforscht geblieben sind.

Thematische Lücken

Neben der ungleichen Behandlung der unterschiedlichen Kriegsschauplätze sind einige Themen trotz der beträchtlichen Ausweitung der Erkenntnisinteressen auch in den letzten Jahren unbehandelt geblieben. Im Zuge einer von der Kulturgeschichte geprägten Gesamtentwicklung sind weitere Bereiche weitestgehend ignoriert worden. Die Defizite betreffen die Militärgeschichte (Strategien auf der Ebene von Bündnissen, Kommandoketten, die Anpassung an die Anforderung des industriellen Krieges) und trotz neu erschienener Studien (585, 515, 839) auch die Wirtschaftsgeschichte. Unter anderem fehlen neuere Studien zur Seeblockade. Vernachlässigt wurde auch die Sozialgeschichte der kämpfenden Truppen, trotzt einiger Grundlagen zur französischen Armee (408, 407), sowie die Sozialgeschichte der Heimatfront, insbesondere der ländlichen Welt, aus der die Mehrheit der Frontkämpfer stammte. Im Allgemeinen würde ein interdisziplinärer Ansatz zur Zivilgesellschaft als Ort des Konsenses oder der Verhandlung der Kriegsbeteiligung ermöglichen, sowohl die kulturellen Faktoren der Mobilisierung als auch die Konflikte und Mechanismen der sozialen Dominanz zu bestimmen. Folglich bleibt trotz des aktuellen Forschungsreichtums nach einem Jahrhundert der Geschichtsschreibung über den Krieg viel zu tun.

3. Die Zukunft der Kontroversen über die Geschichte des Weltkriegs

Alte Kontroversen

Einige der in diesem Band aufgeführten Kontroversen sind seit fast einem Jahrhundert geführt worden. Der traditionelle Ansatz der politischen und diplomatischen Geschichte, der die Erforschung von Ursachen und Konsequenzen begünstigt, ist nach wie vor relevant. Die Historiker stehen sich weiterhin in wichtigen Fragen gegenüber, wie beispielsweise bei der Verantwortung für den Krieg oder den Folgen des Versailler Vertrags, die bereits die Debatten der Zwischenkriegszeit (vgl. Kapitel 1, Kapitel 5) prägten.

Die Kontroversen über die Ursachen und Folgen des Krieges wurde in der angelsächsischen Geschichtsschreibung im Kielwasser von Niall Fergussons Werk der kontrafaktischen Geschichte *(counter-factual history)* wiederbelebt. In *The Pity of War* stellt sich Ferguson ein Europa ohne den Krieg vor – oder eher ohne den Abnutzungskrieg, mit einem deutschen Sieg in der Schlacht an der Marne im September 1914 –, mit positiven Ergebnissen für das folgende Jahrhundert (41). Gleichwohl hat der Krieg tatsächlich stattgefunden. Er hat diplomatische, politische, wirtschaftliche und soziale Verhältnisse und Beziehungen in Europa und darüber hinaus erschüttert und grundlegend verändert.

Neue Kontroversen

Andere Kontroversen sind erst in den letzten Jahrzehnten durch historiographische Neuansätze aufgekommen, die u.a. auf transnationalen und interdisziplinären Vorgaben beruhten. Die Meinungen sind in der Frage der Durchhaltefähigkeit der Streitkräfte während der Kämpfe sowie der Gesellschaften im Krieg weiterhin geteilt (vgl. Kapitel 3 und 4). Auch hier haben die nationalen Voraussetzungen die Unterschiede in der Behandlung einiger Fragestellungen verstärkt. Die internationale Erweiterung der Perspektive ist ein Mittel, diese Voraussetzungen wahrzunehmen, sie miteinander zu konfrontieren und letztlich zu überwinden, indem einige nationale Trennlinien durch andere Analysen differenziert werden: Diese Auseinandersetzung ermöglicht auch einen Ausweg aus rein nationalen Anliegen und Deutungen.

Legitime und nützliche Kontroversen

Der vorliegende Band zielt nicht auf die Vorstellung eines normativen historiographischen Projekts ab, sondern hebt stattdessen auf der Grundlage von Kontroversen, die das letzte Jahrhundert geprägt haben, wichtige Untersuchungsansätze in Arbeiten von Historikern des Ersten Weltkriegs hervor. Jeder einzelne Ansatz führt aufgrund der jeweils spezifischen Problemstellungen, Quellen und Argumentationen zu eigenen Ergebnissen. Die unüberwindbare Pluralität an Geschichten des Krieges sollte erklärt und akzeptiert werden, denn der Anspruch einer vollständigen Geschichte, die diese zusammenfassen würde, ist ausgesprochen unrealistisch.

Die Kontroversen begleiten eine solche Pluralität und müssen nicht unbedingt beigelegt werden. Solange sich ihre Protagonisten bemühen, sich auf rationale statt auf affektive Argumentationen zu stützen und eine kritische Distanz zum Untersuchungsobjekt einzunehmen, tragen die Kontroversen dazu bei, einen komplexen und mit Spannungen versehenen historischen Stoff zu beleuchten.

Literatur

Gesamtdarstellungen, Handbücher, thematische und themenübergreifende Sammelwerke

(1) Audoin-Rouzeau, Stéphane: Quelle histoire. Un récit de filiation (1914-2014). Paris 2013.
(2) Audoin-Rouzeau, Stéphane: La Grande Guerre, le deuil interminable. In: Le Débat, 104 (1999), S. 117–130.
(3) Audoin-Rouzeau, Stéphane/Annette Becker: 14–18, Retrouver la Guerre. Paris 2000.
(4) Audoin-Rouzeau, Stéphane/Annette Becker: La Grande Guerre, 1914–1918. Paris 1998.
(5) Audoin-Rouzeau, Stéphane/Jean-Jacques Becker (Hrsg.): Les sociétés européennes et la guerre de 1914–1918. Paris 1990.
(6) Audoin-Rouzeau, Stéphane/Jean-Jacques Becker (Hrsg.): Encyclopédie de la Grande Guerre. Histoire et culture. Paris 2004.
(7) Audoin-Rouzeau, Stéphane/Annette Becker/Jean-Jacques Becker/Gerd Krumeich/Jay Winter (Hrsg.): Guerre et cultures 1914–1918. Paris 1994.
(8) Bagget, Blaine/Jay Winter: 1914–18. The Great War and the Shaping of the 20th Century. London 1996.
(9) Bauerkämper, Arnd/Elise Julien: Durchhalten! Krieg und Gesellschaft im Vergleich 1914–1918. Göttingen 2010.
(10) Beaupré, Nicolas: Les Grandes Guerres 1914–1945. Paris 2012.
(11) Beaupré, Nicolas/Benoît Majerus: Ecrire la Grande Guerre. L'historiographie allemande face à la „catastrophe originelle" du XXe siècle. In: Pietro Causarano/Olivier Feiertag/Valeria Galimi et al. (Hrsg.): Le siècle des guerres. Penser les guerres du premier XXe siècle. Paris 2004, S. 443–450.
(12) Becker, Jean-Jacques: L'Europe dans la Grande guerre. Paris 1996.
(13) Becker, Jean-Jacques: La Première Guerre mondiale. Paris 2003.
(14) Becker, Jean-Jacques (Hrsg.): Histoire culturelle de la Grande Guerre. Paris 2005.
(15) Becker, Jean-Jacques/Gerd Krumeich: La Grande Guerre. Une histoire franco-allemande. Paris 2008.
(16) Becker, Jean-Jacques/Gerd Krumeich/Jay Winter: 14–18, la Très Grande Guerre. Paris 1994.
(17) Berghahn, Volker: Der Erste Weltkrieg. München 2003.
(18) Beyrau, Dietrich/Pavel Sherbinin: Alles für die Front. Russland im Krieg 1914–1922. In: Arnd Bauerkämper/Elise Julien (Hrsg.): Durchhalten! Krieg und Gesellschaft im Vergleich 1914–1918. Göttingen 2010, S. 151–177.
(19) Black, Jeremy: The Great War and the Making of the Modern World. London 2011.
(20) Bond, Brian (Hrsg.): The First World War and British Military History. Oxford 1991.
(21) Bourne, John: Britain and the Great War 1914–1918. London 1989.
(22) Braybon, Gail: Evidence, History, and the Great War. Historians and the Impact of 1914–18. New York 2003.
(23) Burgdorf, Stephan/Klaus Wiegrefe (Hrsg.): Der Erste Weltkrieg. München 2004.
(24) Cabanes, Bruno/Anne Duménil (Hrsg.): Larousse de la Grande Guerre. Paris 2007.
(25) Cazals, Rémy/Emmanuelle Picard/Denis Rolland (Hrsg.): La Grande Guerre, pratiques et expériences. Toulouse 2005.
(26) Cazals, Rémy: Les mots de 14–18. Toulouse 2003.
(27) Cecil, Hugh/Peter Liddle (Hrsg.): Facing Armageddon. The First World War Experienced. London 1996.
(28) Ceschin, Daniele/Mario Isnenghi (Hrsg.): La Grande Guerra. Dall'intervento alla „Vittoria mutilata". Turin 2008.
(29) Charle, Christophe: La crise des sociétés impériales. Allemagne, France, Grande-Bretagne, 1900–1940. Essai d'histoire sociale comparée. Paris 2001.
(30) Chickering, Roger: Imperial Germany and the Great War. Cambridge 1998.
(31) Chickering, Roger/Stig Förster (Hrsg.): Great War, Total War. Combat and Mobilization on the Western Front, 1914–1918. Cambridge 2000.
(32) Chickering, Roger/Dennis Showalter/Hans Van de Ven (Hrsg.): The Cambridge History of War. Volume 4: War and the Modern World. Cambridge 2012.
(33) Cochet, François/Rémy Porte (Hrsg.) : Dictionnaire de la Grande Guerre 1914–1918. Paris 2008.
(34) Coffman, Edward: The War to End All Wars. The American Military Experience in World War I. New York 1968.
(35) Constantine, Stephen/Maurice Kirby/Mary Rose (Hrsg.): The First World War in British History. London 1995.
(36) De Groot, Jerome: Consuming History. Historians and Heritage in Contemporary Popular Culture. London 2009.
(37) De Schraepdriver, Sophie: La Belgique et la Première Guerre mondiale. Brüssel 2004.

(38) Desfossés, Yves (Hrsg.): L'Archéologie de la Grande Guerre. Rennes 2008.

(39) Düllfer, Jost/Andreas Hillgruber: Geschichte der Weltkriege. Mächte, Ereignisse, Entwicklungen 1900–1945. Würzburg 1981.

(40) Duroselle, Jean-Baptiste: La Grande Guerre des Français. 1914–1918, l'incompréhensible. Paris 1994.

(41) Ferguson, Niall: The Pity of War. London 1998.

(42) Ferro, Marc: La Grande Guerre, 1914–1918. Paris 1969.

(43) Gammage, Bill: The Broken Years. Australian Soldiers in the Great War. Canberra 1974.

(44) Gatrell, Peter: Russia's First World War. A Social and Economic History. Harlow 2005.

(45) Gibelli, Antonio: La Grande Guerra degli Italiani. Mailand 1998.

(46) Gibelli, Antonio: L'officina della Guerra. La Grande Guerra e la transformazioni del mondo mentale. Turin 2007.

(47) Gilbert, Martin. The First World War. A Complete History. New York 1996.

(48) Gregory, Adrian: The Last Great War. British Society and the First World War. Cambridge 2008.

(49) Groß, Gerhard (Hrsg.): Die vergessene Front, der Osten 1914/15. Ereignis, Wirkung, Nachwirkung. Paderborn 2006.

(50) Gumz, Jonathan: The Resurrection and Collapse of Empire in Habsburg Serbia 1914–1918. Cambridge 2009.

(51) Herzfeld, Hans: Der Erste Weltkrieg. München 1968.

(52) Hingham, Robin/Dennis Schowalter (Hrsg.): Researching World War I. A Handbook. London 2003.

(53) Hirschfeld, Gerhard/Gerd Krumeich/Irina Renz (Hrsg.): „Keiner fühlt sich hier mehr als Mensch..." Erlebnis und Wirkung des Ersten Weltkriegs. Essen 1993.

(54) Hirschfeld, Gerhard/Gerd Krumeich/Irina Renz (Hrsg.): Enzyklopädie Erster Weltkrieg. Paderborn 2003.

(55) Hirschfeld, Gerhard/Gerd Krumeich/Dieter Langewiesche/Hans-Peter Ullmann (Hrsg.): Kriegserfahrungen. Studien zur Sozial- und Mentalitätsgeschichte des Ersten Weltkriegs. Essen 1997.

(56) Hirschfeld, Gerhard: Der Erste Weltkrieg in der deutschen und internationalen Geschichtsschreibung. In: Aus Politik und Zeitgeschichte 29/30 (2004), S. 3–12.

(57) Hobsbawm, Eric: The Age of Extremes. The Short Twentieth Century, 1914–1991. London 1994.

(58) Horne, John (Hrsg.): A Companion to World War I. Oxford 2010.

(59) Isnenghi, Mario/Georgio Rochat: La Grande Guerra, 1914–1918. Mailand 2000.

(60) Jahr, Christoph: „The Edwardian world was in an ordred place." Revisionismus als rückwärtsgewandte Utopie der britischen Geschichtsschreibung über den Ersten Weltkrieg und in der populären Erinnerung. In: Arnd Bauerkämper/Elise Julien (Hrsg.): Durchhalten! Krieg und Gesellschaft im Vergleich 1914–1918. Göttingen 2010, S. 109–126.

(61) Janz, Oliver: Zwischen Konsens und Dissens. Zur Historiographie des Ersten Weltkrieges in Italien. In: Arnd Bauerkämper/Elise Julien (Hrsg.): Durchhalten! Krieg und Gesellschaft im Vergleich 1914–1918. Göttingen 2010, S. 195–213.

(62) Janz, Oliver: 14. Der Große Krieg. Frankfurt/Main 2013.

(63) Jauffret, Jean-Charles/Jules Maurin (Hrsg.): La Grande Guerre 1914–1918. 80 ans d'historiographie et de représentations. Montpellier 2002.

(64) Jeanneney, Jean-Noël: La Grande Guerre, si loin, si proche. Réflexions sur un centenaire. Paris 2013.

(65) Jones, Heather: Historiographical Review. As the Centenary approaches, The regeneration of First World War Historiography. In: Historical Journal 56 (2013) 3, S. 1–22.

(66) Jones, Heather/Jennifer O'Brien/Christoph Schmidt-Supprian (Hrsg.): Untold War. New Perspectives in First World War Studies. Leiden 2008.

(67) Keegan, John: The First World War. London 1998.

(68) Kennan, George: The Decline of Bismarck's European Order. Franco-Russian Relations. 1875–1890. Princeton 1979.

(69) Kennedy, David: Over Here. The First World War and American Society. Oxford 2004.

(70) Kiraly, Bela/Nandor Dreisziger (Hrsg.): East Central European Society in World War I. New York 1985.

(71) Kocka, Jürgen: Der Große Europäische Krieg – 90 Jahre danach. In: Helmut Bieben/Wolfgang Küttler (Hrsg.): Revolution und Reform in Deutschland im 19. und 20. Jahrhundert, Abhandlungen der Leibnitz-Sozietät, 18, 2005, S. 179–190.

(72) Korte, Barbara/Ralf Schneider (Hrsg.): War and the Construction of Identities in Britain. Amsterdam 2002.

(73) Kruse, Wolfgang (Hrsg.): Eine Welt von Feinden. Der Große Krieg 1914–1918. Frankfurt/Main 1997.

(74) Kruse, Wolfgang: Der Erste Weltkrieg. Darmstadt 2009.

(75) Kühne, Thomas/Benjamin Ziemann (Hrsg.): Was ist Militärgeschichte? Paderborn 2000.

(76) Lehmann, Hartmut (Hrsg.): Historikerkontroversen. Göttingen 2000.

(77) Le Naour, Jean-Yves, Dictionnaire de la Grande Guerre. Paris 2008.

(78) Liddle, Peter/John Bourne/Ian Whitehead (Hrsg.): The Great World War 1914–1945. London 2000.

(79) Liulevicius, Vejas Gabriel: War Land on the East Front. Culture, National Identity and German Occupation in World War I. Cambridge 2000.

(80) Loez, André: La Grande Guerre. Paris 2010.
(81) Macleod, Jenny/Pierre Purseigle (Hrsg.): Uncovered Fields. Perspectives in First World War Studies. Leiden 2004.
(82) Meyer, Jacques: Les soldats de la Grande Guerre. Paris 1966.
(83) Michalka, Wolfgang (Hrsg.): Der Erste Weltkrieg. Wirkung, Wahrnehmung, Analyse. München 1994.
(84) Miller, Alisa/Laura Rowe/James Kitchen (Hrsg.): Other Combatants, Other Fronts. Competing Histories of the First World War. Cambridge 2011.
(85) Mitrovic Andrej: Serbia's Great War 1914–1918. London 2007.
(86) Mommsen, Hans (Hrsg.): Der Erste Weltkrieg und die Nachkriegsordnung. Sozialer Wandel und Formveränderung der Politik. Köln 2000.
(87) Mommsen, Wolfgang: Die Urkatastrophe Deutschlands. Der Erste Weltkrieg 1914–1918. Stuttgart 2002.
(88) Mommsen, Wolfgang: Der große Krieg und die Historiker. Neue Wege der Geschichtsschreibung über den Ersten Weltkrieg. Essen 2002.
(89) Morrow, John: The Great War. An Imperial History. London 2004.
(90) Mosse, George: Fallen Soldiers. Reshaping the Memory of the World Wars. New York 1990.
(91) Neiberg, Michael: Fighting the Great War. A Global History. Cambridge Mass. 2005.
(92) Neiberg, Michael/Jennifer Keene (Hrsg.): Finding Common Ground. New Directions in First World War Studies. Leiden 2010.
(93) Nolte, Ernst: Der europäische Bürgerkrieg. Nationalsozialismus und Bolschewismus. Berlin 1987.
(94) Offenstadt, Nicolas: La Grande Guerre en 30 questions. La Crèche 2007.
(95) Offenstadt, Nicolas: 14–18 aujourd'hui. La Grande Guerre dans la France contemporaine. Paris 2010.
(96) Offenstadt, Nicolas/André Loez: La Grande Guerre, carnet du Centenaire. Paris 2013.
(97) Porciani, Ilaria: Der Krieg als ambivalenter italienischer Gründungsmythos. Siege und Niederlagen. In: Nikolaus Buschmann/Dieter Langewiesche (Hrsg.): Der Krieg in den Gründungsmythen der europäischen Nationen und der USA. Frankfurt/Main 2003, S. 193–212.
(98) Prochasson, Christophe: 1914–1918, Retours d'expériences. Paris 2008.
(99) Prost, Antoine/Jay Winter: Penser la Grande Guerre. Un essai d'historiographie. Paris 2004.
(100) Purseigle, Pierre (Hrsg.): Warfare and Belligerence. Perspectives in First World War Studies. Leiden 2005.
(101) Rauchensteiner, Manfred: Der Tod des Doppeladlers. Österreich-Ungarn und der Erste Weltkrieg. Graz 1993.
(102) Renouvin, Pierre: La crise européenne et la Première Guerre mondiale. Paris 1969.
(103) Rother, Rainer (Hrsg.): Die letzten Tage der Menschheit, Bilder des Ersten Weltkrieges. Eine Ausstellung des Deutschen Historischen Museums. Berlin 1994.
(104) Rother, Rainer (Hrsg.): Der Weltkrieg 1914–1918. Ereignis und Erinnerung. Berlin 2004.
(105) Rousseau, Frédéric: La Grande Guerre en tant qu'expériences sociales. Paris 2006.
(106) Rousseau, Frédéric: Guerres, paix et sociétés 1911–1946. Neuilly 2004.
(107) Sanborn, Joshua: Drafting the Russian Nation. Military Conscription, Total War, and Mass Politics, 1905–1925. DeKalb 2003.
(108) Scheer, Tamara: Zwischen Front und Heimat. Österreich-Ungarns Militärverwaltung im Ersten Weltkrieg. Frankfurt/Main 2009.
(109) Sheffield, Gary: Forgotten Victory. The First World War, Myths and Realities. London 2001.
(110) Smith, Leonard (Hrsg.): France and the Great War 1914–1918. Cambridge 2003.
(111) Stevenson, David: 1914–1918. The History of the First World War. London 2004.
(112) Stevenson, David: The First World War and International Politics. Oxford 2005.
(113) Stone, Norman: World War One. A Short History. London 2007.
(114) Storey, William: The First World War. A Concise Global History. Lanham 2009.
(115) Strachan, Hew: The First World War. Volume I: To Arms. Oxford 2001.
(116) Strachan, Hew (Hrsg.): The Oxford Illustrated History of the First World War. Oxford 1998.
(117) Strachan, Hew: The First World War. A New Illustrated History. London 2003.
(118) Taylor, Alan: The First World War and its Aftermath, 1914–1919. London 1998.
(119) Thompson, Peter: Lions led by Donkeys. Showing how Victory in the Great War was achieved by those who made the Fewest Mistakes. London 1927.
(120) Wehler, Hans-Ulrich: Deutsche Gesellschaftsgeschichte 1914–1949. München 2003.
(121) Winkler, Heinrich August: Der lange Weg nach Westen. Band 1: Deutsche Geschichte vom Ende des Alten Reiches bis zum Untergang der Weimarer Republik. München 2000.
(122) Winter, Jay (Hrsg.): The Legacy of the Great War. Ninety years on. Columbia 2009.
(123) Wolf, Susanne: Guarded Neutrality. Diplomacy and Internment in the Netherlands during the First World War. Leiden 2013.
(124) Ziemann, Benjamin (Hrsg.): Perspektiven der Historischen Friedensforschung. Essen 2002.
(125) Ziegler, Robert: America's Great War. World War I and the American Experience. Lanham 2000.

1. Die Kriegsschuldfrage

(126) Adler, Selig: The War-Guilt Question and American Disillusionment, 1918–1928. In: Journal of Modern History 23 (1951) 1, S. 1–28.

(127) Afflerbach, Holger: Der Dreibund. Europäische Großmacht- und Allianzpolitik vor dem Ersten Weltkrieg. Köln 2002.

(128) Afflerbach, Holger/David Stevenson (Hrsg.): An Improbable War? The Outbreak of World War I and European Political Culture before 1914. New York 2007.

(129) Albertini, Luigi: Le Origini della Guerra del 1914, 3 Bände. Mailand 1942–1943 [englische Übersetzung: The Origins of the War of 1914. Oxford 1952–1957].

(130) Angelow, Jürgen: Der Weg in die Urkatastrophe. Der Zerfall des alten Europas 1900–1914. Berlin 2010.

(131) Auswärtiges Amt (Hrsg.): Deutschland schuldig? Deutsches Weißbuch über die Verantwortlichkeit der Urheber des Krieges. Berlin 1919.

(132) Barnes, Harry: The Genesis of the War. An Introduction to the Problem of War-Guilt. New York 1926.

(133) Baumgart, Winfried (Hrsg.): Die Julikrise 1914 und der Ausbruch des Ersten Weltkrieges 1914. Darmstadt 1983.

(134) Berghahn, Volker: Der Tirpitz-Plan. Genesis und Zerfall einer innenpolitischen Krisenstrategie unter Wilhelm II. Düsseldorf 1971.

(135) Berghahn, Volker: Germany and the Approach of War in 1914. London 1973.

(136) Berghahn, Volker: Imperial Germany 1871–1914. Economy, Society, Culture and Politics. Oxford 1994.

(137) Bittner, Ludwig/Hans Übersberger (Hrsg.): Österreich-Ungarns Außenpolitik von der Bosnischen Krise bis zum Kriegsausbruch 1914, 9 Bände. Wien 1930.

(138) Böhme, Helmut: „Primat" und „Paradigmata". Zur Entwicklung einer bundesdeutschen Zeitgeschichtsschreibung am Beispiel des Ersten Weltkrieges. In: Hartmut Lehman (Hrsg.): Historikerkontroversen. Göttingen 2000, S. 87–139.

(139) Clark, Christopher: The Sleepwalkers. How Europe Went to War in 1914. London 2012 (dt. Die Schlafwandler, München 2013)

(140) Cohen, Warren: The American Revisionists. The Lessons of Intervention in World War I. Chicago 1967.

(141) Commission de publication des documents relatifs aux origines de la Guerre de 1914–1918, Documents diplomatiques français 1871–1914. Paris 1929–1956.

(142) Cornwall, Mark: Serbia. In: Keith Wilson (Hrsg.): Decisions for War, 1914. London 1995, S. 83–84.

(143) Dehio, Ludwig: Deutschland und die Weltpolitik im 20. Jahrhundert. München 1955.

(144) Demartial, Georges: La guerre de 1914. Comment on mobilisa les consciences. In: Current History, 1922.

(145) Deutsch-französische Vereinbarung über strittige Fragen europäischer Geschichte (Mai und Oktober 1951). In: Geschichte in Wissenschaft und Unterricht 3 (1952), S. 288–299.

(146) Doenecke, Justus: Nothing less than war. A new History of America's Entry into World War I. Lexington 2011.

(147) Dorpalen, Andreas: German History in Marxist Perspective. The East-German Approach. London 1985.

(148) Droz, Jacques: Les causes de la Première Guerre mondiale. Essai d'historiographie. Paris 1973.

(149) Dülffer, Jost/Karl Holl (Hrsg.): Bereit zum Krieg. Kriegsmentalität im wilhelminischen Deutschland, 1890–1914. Göttingen 1986.

(150) Ehlert, Hans (Hrsg.): Der Schlieffenplan. Analysen und Dokumente. Paderborn 2006.

(151) Epstein, Fritz: Die deutsche Ostpolitik im Ersten Weltkrieg. In: Jahrbücher für die Geschichte Osteuropas 10 (1962), S. 381–394.

(152) Erdmann, Karl Dietrich: Zur Beurteilung Bethmann Hollwegs. In: Geschichte in Wissenschaft und Unterricht 15 (1964), S. 525–540.

(153) Erdmann, Karl Dietrich (Hrsg.): Kurt Riezler. Tagebücher, Aufsätze, Dokumente. Göttingen 1972.

(154) Evans, Robert/Hartmut Pogge von Strandmann (Hrsg.): The Coming of the First World War. Oxford 1988.

(155) Fabre-Luce, Alfred: La victoire. Paris 1924.

(156) Fay, Sydney Bradshaw: The Origins of the World War, 2 Bände. New York 1929.

(157) Fellner, Fritz: Austria-Hungary. In: Keith Wilson (Hrsg.): Decisions for War, 1914. London 1995, S. 9–25.

(158) Fischer, Fritz: Deutsche Kriegsziele, Revolutionierung und Separatfrieden im Osten 1914–1918. In: Historische Zeitschrift 188 (1959), S. 249–310.

(159) Fischer, Fritz: Griff nach der Weltmacht. Die Kriegszielpolitik des kaiserlichen Deutschland 1914/18. Düsseldorf 1961.

(160) Fischer, Fritz: Weltpolitik, Weltmachtstreben und deutsche Kriegsziele. In: Historische Zeitschrift 199 (1964), S. 265–346.

(161) Fischer, Fritz: Weltmacht oder Niedergang? Deutschland im Ersten Weltkrieg. Frankfurt 1965.

(162) Fischer, Fritz: Krieg der Illusionen. Die deutsche Politik von 1911–1914. Düsseldorf 1969.

(163) Fischer, Fritz: Juli 1914, wir sind nicht hineingeschlittert. Das Staatsgeheimnis um die Riezler-Tagebücher. Eine Streitschrift. Reinbeck 1983.

(164) Förster, Stig: Im Reich des Absurden. Die Ursachen des Ersten Weltkrieges. In: Bernd Wegner (Hrsg.): Wie Kriege entstehen. Zum historischen

Hintergrund von Staatenkonflikten. Paderborn 2000, S. 211–252.
(165) Förster, Stig: Vorgeschichte und Ursachen des Ersten Weltkrieges. In: Rainer Rother (Hrsg.): Der Weltkrieg 1914–1918. Ereignis und Erinnerung. Berlin 2004, S. 34–41.
(166) Freund, Michael: Bethmann-Hollweg. Der Hitler des Jahres 1914? Zu einer Spätfrucht des Jahres 1914 in der Geschichtsschreibung. In: Ernst Lynar (Hrsg.): Deutsche Kriegsziele 1914–1918. Frankfurt 1964, S. 175–182.
(167) Fromkin, David: Europe's last Summer. Who started the Great War in 1914? New York 2004.
(168) Fulbrook, Mary: German National Identity after the Holocaust. Oxford 1999.
(169) Gasser, Adolf: Preußischer Militärgeist und Kriegsentfesselung 1914. Drei Studien zum Ausbruch des Ersten Weltkrieges. Basel 1985.
(170) Geiss, Imanuel: Der polnische Grenzstreifen 1914–1918. Ein Beitrag zur deutschen Kriegszielpolitik im Ersten Weltkrieg. Hamburg 1960.
(171) Geiss, Imanuel (Hrsg.): Julikrise und Kriegsausbruch. Eine Dokumentationssammlung, 2 Bände. Hannover 1963–1964.
(172) Geiss, Imanuel (Hrsg.): Juli 1914. Die Europäische Krise und der Ausbruch des Ersten Weltkrieges. München 1965.
(173) Geiss, Imanuel: Das Deutsche Reich und die Vorgeschichte des Ersten Weltkriegs. München 1978.
(174) Geiss, Imanuel: Die manipulierte Kriegsschuldfrage. Deutsche Reichspolitik in der Julikrise 1914 und Deutsche Kriegsziele im Spiegel des Schuldreferats des Auswärtigen Amtes 1919–1939. In: Militärgeschichtliche Mitteilungen 34 (1983), S. 31–60.
(175) Geiss, Imanuel: Der lange Weg in die Katastrophe. Die Vorgeschichte des Ersten Weltkriegs 1815–1914. München 1990.
(176) Gooch, George/Harold Temperley (Hrsg.): The British Documents on the Origins of the War, 15 Bände. London 1926–1938.
(177) Grelling, Richard: La campagne „innocentiste" en Allemagne et le traité de Versailles. Paris 1925.
(178) Gutsche, Willibald: Der gewollte Krieg. Der deutsche Imperialismus und der Erste Weltkrieg. Berlin 1984.
(179) Hamilton, Richard/Holger Herwig (Hrsg.): The Origins of World War I. Cambridge 2003.
(180) Herrmann, David: The Arming of Europe and the Making of the First World War. Princeton 1997.
(181) Herwig, Holger: The First World War. Germany and Austria-Hungary 1914–1918. London 1997.
(182) Hewitson, Mark: Germany and the Causes of the First World War. Oxford 2004.
(183) Hildebrand, Klaus: Das Vergangene Reich. Deutsche Außenpolitik von Bismarck bis Hitler. Stuttgart 1995.
(184) Hillgruber, Andreas: Deutschlands Rolle in der Vorgeschichte der beiden Weltkriege. Göttingen 1967.
(185) Hillgruber, Andreas: Deutsche Großmacht- und Weltpolitik im 19. und 20. Jahrhundert. Düsseldorf 1977.
(186) Hinsley, Francis Harry (Hrsg.): British Foreign Policy under Sir Edward Grey. London 1997.
(187) Hoetzsch, Otto (Hrsg.): Die internationalen Beziehungen im Zeitalter des Imperialismus. Dokumente aus den Archiven der zarischen und provisorischen Regierung, 11 Bände. Berlin 1931–1936.
(188) Hoffmann, Dieter: Der Sprung ins Dunkle oder wie der 1. Weltkrieg entfesselt wurde. Leipzig 2010.
(189) Isaac, Jules: Un débat historique. 1914, le problème des origines de la guerre. Paris 1933.
(190) Jäger, Wolfgang: Historische Forschung und politische Kultur in Deutschland. Göttingen 1984.
(191) Jarausch, Konrad: World Power of Tragic Fate? The Kriegsschuldfrage as Historical Neurosis. In: Central European History 5 (1972), S. 72–92.
(192) Joll, James: 1914. The Unspoken Assumptions. In: Hannsjoachim Wolfgang Koch (Hrsg.): The Origins of the First World War. Great Power Rivalry and German war Aims. London 1972, S. 307–328.
(193) Joll, James: The Origins of the First World War. London 1984.
(194) Kagan, Donald: On the Origins of Wars and the Preservation of Peace. London 1995.
(195) Kanner, Heinrich: Kaiserliche Katastrophenpolitik. Wien 1922.
(196) Kanner, Heinrich: Der Schlüssel zur Kriegsschuldfrage. München 1926.
(197) Kantorowicz, Hermann: Gutachten zur Kriegsschuldfrage [Hrsg. von Immanuel Geiss]. Frankfurt 1967.
(198) Kautsky, Karl/Max Montgelas/Walter Schücking (Hrsg.): Die Deutschen Dokumente zum Kriegsausbruch, 4 Bände. Berlin 1919.
(199) Kehr, Eckart: Der Primat der Innenpolitik. Gesammelte Aufsätze zur preußisch-deutschen Sozialgeschichte im 19. und 20. Jahrhundert [Hrsg. von Hans-Ulrich Wehler]. Berlin 1965.
(200) Keiger, John: France and the Origins of the First World War. London 1983.
(201) Keiger, John: France. In: Keith Wilson (Hrsg.): Decisions for War, 1914. London 1995, S. 121–149.
(202) Klein, Fritz: Über die Verfälschung der historischen Wahrheit in der Aktenpublikation „Die Große Politik der Europäischen Kabinette 1871–1914". In: Zeitschrift für Geschichtswissenschaft 7 (1950), S. 318–330.
(203) Klein, Fritz: Die westdeutsche Geschichtsschreibung über die Ziele des deutschen Imperia-

lismus im Ersten Weltkrieg. In: Zeitschrift für Geschichtswissenschaft 10 (1962), S. 1808–1836.

(204) Klein, Fritz: Der Erste Weltkrieg in der Geschichtswissenschaft der DDR. In: Zeitschrift für Geschichtswissenschaft 42 (1994), S. 293–301.

(205) Klein, Fritz (Hrsg.): Deutschland im Ersten Weltkrieg. Vorbereitung, Entfesselung und Verlauf des Krieges bis Ende 1914, 3 Bände. Leipzig 1968–1970.

(206) Koch, Hannsjoachim Wolfgang (Hrsg.): The Origins of the First World War: Great Power Rivalry and German War Aims. London 1972.

(207) Kocka, Jürgen: Klassengesellschaft im Krieg. Deutsche Sozialgeschichte 1914–1918. Göttingen 1973.

(208) Kronenbitter, Günther: „Nur los lassen." Österreich-Ungarn und der Wille zum Krieg. In: Johannes Burkhardt (Hrsg.): Lange und kurze Wege in den Ersten Weltkrieg. München 1996, S. 159–187.

(209) Krumeich, Gerd: Aufrüstung und Innenpolitik in Frankreich vor dem Ersten Weltkrieg. Die Einführung der dreijährigen Dienstpflicht. Wiesbaden 1980.

(210) Krumeich, Gerd: Vergleichende Aspekte der „Kriegsschulddebatte" nach dem Ersten Weltkrieg. In: Wolfgang Michalka (Hrsg.): Der Erste Weltkrieg. Wirkung, Wahrnehmung, Analyse. München 1994, S. 915–928.

(211) Langdon, John: July 1914. The Long Debate 1918–1990. New York 1990.

(212) Lenin: Der Imperialismus als höchstes Stadium des Kapitalismus. Berlin [1916] 1979.

(213) Lentin, Antony: Lloyd George, Woodrow Wilson and the Guilt of Germany. Leicester 1984.

(214) Lepsius, Johannes/Albrecht Mendelssohn Bartholdy/Friedrich Thimme (Hrsg.): Die Große Politik der europäischen Kabinette, 1871–1914. Sammlung der Diplomatischen Akten des Auswärtigen Amtes, 40 Bände. Berlin 1922–1927.

(215) Lieven, Dominic: Russia and the Origins of the First World War. London 1983.

(216) Lloyd George, David: War memoirs, 2 Bände. London 1933.

(217) Lynar, Ernst (Hrsg.): Deutsche Kriegsziele 1914–1918. Frankfurt 1964.

(218) Marx, Wilhelm: The Responsability for the War. In: Foreign Affairs 4 (1926) 1, S. 177–184.

(219) McCullough, Edward: How the First World War began. The Triple Entente and the Coming of the Great War of 1914–1918. Montreal 1999.

(220) McDonough, Frank: The Origins of the First and Second World Wars. Cambridge 1997.

(221) McMeekin, Sean: The Russian Origins of the First World War. Cambridge Mass. 2011.

(222) Meigs, Mark: Optimism at Armageddon. Voices of American Participants in the First World War. New York 1997.

(223) Michalka, Wolfgang (Hrsg.): Der Erste Weltkrieg. Wirkung, Wahrnehmung, Analyse. München 1994.

(224) Mombauer, Annika: Helmuth von Moltke and the Origins of the First World War. Cambridge 2001.

(225) Mombauer, Annika: The Origins of the First World War. Controversies and Consensus. London 2002.

(226) Mombauer, Annika (Hrsg.): The Origins of the First World War. Diplomatic and Military Documents. Manchester 2013.

(227) Morel, Edmund: Truth and the War. London 1916.

(228) Moses, John: Politics of Illusion. The Fischer Controversy in German Historiography. London 1975.

(229) Mulligan, William: The Origins of the First World War. Cambridge 2010.

(230) Neck, Rudolf: Kriegszielpolitik im Ersten Weltkrieg. In: Ernst Lynar (Hrsg.): Deutsche Kriegsziele 1914–1918. Frankfurt 1964, S. 145–157.

(231) Neibert, Michael: Dance of the Furies. Europe and the Outbreak of Worl War I. Cambridge 2011.

(232) Neilson, Keith: Russia. In: Keith Wilson (Hrsg.): Decisions for War, 1914. London 1995, S. 175–208.

(233) Pöhlmann, Markus: Kriegsgeschichte und Geschichtspolitik. Der Erste Weltkrieg. Die amtliche deutsche Militärgeschichtsschreibung 1914–1956. Paderborn 2002.

(234) Pogge von Strandmann, Hartmut: Germany and the Coming of War. In: Robert Evans/Hartmut Pogge von Strandmann (Hrsg.): The Coming of the First World War. Oxford 1988, S. 87–123.

(235) Rauchensteiner, Manfried: Der Tod des Doppeladlers. Österreich-Ungarn und der Erste Weltkrieg. Wien 1993.

(236) Remak, Joachim: 1914, the Third Balkan War. Origins Reconsidered. In: Journal of Modern History 43 (1971), S. 353–366.

(237) Renouvin, Pierre: Les Origines immédiates de la guerre. Paris 1925.

(238) Renouvin, Pierre: La crise européenne et la Grande Guerre (1904–1918). Paris 1934.

(239) Richter, Jörg: Kriegsschuld und Nationalstolz. Politik zwischen Mythos und Realität. Tübingen 2003.

(240) Ritter, Gerhard: Der Erste Weltkrieg. Studien zum deutschen Geschichtsbild. Bonn 1964.

(241) Ritter, Gerhard: Staatskunst und Kriegshandwerk. Das Problem des Militarismus in Deutschland, 4 Bände. München 1954–1968.

(242) Röhl, John (Hrsg.): Zwei deutsche Fürsten zur Kriegsschuldfrage. Lichnowsky und Eulenburg und der Ausbruch des Ersten Weltkrieges. Eine Dokumentation. Düsseldorf 1971.

(243) Röhl, John: An der Schwelle zum Weltkrieg.

Eine Dokumentation über den „Kriegsrat" vom 8. Dezember 1912. In: Militärgeschichtliche Mitteilungen 21 (1977), S. 77–134.
(244) Röhl, John: Germany. In: Keith Wilson (Hrsg.): Decisions for War, 1914. London 1995, S. 27–54.
(245) Röhl, John: The Kaiser and his Court. London 1995.
(246) Schmidt, Stefan: Frankreichs Außenpolitik in der Julikrise 1914. München 2009.
(247) Schmitt, Bernadotte Everly: The Coming of the War, 1914, 2 Bände. New York 1930.
(248) Schmitt, Bernadotte Everly: The Origins of the First World War. London 1958.
(249) Schöllgen, Gregor: Griff nach der Weltmacht? 25 Jahre Fischer-Kontroverse. In: Historisches Jahrbuch 106 (1986), S. 386–406.
(250) Schöllgen, Gregor (Hrsg.): Flucht in den Krieg? Die Außenpolitik des kaiserlichen Deutschland. Darmstadt 1991.
(251) Sösemann, Bernd (Hrsg.): Theodor Wolff. Tagebücher 1914–1918, 2 Bände. Boppart 1984.
(252) Soroka, Marine: Britain, Russia and the Road to the First World War. The Fateful Embassy of Count Aleksandr Benckendorff (1903–1916). Farnham 2011.
(253) Steiner, Zara: Britain and the Origins of the First World War. New York 1977.
(254) Stevenson, David: Armaments and the Coming of War. Europe 1904–1914. Oxford 1996.
(255) Stevenson, David: The Outbreak of the First World War. 1914 in Perspective. London 1997.
(256) Sywotteck, Arnold: Die Fischer-Kontroverse. Ein Beitrag zur Entwicklung des politisch-historischen Bewusstseins in der Bundesrepublik. In: Immanuel Geiss/Bernd Jürgen Wendt (Hrsg.): Deutschland in der Weltpolitik des 19. und 20. Jahrhunderts. Düsseldorf 1973.
(257) Taylor, Alan: The Course of German History. London 1945.
(258) Taylor, Alan: War by Time-Table. How the First World War Began. London 1969.
(259) Thoß, Bruno: Der Erste Weltkrieg als Ereignis und Erlebnis. Paradigmenwechsel in der westdeutschen Weltkriegsforschung seit der Fischer-Kontroverse. In: Wolfgang Michalka (Hrsg.), Der Erste Weltkrieg. Wirkung, Wahrnehmung, Analyse. München 1994, S. 1012–1043.
(260) Versammlung deutscher Historiker in Berlin, 7.–11. Oktober 1964. Beiheft zur Zeitschrift Geschichte in Wissenschaft und Unterricht. Stuttgart 1965.
(261) Wegerer, Alfred von: Die Widerlegung der Versailler Kriegsschuldthese. Berlin 1928.
(262) Wegerer, Alfred von: Der Ausbruch des Weltkrieges, 2 Bände. Berlin 1939.
(263) Wehler, Hans-Ulrich: Das deutsche Kaiserreich, 1871–1918. Göttingen 1973.
(264) Williamson, Samuel (Hrsg.): The Origins of a Tragedy. July 1914. Chapel Hill 1981.
(265) Williamson, Samuel: Austria-Hungary and the Origins of the First World War. London 1991.
(266) Williamson, Samuel/Ernest May: An Identity of Opinion. Historians and July 1914. In: Journal of Modern history 79 (2007) 2, S. 335–387.
(267) Wilson, Keith (Hrsg.): Decisions for War, 1914. London 1995.
(268) Wilson, Keith (Hrsg.): Forging the Collective Memory. Government and International Historians through Two World Wars. Oxford 1996.
(269) Wolfrum, Edgar: Geschichtspolitik in der Bundesrepublik Deutschland. Der Weg zur bundesrepublikanischen Erinnerung, 1948–1990. Darmstadt 1999.
(270) Zagare, Frank: The Games of July. Explaining the Great War. Ann Arbor 2011.
(271) Zala, Sacha: Geschichte unter der Schere politischer Zensur. Amtliche Aktensammlungen im internationalen Vergleich. München 2001.
(272) Zechlin, Egmont: Krieg und Kriegsrisiko. Zur deutschen Politik im Ersten Weltkrieg. Düsseldorf 1979.
(273) Zuber, Terence: German War Planning, 1891–1914. Sources and Interpretations. Woodbridge 2003.

2. Wie die Gesellschaften in den Krieg zogen

(274) Angell, Norman: The Great Illusion. A Study of the Relation of Military Power to National Advantage. New York 1910.
(275) Bavendamm, Gundula: Spionage und Verrat. Konspirative Kriegserzählungen und französische Innenpolitik 1914–1917. Essen 2004.
(276) Becker, Jean-Jacques: Le carnet B. Les pouvoirs publics et l'antimilitarisme avant la guerre de 1914. Paris 1973.
(277) Becker, Jean-Jacques: 1914. Comment les Français sont entrés dans la guerre. Paris 1977.
(278) Becker, Jean-Jacques: Antimilitarisme et antipatriotisme en France avant 1914. Le cas de Gustave Hervé. In: Enjeux et puissances, pour une histoire des relations internationales au XXe siècle. Mélanges en l'honneur de Jean-Baptiste Duroselle. Paris 1986.
(279) Becker, Jean-Jacques: Les „Trois ans" et les débuts de la Première Guerre mondiale. In: Guerres mondiales et conflits contemporains 37 (1987) 145, S. 7–26.
(280) Becker, Jean-Jacques: L'année 1914. Paris 2004.
(281) Becker, Jean-Jacques/Annie Kriegel: 1914, la guerre et le mouvement ouvrier français. Paris 1964.
(282) Berghahn, Volker: Germany and the Approach of War in 1914. London 1973.
(283) Bernhardi, Friedrich von: Deutschland und der nächste Krieg. Stuttgart 1912.
(284) Beßlich, Barbara: Wege in den „Kulturkrieg". Zi-

vilisationskritik in Deutschland 1890–1914. Darmstadt 2000.
(285) Bruendel, Steffen: Volksgemeinschaft oder Volksstaat. Die Ideen von 1914 und die Neuordnung Deutschlands im Ersten Weltkrieg. Berlin 2003.
(286) Chambarlhac, Vincent/Romain Ducoulombier (Hrsg.): Les socialistes français et la Grande Guerre. Ministres, militants, combattants de la majorité, 1914–1918. Dijon 2008.
(287) Chickering, Roger: We Men Who Feel Most German. A Cultural Study of Pan-German-League, 1886–1914. London 1984.
(288) Chickering, Roger: The Great War and Urban Life in Germany, Freiburg 1914–1918. Cambridge 2007.
(289) Cosson, Olivier: Préparer la Grande Guerre. L'armée française et la guerre russo-japonaise (1899–1914). Paris 2013.
(290) Dahlmann, Dittmar: Russia at the Outbreak of the First World War. In: Stéphane Audoin-Rouzeau/Jean-Jacques Becker (Hrsg.): Les sociétés européennes et la guerre de 1914–1918. Nanterre 1990, S. 53–63.
(291) Dare, Robert: „Les cloches et les fanfares". Les réactions australiennes à la guerre de 1914. In: Guerres mondiales et conflits contemporains 179 (1995). S. 35–60.
(292) Duclert, Vincent: La République imaginée. Paris 2010.
(293) Düllfer, Jost/Karl Holl (Hrsg.): Bereit zum Krieg. Kriegsmentalität im wilhelminischen Deutschland 1890–1914. Beiträge zur historischen Friedensforschung. Göttingen 1986.
(294) Flasch, Kurt: Die geistige Mobilmachung. Die deutschen Intellektuellen und der Erste Weltkrieg. Ein Versuch. Berlin 2000.
(295) Flood, Patrick: France 1914–18. Public Opinion and the War Effort. London 1990.
(296) Geinitz, Christian: Kriegsfurcht und Kampfbereitschaft. Das Augusterlebnis in Freiburg, eine Studie zum Kriegsbeginn 1914. Essen 1998.
(297) Haupt, Georges: Le Congrès manqué. L'Internationale à la veille de la Première Guerre mondiale. Paris 1965.
(298) Hitler, Adolf: Mein Kampf. München 1925.
(299) Keiger, John: Britain's „union sacrée" in 1914. In: Stéphane Audoin-Rouzeau/Jean-Jacques Becker (Hrsg.): Les sociétés européennes et la guerre de 1914–1918. Nanterre 1990. S. 39–52.
(300) Klinkert, Wim: Defending Neutrality. The Netherlands prepares for War, 1900–1925. Leiden 2013.
(301) Krumeich, Gerd: Vorstellungen vom Krieg vor 1914. In: Sönke Neitzel (Hrsg.): 1900. Zukunftsvisionen der Großmächte. Paderborn 2002, S. 173–186.
(302) Krumeich, Gerd: L'entrée en guerre en Allemagne. In: Stéphane Audoin-Rouzeau/Jean-Jacques Becker (Hrsg.): Les sociétés européennes et la guerre de 1914–1918. Nanterre 1990, S. 65–74.
(303) Krumeich, Gerd: Anticipations de la guerre. In: Stéphane Audoin-Rouzeau/Jean-Jacques Becker (Hrsg.): Encyclopédie de la Grande Guerre. Histoire et culture. Paris 2004, S. 169–178.
(304) Krumeich, Gerd: Pour une histoire culturelle de la décision pendant la crise de juillet 1914. In: Jean-Jacques Becker (Hrsg.): Histoire culturelle de la Grande Guerre. Paris 2005, S. 239–253.
(305) Kruse, Wolfgang: Krieg und nationale Integration. Eine Neuinterpretation des sozialdemokratischen Burgfriedensschlusses 1914/1915. Essen 1994.
(306) Kruse, Wolfgang: Die Kriegsbegeisterung im Deutschen Reich 1914. Entstehungszusammenhänge, Grenzen und ideologische Strukturen. In: Marcel Van der Linden/Gottfried Mergner (Hrsg.): Kriegsbegeisterung und mentale Kriegsvorbereitung. Interdisziplinäre Studien. Berlin 1991, S. 73–87.
(307) Lindemann, Thomas: Les doctrines darwiniennes et la guerre de 1914. Paris 2001.
(308) Linder-Wirsching, Almut: Französische Schriftsteller und ihre Nation im Ersten Weltkrieg. Tübingen 2004.
(309) Mann, Thomas: Betrachtungen eines Unpolitischen. Berlin 1918.
(310) Mariot, Nicolas: Les formes élémentaires de l'effervescence collective, ou l'état d'esprit prêté aux foules. In: Revue française de science politique 51 (2001) 5, 2001, S. 707–738.
(311) Michel, Bernard: L'Autriche et l'entrée dans la guerre de 1914. In: Guerres mondiales et conflits contemporains 179 (1995), S. 5–12.
(312) Miller, Susanne: Burgfrieden und Klassenkampf. Die deutsche Sozialdemokratie im Ersten Weltkrieg. Düsseldorf 1974.
(313) Mommsen, Wolfgang: The Topos of Inevitable War in Germany in the Decade before 1914. In: Volker Berghahn (Hrsg.): Germany in the Age of Total War. London 1981, S. 23–45.
(314) Müller-Brettel, Marianne: Psychologische Beiträge im Ersten Weltkrieg. Ausdruck von Kriegsbegeisterung und Patriotismus oder Ergebnis des Entwicklungsstandes psychologischer Theorie und Forschung? In: Psychologie und Geschichte 6 (2009) 1–2, S. 27–47.
(315) Nasson, Bill: Springboks ou Autruches. Les réactions sud-africaines au déclenchement de la guerre de 1914. In: Guerres mondiales et conflits contemporains 179 (1995), S. 61–82.
(316) Pennell, Catriona: A Kingdom United. Popular Responses to the Outbreak of the First World War in Britain and Ireland. Oxford 2012.
(317) Pourcher, Yves: Les clichés de la Grande Guerre. In: Terrain 34 (2000), S. 143–158.
(318) Procacci, Giovanna: La neutralité italienne et

l'entrée en guerre. In: Guerres mondiales et conflits contemporains 179 (1995), S. 83–98.

(319) Prochasson, Christophe/Anne Rassmussen: Au nom de la patrie. Les intellectuels et la Première Guerre mondiale. Paris 1996.

(320) Raithel, Thomas: Das „Wunder" der inneren Einheit. Studien zur deutschen und französischen Öffentlichkeit bei Beginn des Ersten Weltkrieges. Bonn 1996.

(321) Robert, Jean-Louis: Les ouvriers, la patrie et la Révolution. Paris 1914–1919. Besançon 1995.

(322) Stengers, Jean: La Belgique. In: Stéphane Audoin-Rouzeau/Jean-Jacques Becker (Hrsg.): Les sociétés européennes et la guerre de 1914–1918. Nanterre 1990, S. 75–91.

(323) Stengers, Jean: L'entrée en guerre de la Belgique. In: Guerres mondiales et conflits contemporains 179 (1995). S. 13–34.

(324) Stöcker, Michael: Augusterlebnis 1914 in Darmstadt. Legende und Wirklichkeit. Darmstadt 1994.

(325) Trotzki, Leon: Mein Leben, Versuch einer Autobiographie. Berlin 1930.

(326) Ullrich, Volker: Kriegsalltag. Hamburg im Ersten Weltkrieg. Köln 1982.

(327) Ungern-Sternberg, Jürgen von/Wolfgang von Ungern-Sternberg: Der Aufruf „An die Kulturwelt!" Das Manifest der 93 und die Anfänge der Kriegspropaganda im Ersten Weltkrieg. Stuttgart 1996.

(328) Vandenrath, Johannes (Hrsg.): 1914, les psychoses de guerre? Rouen 1985.

(329) Verhey, Jeffrey: Der Geist von 1914 und die Erfindung der Volksgemeinschaft. Hamburg 2000.

(330) Ziemann, Benjamin: Front und Heimat. Ländliche Kriegserfahrungen im südlichen Bayern 1914–1923. Essen 1997.

(331) Zweig, Stefan: Die Welt von gestern. Erinnerungen eines Europäers. Stockholm 1942.

3. Durchhalten an der Front

(332) Ashworth, Tony: Trench warfare 1914–1918. The Live and Let Live System. New York 1980.

(333) Audoin-Rouzeau, Stéphane: 14–18 les combattants des tranchées. Paris 1986.

(334) Audoin-Rouzeau, Stéphane: Les armes et la chair. Trois objets de mort en 1914–1918. Paris 2009.

(335) Audoin-Rouzeau, Stéphane: Norbert Elias et l'expérience oubliée de la Première Guerre mondiale. In: Vingtième Siècle 106 (2010), S. 104–114.

(336) Audoin-Rouzeau, Stéphane/Annette Becker: Violence et consentement. La „culture de guerre" du premier conflit mondial. In: Jean-Pierre Rioux/Jean-François Sirinelli (Hrsg.): Pour une histoire culturelle. Paris 1997, S. 251–271.

(337) Audoin-Rouzeau, Stéphane/Annette Becker/Christian Ingrao/Henry Rousso: La violence de guerre, 1914–1945. Approches comparées des deux conflits mondiaux. Bruxelles 2002.

(338) Audoin-Rouzeau, Stéphane: Controverse ou polémique? In: La Vie des idées, 5/2/2009. http://www.laviedesidees.fr/Controverse-ou-polemique.html

(339) Babington, Anthony: Shell-Shock. A History of the Changing Attitudes to War Neurosis. London 1997.

(340) Bach, André: Fusillés pour l'exemple. Paris 2004.

(341) Beaupré, Nicolas: Écrire en guerre, écrire la guerre. France, Allemagne 1914–1920. Paris 2006.

(342) Beaupré, Nicolas/Heather Jones, Anne Rasmussen (Hrsg.): Dans la guerre, 1914–1918. Accepter, endurer, refuser. Paris 2014.

(343) Becker, Annette: La guerre et la foi. De la mort à la mémoire, 1914–1930. Paris 1994.

(344) Bianchi, Bruna: La follia e la fuga. Nevrosi di guerra, diserzione e disobbedenzia nell esercito italiano (1915–1918). Rom 2001.

(345) Binnevald, Hans: From Shell Shock to Combat Stress. Comparative History of Military Psychiatry. Amsterdam 1997.

(346) Boff, Jonathan: Winning and Losing on the Western Front. The British Third Army and the Defeat of Germany in 1918. Cambridge 2012.

(347) Bourke, Joanna: Dismembering the Male. Mens Bodies, Britain and the Great War. London 1996.

(348) Bourke, Joanna: An Intimate History of Killing. Face-to-face Killing in Twentieth-Century Warfare. London 1999.

(349) Boutefeu, Roger: Les camarades. Soldats français et allemands au combat. Paris 1966.

(350) Bowman, Timothy: Irish Regiments in the Great War. Discipline and Morale. Manchester 2003.

(351) Bröckling, Ulrich/Michael Sikora: Armeen und ihre Deserteure, Vernachlässigte Kapitel einer Militärgeschichte der Neuzeit. Göttingen 1998.

(352) Bröckling, Ulrich: Disziplin, Soziologie und Geschichte militärischer Gehorsamsproduktion. München 1997.

(353) Buton, François/André Loez/Nicolas Mariot/Philippe Olivera: 1914–1918. Retrouver la controverse. In: La Vie des idées, 10/12/2008. http://www.laviedesidees.fr/1914-1918-retrouver-la-controverse.html

(354) Canini, Gérard: Combattre à Verdun. Vie et souffrance quotidiennes du soldat, 1916–1917. Nancy 1988.

(355) Caucanas, Sylvie/Rémy Cazals/Nicolas Offenstadt: Paroles de paix en temps de guerre. Toulouse 2006.

(356) Cazals, Rémy/Frédéric Rousseau: 14–18, le cri d'une génération. Toulouse 2001.

(357) Cazals, Rémy/André Loez: Dans les tranchées de 1914–18. Pau 2008.

(358) Cecil, Hugh/Peter Liddle (Hrsg.): Facing Armageddon. The First World War Experienced. London 1996.

(359) Cochet, Annick: L'opinion et le moral des soldats en 1916 daprès les archives du contrôle postal. Nanterre 1986.

(360) Cochet, François: Survivre au front, 1914–1918. Les poilus entre contrainte et consentement. Paris 2005.

(361) Cornwall, Mark: The Undermining of Austria-Hungary. The Battle for Hearts and Minds. Basingstoke 2000.

(362) Cronier, Emmanuelle: Les permissionnaires dans la Grande Guerre. Paris 2013.

(363) Cru, Jean Norton: Témoins. Nancy [1929] 1993.

(364) Cru, Jean Norton: Du témoignage. Paris [1930] 1989.

(365) Deist, Wilhelm: Militär und Innenpolitik im Weltkrieg 1914–1918. Düsseldorf 1970.

(366) Deist, Wilhelm: Militär, Staat und Gesellschaft. Studien zur preußisch-deutschen Militärgeschichte. München 1991.

(367) Deist, Wilhelm: Verdeckter Militärstreik im Kriegsjahr 1918? In: Wolfram Wette (Hrsg.): Der Krieg des kleinen Mannes. Eine Militärgeschichte von unten. München 1992, S. 146–167.

(368) Delaporte, Sophie: Les gueules cassées de la Grande Guerre. Paris 2004.

(369) Ducasse, André: La guerre racontée par les combattants. Anthologie des écrivains du front. Paris 1932.

(370) Ducasse, André/André Meyer/Gabriel Perreux: Vie et mort des Français 1914–1918. Paris 1959.

(371) Duménil, Anne: Le soldat allemand de la Grande Guerre. Expérience du combat et institution militaire. Amiens 2000.

(372) Elias, Norbert: Über den Prozess der Zivilisation. Soziogenetische und psychogenetische Untersuchungen. Basel 1939.

(373) Ferro, Marc/Malcolm Brown/Rémy Cazals/Olaf Müller: Frères de tranchées. Paris 2005.

(374) Fuller, John: Troop Morale and Popular Culture in the British and Dominion Armies 1914–1918. Oxford 1990.

(375) Geyer, Michael: Gewalt und Gewalterfahrung im 20. Jahrhundert. Der Erste Weltkrieg. In: Rolf Spilker/Bernd Ulrich (Hrsg.): Der Tod als Maschinist. Der industrialisierte Krieg 1914–1918. Bramsche 1998, S. 241–257.

(376) Goltz, Anna von der: Hindenburg. Power, Myth, and the Rise of the Nazis. Oxford 2009.

(377) Greenlagh, Elizabeth: Foch in Command. The Forging of a First World War General. Cambridge 2011.

(378) Guerrini, Irene/Marco Pluviano: Le fucilazioni sommarie nella prima guerra Mondiale. Udine 2004.

(379) Haddad, Galit: 1914–1919, Ceux qui protestaient. Paris 2012.

(380) Harris, Paul: Douglas Haig and the First World War. Cambridge 2008.

(381) Harrison, Mark: The medical War. British Military Medicine in the First World War. Oxford 2010.

(382) Hirschfeld, Gerhard/Gerd Krumeich/Dieter Langewiesche/Hans-Peter Ullmann (Hrsg.): Kriegserfahrungen. Studien zur Sozial- und Mentalitätsgeschichte des Ersten Weltkriegs. Essen 1997.

(383) Horn, Daniel: The German Naval Mutinies of World War I. New Brunswick 1969.

(384) Horne, John: State, Society and Mobilization in Europe during the First World War. Cambridge 1998.

(385) Horne, John (Hrsg.): Vers la guerre totale. Le tournant de 1914–1915. Paris 2011.

(386) Horne, John/Alan Kramer: German Atrocities, 1914. A History of Denial. New Haven 2001.

(387) Jahr, Christoph: Gewöhnliche Soldaten, Desertion und Deserteure im deutschen und britischen Heer, 1914–1918. Göttingen 1998.

(388) Jones, Edgar: The Psychology of Killing. The Combat Experience of British Soldiers during the First World War. In: Journal of Contemporary History 41(2006) 2, S. 229–246.

(389) Jürgs, Michael: Der Kleine Frieden im Großen Krieg. München 2003.

(390) Keegan, John: The Face of the Battle. A study of Azincourt, Waterloo and the Somme. New York 1976.

(391) Keene, Jennifer: World War I. The American Soldier Experience. Lincoln 2011.

(392) Kienitz, Sabine: Beschädigte Helden. Kriegsinvalidität und Körperbilder 1914–1923. Paderborn 2008.

(393) Kolko, Gabriel: Century of War. Politics, Conflicts and Society since 1914. New York 1994.

(394) Kruse, Wolfgang: Krieg und Klassenheer. Zur Revolutionierung der deutschen Armee im Ersten Weltkrieg. In: Geschichte und Gesellschaft 22 (1996), S. 530–561.

(395) Leed, Eric: No Mans Land. Combat and Identity in World War I. Cambridge 1979.

(396) Leese, Peter: Shell Shock, Traumatic Neurosis and the British Soldiers of the First World War. New York 2002.

(397) Le Naour, Jean-Yves: Le champ de bataille des historiens. In: La vie des idées, 10/11/2008. http://www.laviedesidees.fr/Le-champ-de-bataille-des.html

(398) Lerner, Paul: Hysterical Men. War, Psychiatry, and the Politics of Trauma in Germany, 1890–1930. Ithaca 2003.

(399) Lipp, Anne: Meinungslenkung im Krieg. Kriegserfahrungen deutscher Soldaten und ihre Deutung 1914–1918. Göttingen 2003.

(400) Loez, André: 14–18, les refus de la guerre. Une histoire des mutins. Paris 2010.

(401) Loez, André/Nicolas Mariot (Hrsg.): Obéir/désobéir. Les mutineries de 1917 en perspective. Paris 2008.
(402) Macdonald, Lyn: They Called it Passchendaele. The Story of the Third Battle of Ypres and the Men who Fought it. London 1978.
(403) Macdonald, Lyn: 1914–1918. Voices and Images of the Great War. London 1988.
(404) Macdonald, Lyn: 1915, the Death of Innocence. London 1993.
(405) Macdonald, Lyn: To the Last Man, Spring 1918. London 1998.
(406) Mariot, Nicolas: Faut-il être motivé pour tuer? Sur quelques explications aux violences de guerre. In: Genèses 53 (2003), S. 154–177.
(407) Mariot, Nicolas: Tous unis dans la tranchée? 1914–1918, les intellectuels rencontrent le peuple. Paris 2013.
(408) Maurin, Jules: Armée-Guerre-Société, soldats languedociens, 1889–1919. Paris 1982.
(409) Meteling, Wencke: Ehre, Einheit, Ordnung. Preußische und französische Städte und ihre Regimenter im Krieg 1870/71 und 1914–19. Baden-Baden 2010.
(410) Meyer, Jacques: La vie quotidienne des soldats pendant la Grande Guerre. Paris 1966.
(411) Middlebrook, Martin: The First Day of the Somme, 1 July 1916. London 1971.
(412) Miquel, Pierre: Les Poilus. La France sacrifiée. Paris 2000.
(413) Monger, David: Soldiers, Propaganda and Ideas of Home and Community in First World War Britain. In: Cultural and Social History 8 (2011) 3, S. 331–354.
(414) Morton, Desmond: When your Numbers up. The Canadian Soldier in the First World War. Toronto 1993.
(415) Mosse, George: Fallen Soldiers. Reshaping the Memory of the World Wars. New York 1990.
(416) Müller, Sven Oliver: Die Nation als Waffe und Vorstellung. Nationalismus in Deutschland und Großbritannien im Ersten Weltkrieg. Göttingen 2002.
(417) Murray, Nicholas: The Rocky Road to the Great War. The Evolution of Trench Warfare to 1914. Dulles 2013.
(418) Neblin, Manfred: Ludendorff. Diktator im Ersten Weltkrieg. Berlin 2011.
(419) Nobécourt, René-Gustave: Les fantassins du Chemin des dames. Paris 1965.
(420) Offenstadt, Nicolas: Les fusillés de la Grande Guerre et la mémoire collective, 1914–1999. Paris 1999.
(421) Offenstadt, Nicolas (Hrsg.): Le Chemin des Dames. De l'événement à la mémoire. Paris 2005.
(422) Oram, Gerard: Military Executions During World War I. Basingstoke 2003.
(423) Panichas, George: Promise of Greatness. The War of 1914–1918. New York 1968.
(424) Pedroncini, Guy: Les mutineries de 1917. Paris 1967.
(425) Pedroncini, Guy: Le Haut Commandement, la conduite de la guerre, mai 1917–novembre 1918. Paris 1971.
(426) Péricard, Jacques: Verdun, histoire des combats qui se sont livrés de 1914 à 1918 sur les deux rives de la Meuse. Paris 1933.
(427) Philpott, William: Bloody Victory. The Sacrifice on the Somme and the Making of the Twentieth Century. London 2009.
(428) Procacci, Giovanna: Dalla rassegnazione alla rivolta. Mentalità e comportamenti popolari nella Grande Guerra. Rom 1999.
(429) Prost, Antoine: La guerre de 1914 n'est pas perdue. In: Le mouvement social 199 (2002), S. 95–102.
(430) Prost, Antoine: Les limites de la brutalisation. Tuer sur le front occidental, 1914–1918. In: Vingtième Siècle 81 (2004) 1, S. 5–20.
(431) Purseigle, Pierre: A very French Debate: the 1914–1918 war culture. In: Journal of War and Culture Studies 1 (2007) 1, S. 9–14.
(432) Putowski, Julian: Mutineers 1914–1920. London 1998.
(433) Putowski, Julian/Julian Sykes: Shot at Dawn. Executions in World War One by Authority of the British Army Act. London 1992.
(434) Pyta, Wolfram: Hindenburg. Herrschaft zwischen Hohenzollern und Hitler. Berlin 2007.
(435) Reimann, Aribert: Der große Krieg der Sprachen. Untersuchung zur historischen Semantik in Deutschland und England zur Zeit des Ersten Weltkriegs. Essen 2000.
(436) Ridel, Charles: Les embusqués. Paris 2007.
(437) Rolland, Denis: La grève des tranchées. Les mutineries de 1917. Paris 2005.
(438) Rousseau, Frédéric: La guerre censurée. Une histoire des combattants européens de 14–18. Paris 1999.
(439) Rousseau, Frédéric: Le procès des témoins de la Grande Guerre. L'affaire Norton Cru. Paris 2003.
(440) Roynette, Odile: Les mots des tranchées. L'invention d'une langue de guerre 1914–1919. Paris 2010.
(441) Saint-Fuscien, Emmanuel: A vos ordres? La relation d'autorité dans l'armée française de la Grande Guerre. Paris 2011.
(442) Sheffield, Gary: Leadership in the Trenches Officer-Man Relations, Morale and Discipline in the British Army in the Era of the First World War. New York 2000.
(443) Sheffield, Gary: The Chief. Douglas Haig and the British Army. London 2011.
(444) Shephard, Ben: A War of Nerves. Soldiers and Psychiatrists in the Twentieth Century. London 2000.
(445) Shaw, Amy: Crisis of Conscience. Conscientious Objection in Canada during the First World War. Vancouver 2009.

(446) Simkins, Peter: Kitchener's Army. The Raising of the New Armies, 1914–16. Manchester 1988.
(447) Smith, Leonard: Between Mutiny and Obedience. The Case of the French Fifth Infantry Division during World War I. Princeton 1994.
(448) Stevenson, David: With our Backs to the Wall. Victory and Defeat in 1918. London 2011.
(449) Strachan, Hew: Training, Morale and Modern War. In: Journal of Contemporary History 41(2006) 2, S. 211–227.
(450) Ulrich, Bernd: Die Augenzeugen. Deutsche Feldpostbriefe in Kriegs- und Nachkriegszeit 1914–1933. Essen 1997.
(451) Vondung, Klaus: Kriegserlebnis. Der Erste Weltkrieg in der literarischen Gestaltung und symbolischen Deutung der Nationen. Göttingen 1980.
(452) Watson, Alexander: Enduring the Great War. Combat, Morale and Collapse in the German and British Armies, 1914–1918. Cambridge 2008.
(453) Wessely, Simon: Twentieth-century Theories on Combat Motivation and Breakdown. In: Journal of Contemporary History, 41 (2006) 2, S. 269–286.
(454) Wildman, Alan: The end of the Russian imperial Army. Princeton 1980.
(455) Winter, Denis: Death's Men, Soldiers of the Great War, Hardmonsworth 1978.
(456) Ziemann, Benjamin: Das Fronterlebnis des Ersten Weltkrieges – eine sozialhistorische Zäsur? Deutungen und Wirkungen in Deutschland und Frankreich. In: Hans Mommsen (Hrsg.): Der Erste Weltkrieg und die europäische Nachkriegsordnung. Sozialer Wandel und Formveränderung der Politik. Köln 2000, S. 43–82.
(457) Ziemann, Benjamin/Bernd Ulrich (Hrsg.): Frontalltag im Ersten Weltkrieg, ein historisches Lesebuch. Essen 2008.

4. Durchhalten in der Heimat

(458) Audoin-Rouzeau, Stéphane: La guerre des enfants 1914–1918. Essai d'histoire culturelle. Paris 1993.
(459) Baumeister, Martin: Kriegstheater. Großstadt, Front und Massenkultur 1914–1918. Essen 2005.
(460) Bendick, Rainer: Kriegserwartung und Kriegserfahrung. Der Erste Weltkrieg in deutschen und französischen Schulgeschichtsbüchern 1900–1939/45. Pfaffenweiler 1999.
(461) Beurier, Joëlle: Images et violence 1914–1918. Quand Le Miroir racontait la Grande Guerre. Paris 2007.
(462) Beveridge, William: British Food Control. New Haven 1928 [Carnegie].
(463) Bianchi, Bruna: Crescere in tempo di guerra. Il lavoro e la protesta dei ragazzi in Italia, 1915–1918. Venedig 1995.
(464) Bieber, Hans Joachim: Gewerkschaften in Krieg und Revolution. Arbeiterbewegung, Industrie, Staat und Militär in Deutschland 1914–1920. Hamburg 1981.
(465) Bloch, Camille: Bibliographie méthodique de l'histoire économique et sociale de la France pendant la guerre. Paris 1925 [Carnegie].
(466) Bouloc, François: Les profiteurs de guerre 1914–1918. Brüssel 2008.
(467) Braybon, Gail/Penny Summerfield: Out of the Cage. Women's Experience in two World Wars. London 1987.
(468) Brocks, Christine: Die bunte Welt des Krieges. Bildpostkarten aus dem Ersten Weltkrieg 1914–1918. Essen 2005.
(469) Burk, Kathleen (Hrsg.): War and the State. The Transformation of British Government 1914–1919. London 1982.
(470) Cali Vincenzo/Gustavo Corni/Giuseppe Ferrandi (Hrsg.): Gli intellettuali e la Grande Guerra. Bologna 2000.
(471) Canini, Gérard (Hrsg.): Les fronts invisibles. Nourrir–fournir–soigner. Nancy 1984.
(472) Cardinal, Agnès/Dorothy Goldman/Judith Hattaway (Hrsg.): Women's Writing on the First World War. Oxford 1999.
(473) Chaline, Nadine-Josette (Hrsg.): Chrétiens dans la Première Guerre mondiale. Paris 1993.
(474) Clémentel, Etienne: La Guerre et le Commerce. La France et la politique économique interalliée. Paris 1931 [Carnegie].
(475) Cole, George Douglas Howard: Communism and Social Democracy. London 1965.
(476) Collinet, Paul/Paul Stahl: Le ravitaillement de la France occupée. Paris 1928 [Carnegie].
(477) Coetzee, Frans/Marilyn Shevin-Coetzee (Hrsg.): Authority, Identity and the Social History of the Great War. Providence 1995.
(478) Creutz, Martin: Die Pressepolitik der kaiserlichen Regierung während des Ersten Weltkriegs. Die Exekutive, die Journalisten und der Teufelskreis der Berichterstattung. Frankfurt/Main 1996.
(479) Culleton, Claire: Working-Class Culture, Women, and Britain, 1914–1921. New York 1999.
(480) Daniel, Ute: Arbeiterfrauen in der Kriegsgesellschaft. Beruf, Familie und Politik im Ersten Weltkrieg. Göttingen 1989.
(481) Darmon, Pierre: Vivre à Paris pendant la Grande guerre. Paris 2002.
(482) Darrow, Margaret: French Women and the First World War. War Stories of the Home Front. Oxford 2000.
(483) Davis, Belinda: Home Fires Burning. Food, Politics and Everyday Life in Berlin. Chapell Hill 2000.
(484) Davy, Jennifer/Karen Hagemann/Ute Kätzel (Hrsg.): Frieden – Gewalt – Geschlecht. Friedens- und Konfliktforschung als Geschlechterforschung. Essen 2005.

(485) Degroot, Gerard: Blighty. British Society in the Era of the Great War. London 1996.
(486) Démobilisations culturelles. In: 14–18. Aujourd'hui – Today – Heute, 5/2000.
(487) Dombrowski, Nicole: Women and War in the Twentieth Century. Enlisted with or without Consent. New York 1999.
(488) Donson, Andrew: Youth and the Fatherless Land. War Pedagogy, Nationalism, and Authority in Germany 1914–1918. Cambridge Mass. 2010.
(489) Douglas, Allen: War, Memory, and the Politics of Humor. The Canard enchaîné and World War I. Berkeley 2002.
(490) Downs, Laura: Manufacturing inequality. Gender division in the French and British Metalworking Industries, 1914–1939. Ithaca 1995.
(491) Duffett, Rachel: The Stomach for Fighting. Food and the Soldiers of the Great War. Manchester 2012.
(492) Eckart, Wolfgang/Christoph Gradmann (Hrsg.): Die Medizin und der Erste Weltkrieg. Pfaffenweiler 1996.
(493) Feldman, Gerald: Army, Industry and Labor in Germany 1914–1918. Princeton 1966.
(494) Feldman, Gerald: The Great Disorder. Politics, Economics and Society in the German Inflation 1914–1924. New York 1993.
(495) Feldman, Gerald/Heidrun Homburg: Industrie und Inflation. Studien und Dokumente zur Politik der deutschen Unternehmer 1916–1923. Hamburg 1977.
(496) Fiedler, Gudrun: Jugend im Krieg. Bürgerliche Jugendbewegung, Erster Weltkrieg und sozialer Wandel 1914–1923. Bielefeld 1989.
(497) Field, Frank: British and French Writers of the First World War. Cambridge 1991.
(498) Flageat, Marie-Claude: Les jésuites français dans la Grande Guerre. Témoins, victimes, héros, apôtres. Paris 2008.
(499) Fontana, Jacques: Les catholiques français pendant la Grande Guerre. Paris 1990.
(500) Fridenson, Patrick (Hrsg.): 14–18. L'autre front. Paris 1977.
(501) Gambarotto, Laurent: Foi et Patrie. La prédication du protestantisme français pendant la Première Guerre mondiale. Genève 1996.
(502) Godfrey, John: Capitalism at War. Industrial Policy and Bureaucracy in France 1914–1918. Leamington Spa 1987.
(503) Grayzel, Susan: Women's Identities at War. Gender, Motherhood and Politics in Britain and France during the Forst World War. Chapel Hill 1999.
(504) Grieves, Keith: The Politics of Manpower 1914–1918. Manchester 1988.
(505) Gullace, Nicoletta: Men, Women, and the Renegotiation of British Citizenship during the Great War. New York 2002.
(506) Hämmerle, Christa (Hrsg.): Kindheit im Ersten Weltkrieg. Wien 1993.
(507) Haimson, Leopold/Giulio Sapelli (Hrsg.): Strikes, Social Conflict and the First World War. An International Perspective. Mailand 1992.
(508) Haimson, Leopold/Charles Tilly (Hrsg.): Strikes, War and Revolutions in an International Perspective. Cambridge 1989.
(509) Hanna, Martha: The Mobilization of Intellect. French Scholars and Writers during the Great War. Cambridge Mass. 1996.
(510) Hardach, Gerd: Geschichte der Weltwirtschaft. Band 2: Der Erste Weltkrieg 1914–1918. München 1973.
(511) Hartcup, Guy: The War of Invention. Scientific Developments 1914–1918. London 1988.
(512) Healy, Maureen: Vienna and the Fall of the Habsburg Empire. Cambridge 2003.
(513) Higonnet, Margaret/Jane Jenson/Sonya Michel (Hrsg.): Behind the Lines. Gender and the two World Wars. New Haven 1987.
(514) Hoeres, Peter: Krieg der Philosophen. Deutsche und britische Philosophen im Ersten Weltkrieg. Paderborn 2004.
(515) Horn, Martin: Britain, France, and the Financing of the First World War. Montreal 2002.
(516) Horne, John: Labour at War. France and Britain 1914–1918. Oxford 1991.
(517) Horne, John (Hrsg.): State, Society and Mobilization in Europe during the First World War. Cambridge 1997.
(518) Horne, John: Ouvriers, mouvements ouvriers et mobilisations industrielles. In: Stéphane Audoin-Rouzeau/Jean-Jacques Becker (Hrsg.): Encyclopédie de la Grande Guerre. Histoire et culture. Paris 2004, S. 601–612.
(519) Hüppauf, Bernd (Hrsg.): Ansichten vom Krieg. Vergleichende Studien zum Ersten Weltkrieg in Literatur und Gesellschaft. Königstein 1984.
(520) Huss, Marie-Monique: Histoires de famille. Cartes postales et culture de guerre. Paris 2000.
(521) Jahn, Hubertus: Patriotic Culture in Russia during World War I. Ithaca 1995.
(522) Jaumain, Serge/Valérie Piette (Hrsg.): L'humour s'en va en guerre. Bruxelles et la caricature en 14–18. Bruxelles 2005.
(523) Jeismann, Michael: Das Vaterland der Feinde. Studien zum nationalen Feindbild und Selbstverständnis in Deutschland und Frankreich 1792–1918. Stuttgart 1992.
(524) Keene, Jennifer: Doughboys, the Great War, and the Remaking of America (War/Society/Culture). London 2001.
(525) Koenker, Diane/William Rosenberg: Strikes and Revolution in Russia in 1917. Princeton 1989.
(526) Koistinen, Paul: Mobilizing for Modern War. The Political Economy of American Warfare. Lawrence 1997.
(527) Korff, Gottfried (Hrsg.): Alliierte im Himmel. Populäre Religiosität und Kriegserfahrung. Tübingen 2006.

(528) Kriegel, Annie: Aux origines du communisme français 1914–1918. Contribution à l'histoire du mouvement ouvrier français. Paris 1964.
(529) Krivanec, Eva: Kriegsbühnen. Theater im Ersten Weltkrieg. Berlin, Lissabon, Paris und Wien. Bielefeld 2012.
(530) Kundrus, Birthe: Kriegerfrauen. Familienpolitik und Geschlechterverhältnisse im Ersten und Zweiten Weltkrieg. Hamburg 1995.
(531) Landau, Philippe: Les juifs de France et la Grande Guerre. Un patriotisme républicain 1914–1941. Paris 1999.
(532) Le Naour, Jean-Yves: Misères et tourments de la chair durant la Grande Guerre. Les mœurs sexuelles des Français 1914–1918. Paris 2002.
(533) Le Naour, Jean-Yves: Nostradamus s'en va en guerre. Paris 2008.
(534) Lindner-Wirsching, Almut: Französische Schriftsteller und ihre Nation im Ersten Weltkrieg. Tübingen 2004.
(535) Loparco, Fabiana: I bambini e la guerra. Il Corriere dei piccoli e il primo conflitto mondiale 1915–1918. Florenz 2001.
(536) Loubes, Olivier: L'école et la patrie. Histoire d'un désenchantement 1914–1940. Paris 2001.
(537) Mai, Gunther: Arbeiterschaft in Deutschland 1914–1918. Studien zu Arbeitskampf und Arbeitsmarkt im Ersten Weltkrieg. Düsseldorf 1985.
(538) Marwick, Arthur: The Deluge. British Society and the First World War. Boston 1965.
(539) Marwick, Arthur: Women at War 1914–1918. London 1977.
(540) Marwick, Arthur: War and Social Change in the Twentieth Century. A Comparative Study of Britain, France, Russia and the United States. London 1974.
(541) Maurer, Trude (Hrsg.): Kollegen, Kommilitonen, Kämpfer. Europäische Universitäten im Ersten Weltkrieg. Stuttgart 2006.
(542) McAuley, Mary: Bread and Justice. State and Society in Petrograd 1917–1921. Oxford 1991.
(543) McKibbin, David: War and Revolution in Leipzig 1914–1918. Socialist Politics and Urban Evolution in a German City. Lanham 1998.
(544) McKibbin, Ross: The Evolution of the Labour Party 1910–1924. Oxford 1974.
(545) Michel, Bernard: La chute de l'Empire austro-hongrois 1916–1918. Paris 1991.
(546) Miller, Susanne: Burgfrieden und Klassenkampf. Die deutsche Sozialdemokratie im Ersten Weltkrieg. Düsseldorf 1974.
(547) Millman, Brock: Managing Domestic Dissent in First World War Britain. London 2000.
(548) Millman, Brock: Pessimism and British Policy in First War Britain 1916–1918. London 2001.
(549) Mitchell, Allan: Revolution in Bavaria 1918–1919. The Eisner Regime and the Soviet Republic. Princeton 1965.
(550) Moeller, Robert: German Peasants and Agrarian Politics, 1914–1924. The Rhineland and Westphalia. Chapel Hill 1986.
(551) Mommsen, Wolfgang (Hrsg.): Kultur und Krieg. Die Rolle der Intellektuellen, Künstler und Schriftsteller im Ersten Weltkrieg. München 1996.
(552) Moore, Barrington: Injustice. The Social Basis of Obedience and Revolt. London 1978.
(553) Morelli, Aldo/Luigi Tomassini: Socialismo e classe operaia a Pistoia durante la prima Guerra mondiale. Mailand 1976.
(554) Morin-Rotureau, Evelyne (Hrsg.): 1914–1918, combats de femmes. Les femmes, pilier de l'effort de guerre. Paris 2004.
(555) Moutet, Aimée: Les logiques de l'entreprise. La rationalisation dans l'industrie française de l'entre-deux-guerres. Paris 1997.
(556) Nolan, Mary: Social Democracy and Society. Working-class Radicalism in Düsseldorf 1890–1920. Cambridge 1981.
(557) Offenstadt, Nicolas/Philippe Olivera/Emmanuelle Picard/Frédéric Rousseau: A propos d'une notion récente, la „culture de guerre". In: Frédéric Rousseau (Hrsg.): Guerres, paix et sociétés, 1911–1946. Neuilly 2004, S. 667–674.
(558) Offer, Avner: The First World War. An Agrarian Interpretation. Oxford 1989.
(559) Pedersen, Susan: Family, Dependence, and the Origins of the Welfare State. Britain and France 1914–1945. Cambridge 1995.
(560) Perreux, Gabriel: La vie quotidienne des civils en France pendant la Grande Guerre. Paris 1966.
(561) Pignot, Manon: Allons enfants de la patrie. Génération Grande Guerre. Paris 2012.
(562) Porte, Rémy: La mobilisation industrielle, premier front de la Grande Guerre? Paris 2005.
(563) Pourcher, Yves: Les jours de guerre. La vie des Français au jour le jour entre 1914 et 1918. Paris 1994.
(564) Procacci, Giovanna (Hrsg.): Stato e classe operaia in Italia durante la prima Guerra mondiale. Mailand 1983.
(565) Prochasson, Christophe: Les intellectuels, le socialisme et la guerre 1910–1938. Paris 1993.
(566) Proctor, Tammy: Civilians in a World at War, 1914–1918. New York 2010.
(567) Purseigle, Pierre: Mobilisation, sacrifice et citoyenneté. Angleterre–France 1900–1918. Paris 2013.
(568) Rearick, Charles: The French in Love and War. Popular Culture in the Era of World Wars. New Haven 1997.
(569) Ridel, Charles: Les embusqués. Paris 2007.
(570) Robert, Jean-Louis/Jay Winter: Capital Cities at War. London, Paris, Berlin 1914–1919. Cambridge 1997.
(571) Robert, Jean-Louis/Jay Winter: Capital Cities at

War. London, Paris, Berlin 1914–1919. Volume 2: A Cultural history. Cambridge 2007.
(572) Roberts, Mary Louise: Civilization without Sexes. Reconstructing Gender in Postwar France 1917–1927. Chicago 1994.
(573) Roerkohl, Anne: Hungerblockade und Heimatfront. Die kommunale Lebensmittelversorgung in Westfalen während des Ersten Weltkrieges. Stuttgart 1991.
(574) Roshwald, Aviel/Richard Stites (Hrsg.): European Culture in the Great War. The Arts, Entertainment and Propaganda 1914–1918. Cambridge 1999.
(575) Rozenblit, Marsha: Reconstructing a National Identity. The Jews of Habsburg Austria during World War I. New York 2001.
(576) Rürup, Reinhard: Probleme der Revolution in Deutschland 1918–1919. Wiesbaden 1968.
(577) Sanders, Michael/Philip Taylor: Britische Propaganda im Ersten Weltkrieg 1914–1918. Berlin 1990.
(578) Schaffer, Ronald: America in the Great War. The Rise of the War Welfare State. New York 1991.
(579) Schlager, Claudia: Kult und Krieg. Herz Jesu – Sacré Cœur – Christus Rex im deutsch-französischen Vergleich 1914–1925. Tübingen 2011.
(580) Schmidt, Anne: Belehrung, Propaganda, Vertrauensarbeit. Zum Wandel amtlicher Öffentlichkeitsarbeit in Deutschland 1914–1918. Essen 2006.
(581) Schulte, Regina: Die verkehrte Welt des Krieges. Studien zu Geschlecht, Religion und Tod. Frankfurt/Main 1998.
(582) Schwabe, Klaus: Wissenschaft und Kriegsmoral. Die deutschen Hochschullehrer und die politischen Grundfragen des Ersten Weltkrieges. Göttingen 1969.
(583) Skalweit, August: Die deutsche Kriegsernährungswirtschaft. Stuttgart 1927 [Carnegie].
(584) Storr, Katherine: Excluded from the Record. Women, Refugees and Relief, 1914–1929. Oxford 2010.
(585) Strachan, Hew: Financing the First World War. Oxford 2004.
(586) Thébaud, Françoise: La femme au temps de la guerre de 14. Paris 1986.
(587) Thom, Deborah: Nice Girls and Rude Girls. Women Workers in World War I. London 1998.
(588) Tomassini, Luigi: Lavoro e Guerra. La mobilizatione industriale italiana 1915–1918. Napoli 1997.
(589) Urli, Ivano: Bambini nella Grande Guerra. Udine 2003.
(590) Veray, Laurent: Les films d'actualité de la Grande Guerre. Paris 1995.
(591) Vincent, Charles: The Politics of Hunger. The Allied Blockade of Germany 1915–1919. Athens 1985.
(592) Vondung, Klaus: Kriegserlebnis. Der Erste Weltkrieg in der literarischen Gestaltung und symbolischen Deutung der Nationen. Göttingen 1980.
(593) Waites, Bernard: A Class Society at War. England 1914–1918. Leamington Spa 1987.
(594) Wall, Richard/Jay Winter (Hrsg.): The Upheaval of War. Family, Work and Welfare in Europe 1914–1918. Cambridge 1988.
(595) Wegs, Robert: Die österreichische Kriegswirtschaft 1914–1918. Wien 1979.
(596) Winter, Jay: Socialism and the Challenge of War. Ideas and Politics in Britain 1912–1918. London 1974.
(597) Winter, Jay: The Great War and the British People. Cambridge Mass. 1986.
(598) Woollacott, Angela: On Her Their Lives Depend. Munition Workers in the Great War. Berkeley 1995.
(599) Wrigley, Chris (Hrsg.): Challenges of Labour. Central and Western Europe 1917–1920. London 1992.
(600) Zühlke, Raoul (Hrsg.): Bildpropaganda im Ersten Weltkrieg. Hamburg 2000.

5. Welcher Frieden für die Nachkriegszeit

(601) Ambrosius, Lloyd: Wilsonianism. Woodrow Wilson and his Legacy in American Foreign Relations. New York 2002.
(602) Andelman, David: A Shattered Peace. Versailles 1919 and the Price we Pay Today. Hoboken 2008.
(603) Artico, Davide/Brunello Mantelli (Hrsg.): Da Versailles a Monaco. Vent'anni di guerre dimenticate. Turin 2010.
(604) Audoin-Rouzeau, Stéphane/Christophe Prochasson (Hrsg.): Sortir de la Grande Guerre. Paris 2008.
(605) Bainville, Jacques: Les conséquences politiques de la paix. Paris 1920.
(606) Bariéty, Jacques: Les relations franco-allemandes après la Première Guerre mondiale. De l'exécution à la négociation. Paris 1977.
(607) Barth, Boris: Dolchstoßlegenden und politische Desintegration. Das Trauma der deutschen Niederlage im Ersten Weltkrieg 1914–1933. Düsseldorf 2003.
(608) Becker, Jean-Jacques: Le Traité de Versailles. Paris 2002.
(609) Beheim-Schwarzbach, Hans Martin: Der Kriegsschuldartikel. Artikel 231 des Versailler „Vertrages". Entstehungsgeschichte und rechtliche Bedeutung. Berlin 1934.
(610) Beveridge, William: The Price of Peace. London 1945.
(611) Bock, Peter/Nigel Young: Pacifism in the Twentieth Century. Syracuse 1999.
(612) Boemeke, Manfred/Gerald Feldman/Elisabeth Glaser (Hrsg.): The Treaty of Versailles. A Reassessment after 75 years. Cambridge 1998.

(613) Brejon de Lavergnée, Nicolas: Delendae est Germania? La controverse entre Keynes et Bainville sur les conséquences du traité de Versailles. In: Sylvie Caucanas/Rémy Cazals (Hrsg.): Traces de 14–18. Carcassonne 1997, S. 189–208.

(614) Callahan, Michael: Mandates and Empire. The League of Nations and Africa, 1914–1931. Brighton 1999.

(615) Carl, Horst: Kriegsniederlagen. Erfahrungen und Erinnerungen. Berlin 2004.

(616) Carlier, Claude/Georges-Henri Soutou (Hrsg.): 1918–1925, comment faire la paix? Paris 2001.

(617) Ceadel, Martin: Pacifism in Britain, 1914–1945. The Defining of a Faith. Oxford 1980.

(618) Chatfield, Charles: For Peace and Justice. Pacifism in America 1914–1941. Knoxville 1971.

(619) Clemenceau, Georges: Grandeurs et misères d'une victoire. Paris 1930.

(620) Cohrs, Patrick: The Unfinished Peace after World War I. America, Britain and the Stabilization of Europe, 1919–1932. Cambridge 2008.

(621) Crouzet, François: Réactions françaises devant „Les conséquences économiques de la paix" de Keynes. In: Revue d'histoire moderne et contemporaine 19 (1972) 1, S. 6–26.

(622) Deperchin, Annie: L'application des traités de paix. In: Stéphane Audoin-Rouzeau/Jean-Jacques Becker (Hrsg.): Encyclopédie de la Grande Guerre. Histoire et culture. Paris 2004, S. 1019–1032.

(623) Dickmann, Fritz: Die Kriegsschuldfrage auf der Friedenskonferenz von Paris 1919. München 1964.

(624) Düllfer, Jost/Gerd Krumeich: Der verlorene Frieden. Essen 2002.

(625) Duppler, Jörg/Gerhard Groß (Hrsg.): Kriegsende 1918. Ereignis, Wirkung, Nachwirkung. München 1999.

(626) Eiland, Murray: Woodrow Wilson. Architect of World War II. New York 1991.

(627) Ferrel, Robert: Woodrow Wilson and World War I, 1917–1921. New York 1985.

(628) Fischer, Conan/Alan Sharp: After the Versailles Treaty. Enforcement, Compliance, Contested Identities. London 2008.

(629) Gmeline, Patrick de: Versailles 1919, chronique d'une fausse paix. Document. Paris 2001.

(630) Gonda, Eugène: La Conférence de Versailles. La bataille perdue de Clemenceau, novembre 1918. Paris 1981.

(631) Gorguet, Ilde: Les mouvements pacifistes et la réconciliation franco-allemande dans les années vingt, 1919–1931. Bern 1999.

(632) Graebner, Norman/Edward Bennett: The Versailles Treaty and its Legacy. The failure of the Wilsonian Vision. New York 2011.

(633) Haffner, Sebastian (Hrsg.): Versailles 1919. Aus der Sicht von Zeitzeugen. München 2002.

(634) Heinemann, Ulrich: Die Verdrängte Niederlage. Politische Öffentlichkeit und Kriegsschuldfrage in der Weimarer Republik. Göttingen 1983.

(635) Henig, Ruth: Versailles and After, 1919–1933. London 1995.

(636) Holl, Karl: Pazifismus in Deutschland. Frankfurt/Main 1988.

(637) Husson, Edouard (Hrsg.): J.M. Keynes, Les conséquences économiques de la paix. J. Bainville, Les conséquences politiques de la paix. Paris 2002.

(638) Ingram, Norman: The Politics of Dissent. Pacifism in France 1919–1939. Oxford 1991.

(639) Jardin, Pierre: Aux racines du mal. 1918 Le déni de la défaite. Paris 2005.

(640) Jeannesson, Stanislas: Poincaré, la France et la Ruhr, 1922–1924. Histoire d'une occupation. Straßburg 1998.

(641) Keynes, John Maynard: The Economic Consequences of the Peace. London 1919.

(642) Krüger, Peter: Deutschland und die Reparationen 1918/19. Die Genesis des Reparationsproblems in Deutschland zwischen Waffenstillstand und Versailler Friedensschluss. Stuttgart 1973.

(643) Krumeich, Gerd (Hrsg.): Versailles 1919. Ziele – Wirkung – Wahrnehmung. Essen 2001.

(644) Krumeich, Gerd: Die Dolchstoß-Legende. In: Etienne François/Hagen Schulze (Hrsg.): Erinnerungsorte, Band 1. München 2001, S. 584–599.

(645) Krumeich, Gerd: Les armistices. In: Stéphane Audoin-Rouzeau/Jean-Jacques Becker (Hrsg.): Encyclopédie de la Grande Guerre. Histoire et culture. Paris 2004, S. 981–992.

(646) Launay, Michel: 1919. Versailles, une paix bâclée? Brüssel 1981.

(647) Lorrain, Sophie: Des pacifistes français et allemands, pionniers de l'entente franco-allemande 1870–1925. Paris 1999.

(648) Lentin, Anthony: Lloyd George and the Lost Peace. From Versailles to Hitler, 1919–1940. New York 2001.

(649) Lorenz, Thomas: „Die Weltgeschichte ist das Weltgericht!" Der Versailler Vertrag in Diskurs und Zeitgeist der Weimarer Republik. Frankfurt/Main 2008.

(650) MacMillan, Margaret: Paris 1919. Six Months that Changed the World. Toronto 2001.

(651) Mangin, Charles: Comment finit la guerre. Paris 1920.

(652) Mantoux, Etienne: The Carthaginian Peace or The Economic Consequences of Mr. Keynes. Oxford 1946.

(653) Mauri, Martin: Das Ende des Kaiserreiches in der Weimarer Republik. Polarisierte Wahrnehmungen und intentionalisierte Deutungen der Kriegsniederlage in Erinnerungsschriften während der Zeit der ersten deutschen Demokratie. Hamburg 2011.

(654) Mayer, Arno: Politics and Diplomacy of Peacemaking, Containment and Counterrevolution at Versailles, 1918–1919. New York 1967.

(655) Miquel, Pierre: La paix de Versailles et l'opinion publique française. Paris 1972.
(656) Pedroncini, Guy: Les négociations secrètes pendant la Grande Guerre. Paris 1969.
(657) Petzold, Joachim: Die Dolchstoßlegende. Eine Geschichtsfälschung im Dienst des deutschen Imperialismus und Militarismus. Berlin 1963.
(658) Peukert, Detlev: Die Weimarer Republik. Frankfurt/Main 1987.
(659) Renouvin, Pierre: L'Armistice de Rethondes, 11 novembre 1918. Paris 1968.
(660) Rothwell, Victor: British War Aims and Peace Diplomacy, 1914–1918. Oxford 1971.
(661) Sammet, Rainer: Dolchstoß. Deutschland und die Auseinandersetzung mit der Niederlage im Ersten Weltkrieg (1918–1933). Berlin 2003.
(662) Schievelbusch, Wolfgang: Die Kultur der Niederlage. Der amerikanische Süden 1865, Frankreich 1871, Deutschland 1918. Darmstadt 2001.
(663) Schulze, Hagen: Versailles. In: Etienne François/Hagen Schulze (Hrsg.): Erinnerungsorte, Band 1. München 2001, S. 407–421.
(664) Schwabe, Klaus (Hrsg.): Quellen zum Friedensschluss von Versailles. Darmstadt 1997.
(665) Schwabe, Klaus: Deutsche Revolution und Wilson-Frieden. Die amerikanische und deutsche Friedensstrategie zwischen Ideologie und Machtpolitik 1918/19. Düsseldorf 1971.
(666) Sharp, Alan: The Versailles Settlement. Peacemaking in Paris, 1919. Basingstoke 1991.
(667) Sharp, Alan: Consequences of Peace. The Versailles Settlement, Aftermath and Legacy, 1919–2010. London 2010.
(668) Steiner, Zara: The Lights that Failed. European International History, 1919–1933. Oxford 2005.
(669) Stephenson, Scott: The Final Battle. Soldiers of the Western Front and the German Revolution of 1918. Cambridge 2009.
(670) Temperley, Harold: A History of the Peace Conference in Paris, 6 Bände. London 1920–1924.
(671) Walworth, Arthur: Wilson and his Peacemakers. American Diplomacy at the Paris Peace Conference, 1919. New York 1986.
(672) Ziegler, Wilhelm: Vom Vertrag zum Diktat. Ein historischer Wegweiser zum Versailler Diktat. Berlin 1935.

6. Der Totenkult zwischen Trauer und Politisierung

(673) Ackermann, Volker: Nationale Totenfeiern in Deutschland von Wilhelm I. bis Franz Joseph Straus. Eine Studie zur politischen Semiotik. Stuttgart 1990.
(674) Armansky, Gerhard: „... Und wenn wir sterben müssen". Die politische Ästhetik von Kriegerdenkmälern. Hamburg 1988.
(675) Assmann, Jan: Das kulturelle Gedächtnis. Schrift, Erinnerung und politische Identität in frühen Hochkulturen. München 1992.
(676) Assmann, Aleida: Erinnerungsräume. Formen und Wandlungen des kulturellen Gedächtnisses. München 1999.
(677) Audoin-Rouzeau, Stéphane: Cinq deuils de guerre. Paris 2001.
(678) Beaupré, Nicolas: Das Trauma des großen Krieges 1918–1932/33. Darmstadt 2009.
(679) Becker, Annette: Les monuments aux morts, mémoire de la Grande Guerre. Paris 1988.
(680) Becker, Annette/Olivier Pelletier/Dominique Renoux/Philippe Rivé/Christophe Thomas (Hrsg.): Monuments de mémoire. Les monuments aux morts de la Première Guerre mondiale. Paris 1991.
(681) Behrenbeck, Sabine: Der Kult um die toten Helden. Nationalistische Mythen, Riten und Symbole, 1923 bis 1945. Vierow 1996.
(682) Behrenbeck, Sabine: Zwischen Trauer und Heroisierung. Vom Umgang mit Kriegstod und Niederlage nach 1918. In: Jörg Duppler/Gerhard Groß (Hrsg.): Kriegsende 1918. Ereignis, Wirkung, Nachwirkung. München 1999, S. 315–339.
(683) Brandt, Susanne: Vom Kriegsschauplatz zum Gedächtnisraum. Die Westfront 1914–1940. Baden Baden 2000.
(684) Brandt, Susanne: Trauer und fortgesetzter Krieg. Totengedenken zwischen Trauer und Kriegsverherrlichung in Düsseldorf nach dem Ersten Weltkrieg. In: Jost Dülffer/Gerd Krumeich (Hrsg.): Der verlorene Frieden. Politik und Kriegskultur nach 1918. Essen 2002, S. 243–260.
(685) Brandt, Susanne/Gerd Krumeich (Hrsg.): Schlachtenmythen. Ereignis, Erzählung, Erinnerung. Köln 2004.
(686) Bucher, Peter: Die Errichtung des Reichsehrenmals nach dem Ersten Weltkrieg. In: Jahrbuch für westdeutsche Landesgeschichte 7 (1981), S. 359–386.
(687) Cabanes, Bruno: La victoire endeuillée. La sortie de guerre des soldats français, 1918–1920. Paris 2004.
(688) Cabanes, Bruno/Guillaume Piketti (Hrsg.): Retour à l'intime au sortir de la guerre. Paris 2009.
(689) Capdevila, Luc/Danièle Voldman: Nos morts, les sociétés occidentales face aux tués de la guerre, XIXe–XXe siècles. Paris 2002.
(690) Cochet, François/Jean-Noël Grandhomme (Hrsg.): Les soldats inconnus de la Grande Guerre. La mort, le deuil, la mémoire. Paris 2012.
(691) Connelly, Mark: The Great War, Memory and Ritual. Commemoration in the City and East London, 1916–1939. Woodbridge 2002.
(692) Crouthamel, Jason: The Great War and German Memory. Society, Politics and Psychological Trauma, 1914–1945. Exeter 2009.
(693) Damousi, Joy: The Labour of Loss. Mourning, Memory and Wartime Bereavement in Wartime Australia. Cambridge 1999.
(694) Dittmar, Reinhard (Hrsg.): Langemarck. Ein

Kriegsmythos in Dichtung und Unterricht. Ludwigsfelde 2002.
(695) Eichenberg, Julia: Kämpfen für Frieden und Fürsorge. Polnische Veteranen des Ersten Weltkriegs und ihre internationalen Kontakte, 1918–1939. München 2011.
(696) Faron, Olivier: Les enfants du deuil, orphelins et pupilles de la nation de la Première Guerre mondiale. Paris 2001.
(697) Gaffney, Angela: Aftermath. Remembering the Great War in Wales. Cardiff 1998.
(698) Gillis, John (Hrsg.): Commemorations. The Politics of National Identity. Princeton, 1994.
(699) Goebel, Stefan: The Great War and Medieval Memory. War, Remembrance and Medievalism in Britain and Germany, 1914–1940. Cambridge 2007.
(700) Gregory, Adrian: The Silence of Memory. Armistice Day, 1919–1946. Oxford 1994.
(701) Halbach, Robert (Hrsg.): Nationaler Totenkult, die Neue Wache. Eine Streitschrift zur zentralen deutschen Gedenkstätte. Berlin 1995.
(702) Hanson, Neil: The Unknown Soldier. The Story of the Missing of the Great War. London 2005.
(703) Hütt, Michael/Hans Joachim Kunst/Florian Matzner/Ingeborg Pabst (Hrsg.): Unglücklich das Land, das Helden nötig hat. Leiden und Sterben in den Kriegsdenkmälern des Ersten und Zweiten Weltkrieges. Marburg 1990.
(704) Inglis, Kenneth: Sacred Places. War memorials in the Australian Landscape. Melbourne 1998.
(705) Jagielski, Jean-François: Le Soldat inconnu. Invention et postérité d'un symbole. Paris 2005.
(706) Janz, Oliver: Das symbolische Kapital der Trauer. Nation, Religion und Familie im italienischen Gefallenenkult des Ersten Weltkriegs. Tübingen 2009.
(707) Jauffret, Jean-Charles: La question du transfert des corps, 1915–1934. In: Rémy Cazals/Sylvie Caucanas (Hrgs.): Traces de 14–18. Carcassonne 1997, S. 133–146.
(708) Jeismann, Michael (Hrsg.): Mahnmal Mitte. Eine Kontroverse. Köln 1999.
(709) Jeismann, Michael/Reinhart Koselleck (Hrsg.): Der politische Totenkult. Kriegerdenkmäler in der Moderne. München 1994.
(710) Julien, Elise: Paris, Berlin. La mémoire de la guerre 1914–1933. Rennes 2010.
(711) Julien, Elise/Carine Trevisan: Cemeteries. In: Jean-Louis Robert/Jay Winter (Hrsg.): Capital Cities at War, Paris, London, Berlin. Volume 2, A Cultural History. Cambridge 2007, S. 428–467.
(712) Kammerer, Willi: Dienst am Menschen, Dienst am Frieden. 75 Jahre Volksbund Deutscher Kriegergräberfürsorge. Kassel 1994.
(713) King, Alex: Memorials of the Great War in Britain. The Symbolism and Politics of Remembrance. Oxford 1998.
(714) Koselleck, Reinhart: Kriegerdenkmale als Identitätsstiftung der Überlebenden. In: Odo Marquard/Karlheinz Stierle (Hrsg.): Identität. München 1979, S. 255–276.
(715) Koselleck, Reinhart: Zur politischen Ikonologie des gewaltsamen Todes. Ein deutsch-französischer Vergleich. Basel 1998.
(716) Koselleck, Reinhart: Die Transformation der politischen Totenmale im 20. Jahrhundert. In: Das Gedächtnis des Jahrhunderts, Transit 22 (2002), S. 59–86.
(717) Koshar, Rudy: From Monuments to Traces. Artefacts of German Memory 1870–1990. Berkley 2000.
(718) Lehnert, Detlef/Klaus Megerle (Hrsg.): Politische Identität und nationale Gedenktage. Zur politischen Kultur in der Weimarer Republik. Opladen 1989.
(719) Le Naour, Jean-Yves: Le soldat inconnu vivant. Paris 2002.
(720) Levsen, Sonja: Elite, Männlichkeit und Krieg. Tübinger und Cambridger Studenten 1900–1929. Göttingen 2005.
(721) Lloyd, David: Battlefield Tourism. Pilgrimage and the Commemoration of the Great War in Great Britain, Australia and Canada, 1919–1939. Oxford 1998.
(722) Luckings, Tanja: The Gates of Memory. Australian People's Experiences and Memories of Loss and the Great War. Fremantle 2004.
(723) Lurz, Meinhold: Kriegerdenkmäler in Deutschland. Band 3: Der Erste Weltkrieg. Band 4: Die Weimarer Republik. Heidelberg 1985.
(724) Mai, Gunther (Hrsg.): Das Kyffhäuser-Denkmal 1896–1996. Ein nationales Monument im europäischen Kontext. Köln 1997.
(725) Martin, Benjamin: France and the Après-Guerre, 1918–1924. Illusions and Disillusionment. Baton Rouge 1999.
(726) Meigs, Mark: La mort et ses enjeux. L'utilisation des corps des soldats américains lors de la Première Guerre mondiale. In: Guerres mondiales et conflits contemporains, 175 (1994), S. 135–146.
(727) Mosse, George: National Cemeteries and National Revival. The Cult of the Fallen Soldiers in Germany. In: Journal of Contemporary History 14 (1979) 1, S. 1–19.
(728) Mosse, George: Fallen Soldiers. Reshaping the Memory of the World Wars. Oxford 1990.
(729) Petit, Stéphanie: Les veuves de la Grande Guerre. D'éternelles endeuillées? Paris 2007.
(730) Petzold, Michel/Jacques Bouillon: Mémoire figée, mémoire vivante. Les monuments aux morts. Charenton 1999.
(731) Pour une histoire de la douleur, pour une histoire de la souffrance. In: 14–18 Aujourd'hui – Today – Heute, 1 (1998), S. 100–106.
(732) Pourcher, Yves: La fouille des champs d'honneur. La sépulture des soldats de 14–18. In: Terrain 20 (1993), S. 37–56.

(733) Prior, Robin: Gallipoli. The End of the Myth. New Haven 2009.
(734) Probst, Volker: Bilder vom Tode. Eine Studie zum deutschen Kriegerdenkmal in der Weimarer Republik am Beispiel des Pietà-Motives und seiner profanierten Varianten. Hamburg 1986.
(735) Prost, Antoine: Les Anciens Combattants et la société française. Paris 1977.
(736) Prost, Antoine: Les monuments aux morts. Culte républicain? Culte civique? Culte patriotique? In: Pierre Nora (Hrsg.): Les lieux de mémoire. Band 1: La République. Paris 1984, S. 199–223.
(737) Prost, Antoine: Compter les vivants et les morts. L'évaluation des pertes françaises de 1914–1918. In: Le Mouvement social, 222 (2008), S. 41–60.
(738) Robert, Jean-Louis/Jay Winter: Un aspect ignoré de la démographie urbaine de la Grande Guerre. Le drame des vieux à Berlin, Londres et Paris. In: Annales de démographie historique (1993), S. 303–329.
(739) Roy, Danielle/Pierre Roy: Autour des monuments aux morts pacifistes en France. Suresnes 2006.
(740) Saehrendt, Christian: Der Stellungskrieg der Denkmäler. Kriegerdenkmäler im Berlin der Zwischenkriegszeit (1919–1939). Berlin 2004.
(741) Scates, Bruce: Return to Gallipoli. Walking the Battlefields of the Great War. Cambridge 2006.
(742) Schellack, Fritz: Nationalfeiertage in Deutschland 1871–1945. Frankfurt 1990.
(743) Schlie, Ulrich: Die Nation erinnert sich. Die Denkmäler der Deutschen. München 2002.
(744) Schneider, Gerhard: „... nicht umsonst gefallen"? Kriegerdenkmäler und Kriegstotenkult in Hannover. Hannover 1991.
(745) Sherman, Daniel: The Construction of Memory in Interwar France, 1914–1940. Chicago 1999.
(746) Stölzl, Christoph (Hrsg.): Die Neue Wache Unter den Linden. Ein deutsches Denkmal im Wandel der Geschichte. Berlin 1993.
(747) Thomson, Alistair: Anzac Memories. Living with the Legend. Melbourne 1994.
(748) Tietz, Jürgen: Das Tannenberg-Nationaldenkmal. Architektur, Geschichte, Kontext. Berlin 1999.
(749) Trevisan, Carine: Les fables du deuil. La Grande Guerre, mort et écriture. Paris 2001.
(750) Trout, Steven: On the Battlefield of Memory. The First World War and American Remembrance, 1919–1941. Tuscaloosa 2010.
(751) Ulrich, Bernd/Benjamin Ziemann (Hrsg.): Krieg im Frieden. Die umkämpfte Erinnerung an den Ersten Weltkrieg. Frankfurt 1997.
(752) Unruh, Karl: Langemarck. Legende und Wirklichkeit. Koblenz 1986.
(753) Vance, Jonathan: Death so noble. Memory, Meaning and the First World War. Vancouver 1997.
(754) Weinland, Martina: Kriegerdenkmäler in Berlin, 1870 bis 1930. Frankfurt/Main 1990.
(755) Whalen, Robert: Bitter Wounds. German Victims of the Great War, 1914–1939. Ithaca 1984.
(756) Winter, Jay: Sites of Memory, Sites of Mourning. The Great War in European Cultural History. Cambridge 1995.
(757) Winter, Jay: Remembering War. The Great War between Memory and History in the Twentieth Century. Yale 2006.
(758) Winter, Jay/Emmanuel Sivan (Hrsg.): War and Remembrance in the Twentieth Century. Cambridge 1999.
(759) Winter, Jay: Victimes de la guerre, morts, blessés et invalides. In: Stéphane Audoin-Rouzeau/Jean-Jacques Becker (Hrsg.): Encyclopédie de la Grande Guerre. Histoire et culture. Paris 2004, S.1075–1086.
(760) Ziemann, Benjamin: Contested Commemorations. Republican War Veterans and Weimar Political Culture. Cambridge 2013.

7. Der Erste Weltkrieg im 20. Jahrhundert

(761) Akçam, Taner: The Young Turk's Crime Against Humanity. The Armenian Genocide and Ethnic Cleansing in the Ottoman Empire. Princeton 2012.
(762) Aron, Raymond: Les guerres en chaîne. Paris 1951.
(763) Audoin-Rouzeau, Stéphane: L'enfant de l'ennemi (1914–1918). Viol, avortement, infanticide pendant la Grande Guerre. Paris 1995.
(764) Audoin-Rouzeau, Stéphane/Annette Becker/Sophie Cœuré et al. (Hrsg.): La politique et la guerre. Pour comprendre le XXe siècle européen. Hommage à Jean-Jacques Becker. Paris 2002.
(765) Bartov, Omer: Mirrors of Destruction. War, Genocide and Modern Identity. Oxford 2000.
(766) Beaupré, Nicolas/Anne Duménil/Christian Ingrao (Hrsg.): 1914–1945, l'ère de la guerre. Violence, mobilisation, deuil. Paris 2004.
(767) Becker, Annette: Oubliés de la Grande Guerre. Humanitaire et culture de guerre. Populations occupées, déportés civils, prisonniers de guerre. Paris 1998.
(768) Becker, Annette: Les cicatrices rouges 14–18. France et Belgique occupées. Paris 2010.
(769) Berghahn, Volker: Europa im Zeitalter der Weltkriege. Die Entfesselung und Entgrenzung der Gewalt. Frankfurt/Main 2002.
(770) Bloxham, Donald/Robert Gerwarth (Hrsg.): Political Violence in Twentieth Century Europe. Cambridge 2011.
(771) Buschmann, Nikolaus/Carl Horst (Hrsg.): Die Erfahrung des Krieges. Erfahrungsgeschichtliche Perspektiven von der französischen Revolution bis zum Zweiten Weltkrieg. Paderborn 2001.
(772) Centre de recherches de l'Historial de Péronne: 14–18, la très grande guerre. Paris 1994.

(773) Chapoutot, Johann: L'âge des dictatures (1919–1945). Paris 2008.
(774) Chickering, Roger/Stig Förster (Hrsg.): The Shadows of Total War. Europe, East Asia, and the United States, 1919–1939. Cambridge 2003.
(775) Cork, Richard: A Bitter Truth. Avant-Garde Art and the Great War. New Haven 1994.
(776) Dadrian, Vahakn: The History of the Armenian Genocide. Ethnic Conflict from the Balkans to Anatolia to the Caucasus. Providence 1995.
(777) Dadrian, Vahakn: Warrant for Genocide. Key Elements of Turko-Armenian Conflict. London 1999.
(778) Dagen, Philippe: Le Silence des peintres. Les artistes face à la Grande Guerre. Paris 1996.
(779) Das, Santanu (Hrsg.): Race, Empire and First World War Writing. Cambridge 2011.
(780) Debruyne, Emmanuel/Laurence van Ypersele: De la guerre de l'ombre aux ombres de la guerre. L'espionnage en Belgique durant la guerre 1914–1918. Histoire et mémoire. Brüssel 2004.
(781) Eksteins, Modris: Rites of spring. The Great War and the Birth of the Modern Age. London 1989.
(782) Ernst, Petra/Sabine Haring/Werner Suppanz (Hrsg.): Aggression und Katharsis. Der Erste Weltkrieg im Diskurs der Moderne. Wien 2004.
(783) Evans, Andrew: Anthropology at War. World War I and the Science of Race in Germany. Chicago 2010.
(784) Fogarty, Richard: Race and War in France. Colonial Subjects in the French Army 1914–1918. Baltimore 2008.
(785) Förster, Stig (Hrsg.): An der Schwelle zum totalen Krieg. Die militärische Debatte über den Krieg der Zukunft 1919–1939. Paderborn 2002.
(786) Frémeaux, Jacques: Les colonies dans la Grande Guerre. Combats et épreuves des peuples d'Outre-mer. Paris 2006.
(787) Furet, François: Le passé d'une illusion. Essai sur l'idée communiste au XXe siècle. Paris 1995.
(788) Fussell, Paul: The Great War and Modern Memory. New York 1975.
(789) Gatrell, Peter: A Whole Empire Walking. Refugees in Russia during World War I. Bloomington 1999.
(790) Gentile, Emilio: L'apocalisse della modernità. La Grande Guerra per l'uomo nuovo. Milano 2009.
(791) Gerwarth, Robert/John Horne (Hrsg.): War in Peace. Paramilitary Violence in Europe after the Great War. Oxford 2012.
(792) Guoqi, Xu: Strangers on the Western Front. Chinese Workers in the Great War. Cambridge 2011.
(793) Große Kracht, Klaus: Die zankende Zunft. Historische Kontroversen in Deutschland nach 1945. Göttingen 2005.
(794) Hagen, Mark von: War in a European Borderland. Occupations and Occupation Plans in Galicia and Ukraine, 1914–1918. Seattle 2007.
(795) Halévy, Elie: L'ère des tyrannies. Paris 1938.
(796) Hardtwig, Wolfgang (Hrsg.): Politische Kulturgeschichte der Zwischenkriegszeit 1918–1939. Göttingen 2005.
(797) Hinz, Uta: Gefangen im Großen Krieg. Kriegsgefangenschaft in Deutschland, 1914–1921. Essen 2006.
(798) Holquist, Peter: Making War, Forging Revolution. Russia's Continuum of Crisis, 1914–1921. Cambridge Mass. 2002.
(799) Holzer, Anton: Das Lächeln der Henker. Der unbekannte Krieg gegen die Zivilbevölkerung 1914–1918. Darmstadt 2008.
(800) Hull, Isabel: Absolute Destruction. Military Culture and the Practices of War in Imperial Germany. Ithaca 2005.
(801) Hynes, Samuel: A War Imagined. The First World War and English Culture. London 1990.
(802) Hynes, Samuel: The Soldiers' Tale. Bearing Witness to a Modern War. New York 1997.
(803) Ingrao, Christian: Croire et détruire. Les intellectuels dans la machine de guerre SS. Paris 2010.
(804) Jaumain, Serge/Michael Amara/Benoît Majerus/Antoon Vrints (Hrsg.): Une guerre totale? La Belgique dans la Première Guerre mondiale. Brüssel 2005.
(805) Jones, Heather: Violence against Prisoners of War in the First World War. Britain, France and Germany, 1914–1920. Cambridge 2012.
(806) Kechichian, Albert: Les Croix de feu à l'âge des fascismes. Travail Famille Patrie. Paris 2006.
(807) Kettenacker Lothar/Torsten Riotte (Hrsg.): The Legacies of Two World Wars. European Societies in the Twentieth Century. Oxford 2011.
(808) Kieser, Hans-Lukas/Dominik Schaller (Hrsg.): Der Völkermord an den Armeniern und die Shoah. Zürich 2002.
(809) Klier, John (Hrsg.): Anti-Jewish Violence. Rethinking the Pogrom in European History. Bloomington 2010.
(810) Kramer, Alan: Dynamic of Destruction. Culture and Mass Killing in the First World War. Oxford 2007.
(811) Kronenberg, Volker: Zeitgeschichte, Wissenschaft und Politik. Der „Historikerstreit" – 20 Jahre danach. Wiesbaden 2008.
(812) Liulevicius, Vejas Gabriel: War Land and the Eastern Front. Culture, National Identity and German Occupation in World War I. Cambridge 2000.
(813) Lohr, Eric: Nationalizing the Russian Empire. The Campaign against Enemy Aliens during World War I. Cambridge Mass. 2003.
(814) Majerus, Benoît: Kriegserfahrung als Gewalterfahrung. Perspektiven der neuesten internationalen Forschung zum Ersten Weltkrieg. In: Christian Jansen (Hrsg.): Der Bürger als Soldat. Die Militarisierung europäischer Gesellschaften im langen 19. Jahrhundert. Ein internationaler Vergleich. Essen 2004, S. 272–297.

(815) Majerus, Benoît: Occupations et logiques policières. La police bruxelloise en 1914–1918 et 1939–1945. Brüssel 2007.

(816) Massis, Henri: La guerre de trente ans. Destin d'un âge, 1909–1939. Paris 1940.

(817) Mayerhofer, Lisa: Zwischen Freund und Feind. Deutsche Besatzung in Rumänien 1916–1918. München 2010.

(818) Mazower, Mark: The Dark Continent. Europe's twentieth Century. London 1998.

(819) Mick, Christoph: Kriegserfahrungen in einer multiethnischen Stadt. Lemberg 1914–1947. Cambridge 2010.

(820) Nivet, Philippe: La France occupée, 1914–1918. Paris 2011.

(821) Oltmer, Jochen (Hrsg.): Kriegsgefangene im Europa des Ersten Weltkriegs. Paderborn 2006.

(822) Patin, Nicolas: La catastrophe allemande 1914–1945. Paris 2014.

(823) Prusin, Alexander: Nationalizing a Borderland. War, Ethnicity and Anti-Jewish Violence in East Galicia, 1914–1920. Tuscaloosa 2005.

(824) Reichardt, Sven: Faschistische Kampfbünde. Gewalt und Gemeinschaft im italienischen Squadrismus und in der deutschen SA. Köln 2002.

(825) Rosenthal, Jacob: Die Ehre des jüdischen Soldaten. Die Judenzählung im Ersten Weltkrieg und ihre Folgen. Frankfurt/Main 2007.

(826) Rupnik, Jacques (Hrsg.): De Sarajevo à Sarajevo. L'échec yougoslave. Brüssel 1992.

(827) Sabrow, Martin/Ralph Jessen /Klaus Große Kracht (Hrsg.): Zeitgeschichte als Streitgeschichte. Große Kontroversen seit 1945. München 2003.

(828) Schneider, Uwe/Andreas Schumann (Hrsg.): „Krieg der Geister". Erster Weltkrieg und literarische Moderne. Würzburg 2000.

(829) Schumann, Dirk: Politische Gewalt in der Weimarer Republik 1918–1933. Kampf um die Straße und Furcht vor dem Bürgerkrieg. Essen 2001.

(830) Silver, Kenneth: Esprit de Corps. The Art of the Parisian Avant-Garde and the First World War, 1914–1925. Princeton 1989.

(831) Silver, Kenneth (Hrsg.): Chaos and Classicism. Art in France, Italy, and Germany, 1918–1930. New York 2010.

(832) Stibbe, Matthew (Hrsg.): Captivity, Forced Labour and Forced Migration in Europe during the First World War. London 2009.

(833) Thiel, Jens: „Menschenbassin Belgien". Anwerbung, Deportation und Zwangsarbeit im Ersten Weltkrieg. Essen 2007.

(834) Thoß, Bruno/Hans-Erich Volkmann (Hrsg.): Erster Weltkrieg – Zweiter Weltkrieg, ein Vergleich. Krieg, Kriegserlebnis, Kriegserfahrung in Deutschland. Paderborn 2002.

(835) Traverso, Enzo: A feu et à sang. De la guerre civile européenne, 1914–1945. Paris 2007.

(836) Travis, Hannibal: Did the Armenian Genocide Inspire Hitler? Turkey, Past and Future. In: Middle East Quarterly, XX (2013) 1, S. 27–35.

(837) Weinrich, Arndt: Der Weltkrieg als Erzieher. Jugend zwischen Weimarer Republik und Nationalsozialismus. Essen 2013.

(838) Westerhoff, Christian: Zwangsarbeit im Ersten Weltkrieg. Deutsche Arbeitskräftepolitik im besetzten Polen und Litauen 1914–1918. Paderborn 2011.

IV. Schluss

(839) Broadberry, Stephen/Mark Harrison (Hrsg.): The Economics of World War I. Cambridge 2005.

(840) Dickinson, Frederick: War and National Reinvention. Japan in the Great War, 1914–1919. Harvard 2011.

(841) Leonhard, Jörn: Die Büchse der Pandora. Geschichte des Ersten Weltkriegs. München 2014.

(842) Maß, Sandra: Weiße Helden, schwarze Krieger. Zur Geschichte kolonialer Männlichkeit in Deutschland 1918–1964. Köln 2006.

(843) Michels, Stefanie: Schwarze deutsche Kolonialsoldaten. Mehrdeutige Repräsentationsräume und früher Kosmopolitismus in Afrika. Bielefeld 2009.

(844) Page, Melvin: Africa and the First World War. Houndmills 1987.

(845) Paice, Edward: Tip and run. The Untold Tragedy of the Great War in Africa. London 2007.

(846) Pedersen, Susan: Family, Dependence, and the Origins of the Welfare State. Britain and France, 1914–1945. Cambridge 1995.

(847) Segesser, Daniel: Empire und totaler Krieg. Australien, 1905–1918. Paderborn 2002.

(848) Townshend, Charles: Desert hell. The British Invasion of Mesopotamia. Cambridge 2011.

(849) Wall, Richard/Jay Winter: The Upheaval of war: family, work and welfare in Europe, 1914–1918. Cambridge 1988.

(850) Winter, Jay (Hrsg.): The Cambridge History of the First World War. Band 1: Global War, Band 2: The State, Band 3: Civil Society. Cambridge 2014.

Personenregister

Aron, Raymond 110–111
Ashworth, Tony 49, 53
Asquith, Herbert 38
Audoin-Rouzeau, Stéphane 49–50, 58–59, 71–72, 101–103

Babcock, John 1
Bainville, Jacques 84
Barbusse, Henri 47
Barnes, Harry 21
Barrès, Maurice 35
Bartov, Omer 114
Bauer, Gustav 81
Becker, Annette 58–59, 71–72, 101–102
Becker, Jean-Jacques 39–40, 59, 65, 72
Behrenbeck, Sabine 103
Benedikt XV. 76
Berghahn, Volker 28–29
Bethmann-Hollweg, Theobald von 25–26, 28, 76
Bismarck, Otto von 26
Böhme, Helmut 27
Borroni, Delfino 1
Bourke, Joanna 51–52
Brandt, Susanne 103
Briand, Aristide 42–87
Brockdorff-Rantzau, Ulrich Graf von 18, 81
Bröckling, Ulrich 56
Buckles, Frank 1
Bülow, Bernhard von 18

Caillaux, Joseph und Henriette 37
Cazals, Rémy 59
Choules, Claude 1
Clark, Christopher 31
Clemenceau, Georges 17, 79, 81, 86
Clémentel, Etienne 68
Cork, Richard 108

Dagen, Philippe 107
Deist, Wilhelm 68
Delcassé, Théophile 42
Demartial, Georges 21
Dickinson, Frederick 127
Dorgelès, Roland 47
Ducasse, André 48
Duménil, Anne 56

Ebert, Friedrich 85
Eksteins, Modris 105–107
Elias, Norbert 50
Erdmann, Karl-Dietrich 29

Fabre-Luce, Alfred 21
Falkenhayn, Erich von 11
Fay, Sidney 21
Febvre, Lucien 32
Feldman, Gerald 68
Fergusson, Niall 128
Fischer, Fritz 21, 25–31, 68, 88, 111, 123
Foch, Ferdinand 77, 81
Franz Ferdinand 4, 8, 28, 81
Franz Joseph 35
Fuller, John 53
Fussel, Paul 105, 107

Gaulle, Charles de 110
Geiss, Immanuel 21, 23, 27
Gentile, Emilio 106
Gerstenmeier, Eugen 26
Gerwarth, Robert 118
Godfrey, John 68
Grelling, Richard 20
Grey, Edward 30
Guesde, Jules 42
Guoqi, Xu 127

Haig, Douglas 122
Haimson, Leopold 126
Hardach, Gerd 68
Hervé, Gustave 38
Hillgruber, Andreas 29
Hindenburg, Paul von 11, 68–69, 77, 86, 99
Hitler, Adolf 22–24, 26, 39, 110
Hobsbawm, Eric 15, 113–114
Horne, John 115, 118
Hull, Isabel 114–115
Hynes, Samuel 105, 107

Inglis, Kenneth 96
Isaac, Jules 22

Jahr, Christoph 58
Janz, Oliver 103, 126
Jaurès, Jean 38, 43
Joffre, Joseph 11

Kanner, Heinrich 20
Kantorowitz, Hermann 20
Karl I. 76
Kästner, Erich 1
Kautsky, Karl 19
Keegan, John 48
Kehr, Eckart 28, 68
Kennan, George 15, 111
Keynes, John Maynard 21, 81, 83–85, 89
Klein, Fritz 27
Kocka, Jürgen 63–65
Kohl, Helmut 29
Kramer, Alan 115
Krumeich, Gerd 36, 77, 85, 89
Kruse, Wolfgang 8
Künstler, Franz 1

Leed, Eric 56
Lichnowsky, Karl Max Fürst von 20
Liebknecht, Karl 17
Lipp, Anne 57
Lloyd George, David 9, 17, 66, 68, 79, 81
Loez, André 58
Ludendorff, Erich 77–78
Luther, Hans 20

Macdonald, Lyn 53
Mann, Thomas 39
Mantoux, Etienne 82, 84–85, 89
Mariot, Nicolas 52
Marx, Wilhelm 20
Maurin, Jules 49
Maurras, Charles 35
Mazower, Mark 114
Meyer, Jacques 48
Millerand, Alexandre 42
Mohammed VI. 77
Moltke, Helmut von 27
Mommsen, Wolfgang 29, 36
Morel, Edmund 21

Mosse, George 51–52, 100, 118–119
Muehlon, Wilhelm 20
Müller, Hermann 81
Müller, Sven Oliver 57
Mussolini, Benito 87, 110, 123

Nivelle, Robert 11
Nolte, Ernst 111, 113–114
Norton Cru, Jean 47–48, 59

Offer, Avner 69
Orlando, Vittorio Emanuele 79, 87
Owen, Robert 21

Paléologue, Maurice 30
Pedroncini, Guy 49, 54
Perreux, Gabriel 48
Pétain, Philippe 49, 110
Poincaré, Raymond 9, 19, 22, 30, 37, 42, 86
Ponticelli, Lazare 1
Pourcher, Yves 33
Princip, Gavrilo 8
Prost, Antoine 5, 47, 52, 56, 96, 100, 118

Rathenau, Walther 66, 68
Reimann, Aribert 57
Renouvin, Pierre 22, 24, 47–48, 71
Riezler, Kurt 25
Ritter, Gerhard 24, 85
Robert, Jean-Louis 70, 126
Rolland, Romain 76
Roynette, Odile 57
Rupnik, Jacques 113

Saint-Fuscien, Emmanuel 57
Scheidemann, Philipp 81, 85
Schmidt, Stefan 30
Schmitt, Bernadotte 21
Sembat, Marcel 42
Silver, Kenneth 106–107
Smith, Leonard 54
Stresemann, Gustav 20, 87

Thomas, Albert 42, 66
Tirpitz, Alfred von 27
Townshend, Charles 127
Trotzki, Leo 39

Verhey, Jeffrey 45
Viviani, René 9, 37

Waites, Bernard 64–65
Watson, Alexander 57
Weber, Max 63–65
Wegerer, Alfred von 19, 23
Wehler, Hans-Ulrich 29
Wilhelm II. 8–9, 12, 17, 20, 27–28, 68, 77
Wilson, Woodrow 17, 76, 78–81, 84–86, 124
Winter, Denis 53
Winter, Jay 5, 47, 53, 69–70, 73, 102, 107, 126

Zechlin, Egmont 29
Ziemann, Benjamin 56, 118
Zweig, Stefan 39